普通本科学校创业教育示范教材

《创业基础》配套用书

U0646114

创业基础 课堂操作示范

王艳茹　王　兵　编著

CHUANGYE

JICHU

北京师范大学出版集团

BEIJING NORMAL UNIVERSITY PUBLISHING GROUP

北京师范大学出版社

图书在版编目(CIP)数据

创业基础课堂操作示范/王艳茹,王兵编著. —北京:北京师范大学出版社,2014.6(2021.1重印)

ISBN 978-7-303-14761-8

Ⅰ. ①创… Ⅱ. ①王… ②王… Ⅲ. ①创造教育—高等学校—教学参考资料 Ⅳ. ①G640

中国版本图书馆 CIP 数据核字(2014)第 072039 号

CHUANGYE JICHU KETANG CAOZUO SHIFAN

出版发行:北京师范大学出版社 www.bnupg.com
北京市西城区新街口外大街 12−3 号
邮政编码:100088

印　　刷:三河市兴达印务有限公司
经　　销:全国新华书店
开　　本:730 mm× 980 mm　1/16
印　　张:21.25
字　　数:340 千字
版　　次:2014 年 6 月第 1 版
印　　次:2021 年 1 月第 4 次印刷
定　　价:35.00 元

策划编辑:马佩林　　　　责任编辑:马佩林　周　粟
美术编辑:纪　潇　　　　装帧设计:耿中虎
责任校对:李　菡　　　　责任印制:马　洁

序 言

按照教育部"高等学校创业教育教学基本要求"的规定，"创业基础"是一门理论性、政策性、科学性和实践性很强的课程。通过"创业基础"课程教学，应该教授创业知识、锻炼创业能力和培养创业精神。各学校要遵循教育教学规律，坚持理论讲授与案例分析相结合、小组讨论与角色体验相结合、经验传授与创业实践相结合的方式，把知识传授、思想碰撞和实践体验有机统一起来，调动学生学习的积极性、主动性和创造性，不断提高教学质量和水平。

但是，正是"互动式教学方法"的采用，对教师的课堂教学提出了更高的要求，也使很多教师感觉吃力。因为不知道应该如何在课堂上采用这种方法，在一门全新的课程中采用更是困难。因此，为贯彻落实教育部精神，也为了广大教师在开展"创业基础"课程教学时，能够按照教育部的要求进行，本书作者在多年创业师资培训和创业课程教学的基础上，按照成人学习原理，根据大学生注意力曲线的变化，精心设计了课堂教学活动的内容和方式，既有丰富多彩的主题小游戏，用来活跃课堂气氛，引出教学主题，又精选了适合每一章教学需要的创业视频，来充实课堂教学形式，提高课堂教学效果。

本书最典型的特色表现为：采用"以学生为主体、自主管理，突出实践"的教学模式，安排整个课程的教学活动，既附有"创业基础"课程的整体教学建议，也有针对每一章的教学建议和措施，而且有非常详细的教案设计；同时，为方便教师使用，本书在每章开始时有课程欢迎词、教学目标、课堂设计/授课建议、课前主题游戏、引导案例/引导提问，在每章结束时有本章祝愿、回顾性测试题、课后思考、推荐书目等栏目。课堂教学环节还根据学生兴趣持续时间的长短，设置有不同的课堂活动——小组讨论、自主测试、案例分析、头脑风暴、项目推演、相关视频等内容，在学生情绪趋于低潮时开展以上活动，既可以活跃课堂气氛，还可以提高教学效果。每次课开始时设置有每周创意和创业故事环节，由学生团队完成信息搜集和展示过程，可以提高学生的课堂参与度，激发学生的学习兴趣。同时，为充分发挥学生自主学习的积极性，给学生提供锻炼能力的空间，作者在多年教学探讨的基础上，总结出了一套学生自主管理的模式，将学生分成不同小组负责课堂的教学管理工作，同时适当减轻教师课堂之外的负担；课程还采用大量的模拟经营或案例教学，通过学生的创业实践活动以及校外专家的创业分享，让学生更好地将创业理论与创业实践相结合，更理性认识创业，做好自己的生涯规划；书中大量的创业故事拉近了学生与创业的距离，使学生了解更为真实的创业生活，理性理解创业。

本书配有作者亲手制作并在上课时使用的课件，可供授课教师在网上下载。课件内容多样，资料翔实，形式活泼，囊括了上课时需要给学生播放的各种视频资料，以及每周创意、每周创业故事的图片和视频。总之，本书通过课程内容的精心安排，教学方法的合理选择，教学工具的恰当运用，教学渠道的适当拓展，既有利于学生掌握创业的基础知识和基本理论，熟悉创业的基本流程和基本方法，激发学生的创业意识，提高学生的社会责任感、创新精神和创业能力，也有利于教师在课堂教学中直接使用。

本书可作为高校教师讲授《创业基础》课程时的参考资料，也可供高等院校所有专业的本、专科生，创业方向的研究生和 MBA 学生学习使用，还可以作为广大准创业者了解、熟悉创业理论、创业知识和创业案例的参考读物。

本书由中国青年政治学院教授王艳茹博士、河北工业职业技术学院工商管理系高级讲师王兵老师编著。编写分工如下：王艳茹负责提纲的拟定、完善以及书稿的总纂和初校。第一、三、四章由王艳茹编写，其余内容由王兵编写。

本书在写作过程中，得到了很多人的支持和帮助，在此一并表示感谢。感谢中国青年政治学院经济管理学院研究生赵敬敬和李贵兴在书稿校对环节的辛勤付出；感谢中国青年政治学院经济管理系学生王晨、张栋彬、李文琪、蔡仲璋、黄昭宇、王千惠、鞠冉提供的精彩创意，蔡辅辉、邹宛廷、杨莹、黄武聪、董瀚文、王玺钦、宋志阳提供的富有启发意义的创业故事，感谢资料组同学在资料搜集和整理方面的辛勤付出，感谢做讲座的各个专家对我工作的大力支持。感谢北京师范大学出版社马佩林编辑在语言润色和数据校验上付出的大量心血。感谢我参考过的所有文章、专著和教材的作者，正是他们的研究成果在很多方面激发了我的创作灵感，丰富了本书的研究内容。

感谢北京世纪超星信息技术有限责任公司将本书的内容全部可视化，将其变成了有声教材。课程网址 http：//tsk. erya100. com/showCourseInfoAction？
courseId＝TS118。

因为时间仓促和作者自身的理论水平及实践经验有限，书中难免存在疏漏
或不足，敬请广大读者批评指正，以便对本书做进一步的修改、补充和完善。

本书作者的联系方式为：wangyanrukab@126.com。

2013 年 11 月 30 日

目　录

导　论

本部分对《创业基础》课程在教学过程中涉及的共性问题，如授课建议、课堂建设、课程考核、课堂活动等内容进行描述，以帮助授课教师顺利完成教学任务，并提高课程的教学效果。

《创业基础》授课建议

章节	课时	教学活动
第一章	4	每两节课设计一个教学活动，详见每一章的教学安排；时间充分的学校，如为48课时，可以增加企业经营模拟环节，以及项目展示环节；或者可以做4个经营模拟，让学生更多体会企业经营的实际操作。 有条件的教师，可以给学生提供参加创业实践的机会。 只有32课时的教师可以只讲授教材的第一章至第六章，不做企业经营模拟，取消创业项目的课堂展示。
第二章	4	
企业经营模拟一	4	
第三章	8	
第四章	8	
第五章	4	
企业经营模拟二	4	
第六章	4	
创业项目展示	4	
创业项目展示	4	
合计	48	

课程考核

考核内容	考核方法	成绩比例
学生课堂表现	教学活动的参与及出勤	20％
创业实践活动	实践活动的过程与成果	20％
项目计划展示	展示内容和技巧	10％
创业计划书	创业计划书内容及可行性	50％

课堂设计

课堂管理上设置纪律组、后勤组、反馈组、助教组、娱乐组等小组；课堂活动上设置创意组、创业故事组、回顾组、创业项目展示组等小组。

课堂教学按照小组形式开展，6～7 人为一个小组，一个自然班可以分成6～7 个小组。

任课教师可以根据需要给每个教学小组 200～500 元创业经费，让其开展创业活动尝试，并在课堂教学过程中进行展示，锻炼学生开展创业活动的能力。

课堂建设

一、课程自主管理

按照教育部"高等学校创业教育教学基本要求"的规定，"创业基础"是一门理论性、政策性、科学性和实践性很强的课程。各学校要遵循教育教学规律，坚持理论讲授与案例分析相结合、小组讨论与角色体验相结合、经验传授与创业实践相结合，把知识传授、思想碰撞和实践体验有机统一起来，调动学生学习的积极性、主动性和创造性，不断提高教学质量和水平。通过"创业基础"课程教学，应该既教授创业知识，又锻炼学生的创业能力和培养其创业精神。因此，教师在开展《创业基础》课程的教学时，可以充分发挥学生课堂参与的积极主动性，让学生进行自主管理。

教师可以在第一次课上指导学生建设课堂管理小组，明确各小组的工作职责。具体操作方法可由教师在课堂上说明，由班委在课下具体负责落实，在下一周上课之前跟任课教师沟通。

二、课堂活动

每周固定的课堂活动包括以下内容：

每周创意，5分钟

上周内容回顾，10分钟（ppt设计、制作，内容安排，小测试）

上周项目展示，10分钟

每周创业故事，10分钟（选择该故事的原因及启示）

三、项目展示内容

项目展示内容可结合课程的教学进度安排，使学生通过对项目展示内容的讨论，一方面巩固课堂所学知识，另一方面对创业活动开展的每个环节进行认真思考和论证，为其《创业计划书》的写作及展示奠定基础。

项目展示可以包括但不限于以下内容：

生涯规划书——目标及措施

团队展示——分工及其原因（欠缺人员的要求）

项目展示——来源及选择理由（可行性）

资源展示——种类及其来源

计划展示——结构及其吸引力

新企业创办——选址及其法律形式

其他周可以安排对创业实践活动进行总结和展示。

四、课程内容安排

《创业基础》第一章至第六章，8次课，32课时

企业经营模拟一和二，2次课，8课时

创业项目及创业计划展示，2次课，8课时

五、课程导入

(一)创业就像谈恋爱

真正的爱不是累了就放手

不是不合适就分开

是即使再累也想在一起

即使不合适也想努力争取

累是因为在乎

不合适是因为爱得不够

真正的爱没有那么多借口

真正的创业者也没有那么轻易就放手，不会以不合适为由对自己选择的项目轻言放弃，也不会因为累而忘记了曾经的追求；真正的创业者一定会拒绝任何借口，坚持自己的梦想，不怕吃苦受累，把创业当成一生不懈的追求。

(二)抓住机会

哈佛大学的一项调查表明，人一生平均只有 7 次决定人生走向的机会，两次机会间相隔约 7 年，大概 25 岁以后开始出现，75 岁以后就不会有什么机会了。

这 50 年里的 7 次机会，第一次不易抓到，因为太年轻；最后一次也不易抓到，因为太老。这样只剩 5 次，这里面又有两次会不小心错过，所以实际上能够对人生走向产生影响的重大机会就只有 3 次。

本书作者王艳茹是 1991 年毕业的大学生，1995 年时 25 岁，那年做了妈妈，在几番人事变动之后重新回到财务处，于是决定在工作上做出个样子来。在经过思考之后决定报考中国最难通过的一个资格考试——中国注册会计师，并在 1998 年通过了全部科目的考试；该年调入高校，成为一名专职教师。2002 年，评上了副教授，于是加快了在财务与会计领域探索的步伐，2002 年之后到 2012 年 10 年间主持和参与了多项省部级课题，出版教材 6 部，译著 3 部，发表文章 30 余篇。其中有发表在《会计研究》上的文章，有被《人大复印资料》和《经济研究参考》转载的文章，有获得奖项的教材，也有获得"十二五"国家重点图书出版规划项目和 2011 年度国家出版基金资助项目的译著；同时从 2007 年开始当选为"会计学会理事"；2009 年开始做跨界研究，在创业财务的研究领域崭露头角，并在中国的创业圈内获得一定认可；2010 年在"教育部高等学校创业教育指导委员会"成立大会上对中国青年政治学院的创业教育工作做了分享；2011 年入选"高等学校创业教育教学基本要求专家组"，参加了"高等学校创业教育教学基本要求"的制定，以及"普通本科学校创业教育示范教材"《创业基础》的编写工作；2011 年参加教育部"创业指导师"项目的研发；2012 年成为"教育部大学生创业培训指导委员会副主任委员"；2013 年参与教育部视频公开课"一起学创业"的录制。

（三）创业教育能给人什么——猴子吃香蕉实验

　　科学家把六只猴子关在一个笼子里，并在显要的位置放了一串香蕉。猴子看见了香蕉，自然就会过去拿，可就在猴子快拿到香蕉的时候，科学家立刻用高压水枪射它，迫使它后退；当同样的方法对想拿香蕉吃的每一个猴子都采用了一遍时，就再也没有猴子敢接近香蕉了。这时，科学家放走了一只猴子，又放进来一只新猴子。新猴子没吃过水枪的苦头，看见了香蕉，很自然地去拿。令人吃惊的事情发生了：另外 5 只猴子一起跳过去，对这只新猴子一顿暴打，阻止它去拿香蕉。可怜的新猴子被痛扁，也不敢再去碰香蕉了。科学家继续试验，从最先的五只猴子中放出一只，再放一只新猴子进来。相同的情况出现了，新猴子去拿香蕉，其他五只对它一顿暴打，而打的最凶的，居然是之前那只新猴子。所以，这只新换进的猴子，也不碰香蕉了。科学家又拿出去一只老猴子，放进一只新的……最后实验的结果是，笼子里的六只猴子都不再是原先的六只，也没有被水枪射过，但是都不吃香蕉了。

另外的一个实验对象还是猴子和香蕉，只是在猴子触碰香蕉的时候，科学家采取了截然不同的方法，就是奖励，当第一只猴子拿走香蕉时，立刻有另一串香蕉被放了进来，如此这番，几个回合后，猴子们都非常乐意去取刚刚放进来的香蕉。

　　同样是猴子和香蕉，不同的外部刺激产生了截然不同的结果。积极的引导和刺激会激发猴子的正能量，让其尽量释放自己的本能；相反则会产生反向的效果。

　　创业教育的目的就在于从正面给学生以积极的引导，通过创业基础知识和基本理论的传授，让学生熟悉创业的基本流程和方法，从而激发学生的创业意识，提高学生的社会责任感、创新精神和创业能力，促进学生创业就业和全面发展。

第一章　创业、创业精神与人生发展

欢迎词

　　欢迎大家来到《创业基础》的课堂，从今天开始，我会和大家一起，共同学习《创业基础》课程，共同探讨创业的酸甜苦辣。

教学目标

　　通过本部分教学，使学生了解创业的概念、创业与创业精神的关系、创业与人生发展的关系，以及创业和创业精神在当今时代背景下的意义和价值，正确认识并理性对待创业。

课堂设计

章节	内容	时间	授课方法	教具
课堂建设	课堂自主管理的方法 课堂活动介绍，教学内容安排 课程考核方法 课程导入	15分钟	讲授	ppt
创业故事	本章引导案例	5分钟	讲授	ppt
第一节创业与 创业精神	创业的定义与功能 创业的要素与类型 创业阶段，创业的本质	25分钟	讲授	ppt
	创业精神的来源和培育	30分钟	小组讨论	活页挂纸、 ppt
	创业精神的作用	15分钟	讲授	ppt
休息10分钟				
视频	这是一个快速变化的时代	6分钟	播放	视频
第二节知识经济 发展与创业	知识经济与创业热潮的关系 创业活动的功能属性 知识经济时代创业的关键	15分钟	讲授	ppt
第三节创业与职业 生涯发展	创新型人才的素质要求	5分钟	讲授	ppt
	小组讨论：如何满足创新型 人才的素质要求	25分钟	小组讨论	活页挂纸
	针对小组讨论的结果进行点评	14分钟	总结讲授	ppt
	创业对生涯发展的作用	10分钟	讲授	ppt
本章总结	本章内容复习现场及测试	15分钟	现场测试	ppt

·› 课程讲授

引导案例：

创业故事——白手起家的创业者林嘉喜

2003 年，中国第二大手机短信游戏公司广州讯龙以 2 000 多万美元售予新浪，开创了中国第一个 SP 并购案；2004 年，中国最大的电视传媒无线互动平台北京灵讯互动科技以 8 000 万美元售予 Tom online，位列 2004 年中国十大外资并购案之一；2005 年和 2006 年，联东伟业、联梦软件、万讯通分别以 1.8 亿美元、8 000 万美元和 1.3 亿

IFIC 国金投资顾问
IFIC Incorporation

美元的价格售予英国最大的无线增值业务公司 Monster Group。以上这些中国无线增值通讯领域最大的并购案都离不开国金投资顾问有限公司的幕后操刀。到 2012 年，国金投资的所有融资和并购交易额超过 20 亿美元，业务占据移动增值并购领域三分之二的市场份额，几乎包办了所有 3 000 万美元以上的并购交易。而谁又能想到，在 2001 年创立之时，白手起家的创始人年仅 23 岁，是东南大学一个刚上完大三的学生。

在资源约束下尝试突破

在东南大学读书期间，林嘉喜和同学共同创立了"东南大学学生创业协会"，这一协会做过的最重要的事情是为参加 2000 年"挑战杯"中国大学生创业计划竞赛的团队进行包装和服务。尽管这是东南大学第一次参与这一比赛，但不甘落后的他琢磨着如何在这个强手如林的比赛中拿一个金奖。通过分析，他得出的结论是："金奖一共有 20 个，那些老牌强校的目标往往瞄准多个金奖，必然精力分散，而我们只能集中兵力做一个。"于是，他挑出学校各个团队中最强的队员，组成了卫达通讯团队，并在那一年的比赛中一举夺得了全国优胜团队奖（即金奖第一名）。"集中优势兵力，打有把握之战"的方法后来被他沿用到

创业初期的公司运作中，国金投资得以在仅有十几个人的资源约束下完成一系列互联网并购界的样板工程。

挖掘并抓住潜在机会

帮助新浪并购广州讯龙，可谓国金投资的生死转折之战，这一样板工程不仅使国金投资在资金链近乎断裂的情况下起死回生，而且使其在并购界声名鹊起，为其日后操刀一系列撼动业界的并购案打下了基础。

很多人会认为，机会的到来完全是运气，实则不尽然。能够获得并抓住这一机会的原因主要有两个：第一，长期经营的人脉。自大学开始，林嘉喜便通过校园活动与兄弟高校的同学保持着良好的关系，而创业之后，他更是与IT行业内人士保持着深入交往，广州讯龙的机会便来自一个经常向他请教并购问题的东南大学校友的引荐；第二，对特定领域的精通。研究互联网产业和公司，了解并购流程和基本知识，几乎是国金团队每天的必修课，在2001年，既懂互联网又懂并购的咨询公司寥寥可数，因此当广州讯龙需要寻找并购顾问时，找到国金并非小概率事件。林嘉喜在回顾这一机会时说："的确有运气的成分，但是即使不是这一机会，我们也一定会有其他机会，因为我们最懂互联网领域的并购，我们也一直在寻找。总有公司会需要我们，而只要做，我们就会做到最好。"

坚持执着的创业精神

当年休学创业，林嘉喜顶着家庭和社会的很大压力。创业之初，由于缺乏人脉和资金，到2001年公司账上就只剩1 000元，而且半年的11 000元房租还欠着。问及当年面临破产时的心情，林嘉喜说："我们从来没有觉得公司不行，这并非盲目的乐观，移动增值业务是互联网第一个成规模的盈利模式。我们有强大的信念，我们一定能够取得成功。"正是这样的自信与坚持，国金团队并没有把注意力放在面临断裂的资金链上，而是将所有的注意力都放到了业务线，他们一边通过为一些大公司写企划书赚取微薄的收入维持公司运转，一边全力寻找可能的业务机会，并终于抓住了广州讯龙寻找卖家的契机，从此打开了公司业务的新局面。

在回顾这段日子时，林嘉喜说，坚持是最为重要的，应该专注在一个潜在会爆发的地方，等待时机到来；而如果经常转换方向，不能专注和坚持，就可能永远等不到市场起来的时候。

承担责任，合作应变

还在高中时期，林嘉喜便开始将自己的压岁钱投资于房地产基金，并将赚到的钱通过一些杂志介绍的平台资助给家庭贫困的小学生。大学时期，他在南京各高校组织义卖，将每次赚到的几千元钱全部捐给在校的贫困大学生。在创业事业蒸蒸日上之后，他更是参与到大型公益活动的组织与策划中。他认为：每个人都需要尽一份社会责任，这与能力大小无关，有多少能力尽多少力。

合作的基础是换位思考，合作者需要有大局观。设计合作方案需要考虑并满足各方需求。环境总是在变化之中，但并非不可捉摸，在其变化前总有各种趋势。熟悉你所在的领域，看清这些趋势，然后顺势而为。因为对产业的熟悉，面对不同的时间段和产业环境，公司业务会有不同的侧重，比如 2004 年国金的并购主要集中在短信上，2005 年是 WAP，2006 年是手机游戏，2007 年则是移动广告，之后在国内创业热潮开始兴起之时，公司开始涉足天使投资。正是出于对环境变化的超前判断和精确把握，国金投资不仅在并购融资咨询领域披荆斩棘，而且在天使投资领域也屡创佳绩。

创业精神帮助生涯发展

林嘉喜在进入大学后，无论是在科技协会担任公关部部长，还是创立学生创业协会，他总是能够高效利用资源并有效管理团队。一些互联网公司在看到这一点后，将整个南京的校园赞助都交由他管理，并支付每月高达 7 000 元的工资。通过对多学校多组织的管理，林嘉喜不仅提升了自己的管理能力，而且在与这些互联网公司建立联系的过程中，他开始研究公司运作，研究风险投资，并从此走上了互联网领域并购咨询的创业之路。

职业生涯规划并非需要每个人都成为企业家，但是拥有勇于开创、执着坚持、善于合作等诸多优秀的创业品质和创业精神却可以帮助人们在不同领域取得生涯的长足发展。

请大家思考在林嘉喜身上有哪些值得我们学习的素质能力和创业精神？并在本次课程结束之后以小组的方式展开讨论。

第一节　创业与创业精神

引导提问：这算创业吗？

1. 中国青年政治学院经济管理学院《浪潮》杂志

浪潮报社成立于1998年，是直属经济管理学院的学生自治团体，成员以经济管理学院学生为主，也是学校成立最早的社团之一，在经济管理学院历届学子和指导老师的共同努力下，已经走过了十多个春秋。"按市场经济运作"是浪潮的一贯理念，"自负盈亏"是浪潮报社的一贯原则，也是浪潮报社与众不同之处。

图 1-1　《浪潮》杂志标志图

然而，在互联网时代，报纸已经不再那么受同学们欢迎，再加上报社人员、技术、资金等方面的原因，报社在2010年已经开始搁浅，原来报纸的八个板块——独步职场、资讯时空、经济纵横、经营之道、人物专栏、学子天地、学林漫步、投资理财——的出版根本不能跟上同学们的需求。再加上经济管理学院学生会也办了一个新型报纸《经济学报》，板块和《浪潮》相似，报社被迫整整搁浅了一年。

2012年，新的浪潮干事没有放弃报社，做了一系列工作，在努力招到了一批愿意重新振作的师弟师妹后，通过各种途径，报社成功拉到了一笔赞助资金，报社的日常活动和宣传以及报社内部人员团队的建设基本得到满足。干事们选择了往考研方面努力做报社，将纸质版改为人人版，帮助经济管理学院2010级学生举办了考研经验交流讲座。虽然讲座效果很好，但是却没能给拉到的赞助机构带去很好的收益，因此，这种赞助并不是报社发展的长久之计。

于是 2013 年上半年报社再次搁浅，不是因为资金，而是因为找不到发展的方向和向前的动力。

经过一学期的心灵煎熬和洗礼，报社的干事都非常想把报社做好，于是 2013 年暑期阶段他们重新商量讨论出一个比较适合报社、在中国青年政治学院也缺少的社团项目，那就是《中国青年政治学院论文学报》。中国青年政治学院的同学虽然质量都不错，但是学术氛围却不是很浓厚，考虑到报社现在的人员、技术、资金等方面，干事们拟从下面这几个方面出发，把报社引到重新起航的道路上，以对于中国青年政治学院学术气氛有所贡献。

一方面，学报社给中国青年政治学院的同学提供一个发表论文的途径，接受同学们平时的投稿，邀请专业老师评阅后刊登到浪潮报纸上，在给稿费的同时，也对同学们在申请香港的大学以及国外学校上提供帮助；另一方面，学报社想将经济管理学院优秀毕业论文和优秀学年论文做成特刊，按需发到经济管理学院同学手中，给同学们的论文写作提供一定的参照标准。

考虑到平时投稿的不确定性很高，报纸出版在时间和内容等方面不一定能得到保证，报社拟将经济方面知识的编辑作为未来发展的一部分，每一期根据论文内容确定主题，然后整理论坛上或者当时新闻的资料进行编辑。

2. 金牌工人许振超

2004 年以来，码头工人许振超的名字响彻大江南北，"工人伟大，劳动光荣"再次成为时代的强音，"知识改变命运，学习成就未来；干就干一流，争就争第一"的口号振聋发聩。30 年来，作为只有初中学历的一名码头工人，许振超在青岛港这个以人为本、人才强港的大熔炉、大学校里，在青岛港"人人都可成才，人人都是人才"的良好氛围里，学习创新，拼搏努力，团结奋进，百炼成金，成为新时期产业工人的杰出代表，成为名副其实的"金牌工人"。

图 1-2　许振超

立足岗位，练就一身绝活

1974 年的初秋，仅仅初中毕业的许振超走进了青岛港的大门，他被分配到码头上当皮带机电工，半年后开起了当时港口的先进设备——门机。1984 年，他又成为青岛港的第一代桥吊司机。1991 年，许振超当上了桥吊队队长。

当时桥吊系统中用的可控硅元件全要靠进口。许振超发现，国外进口的可控硅每两、三周就烧坏一个，一个可控硅元件就要上千美元。他算了一笔账：一年下来，光更换可控硅，青岛港就要付出差不多两万美元。他想到了用国产产品代替，但当时国内还没有专业厂家。一次偶然的机会，他得知青岛有家电子元件厂，专门为航天部生产电子元件。于是，他就跑去找厂家协商，却被厂家以产量少、成本高为由拒绝了他。他不甘心，又托人找到了主管工程师，带上自己设计的图纸，和工程师反复进行探讨。

因行业原因，工程师对桥吊不熟悉，谈了两个小时没谈拢。后来，他索性把工程师请到了港口，并带他一起爬上了桥吊。站在高大的桥吊上，看到这么复杂的结构和深奥的技术，那位工程师被感动了，他感动的是一名中国港口普通的桥吊司机，竟然有这样的科技热情和包容之心。为此，在桥吊上他就答应了。随后他们组织研制，最终从十余个品种中，筛选出了性能最可靠的可控硅元件，提供给青岛港。其性能与国外进口产品一般无二，而价格不足后者的百分之一。

能为公司省下一大笔开销，这让许振超很是兴奋了一阵子。那是他当队长后干的第一件自我感觉特别良好的大事。当然他很清楚，同时还有很多大事也在等着他去做。

许振超发明的"二次停钩"绝活，如今已经被青岛港的桥吊司机们广泛应用。他经过统计发现，桥吊作业中最容易出安全问题的环节就是箱子一起一落的时候。为避免发生安全事故，他要求桥吊对每名司机在掉箱时都要做一次"二次停钩"，就是在集装箱刚离地和快落地的一刹那，放慢速度，先观察后起落，这样做虽然使每次操作时间多了几秒钟，但却杜绝了事故隐患，最终提高了生产效率……从许振超手里诞生的那些"绝活"推广后，铸造了青岛港的优势和品牌，他们先后7次打破了集装箱世界装卸纪录，"振超效率"叫响了世界航运界。

只有创新的，才是革命的

随着贡献越来越大，许振超的名字开始响彻祖国大江南北。"五一"劳动奖状、全国劳模等一系列荣誉接踵而至。但许振超还是那个许振超，因为他的工人本色没变，他始终知道自己的根扎在哪里；但许振超已不是以前那个许振超了，他更加热爱自己的港口，把越来越成熟的知识和技术，充分运用到技术管理中，在青岛港集装箱飞速发展的广阔天地里，不断做出新贡献，创造新业绩。许振超常说："只有创新的，才是革命的。"他管理的24台集装箱装卸设备，每月公司在设备的使用和维护方面投入很大。因此，靠高端科技节约费用，成了许振超不断探索的领域。

在青岛港建设资源节约型、环境友好型、质量效益型港口进程的推进中，不断上涨的油价使公司生产成本大幅增加，于是轮胎吊"油改电"一直以来就成了压在老许和他的团队心底的一块心病。

众所周知，世界集装箱码头堆场作业通用的机械只有两种：轨道式集装箱起重机和轮胎式集装箱起重机，二者各有优点。前者用市电（我们的家庭用电），节能，没有内燃机，不污染环境，可靠性高，维修保养工作量小，易于实现自动化操作，而致命的缺点就是不能转场（由一个箱区转移到另外一个箱区）。

因而世界在用的6 500台场桥（堆场集装箱卸桥）中，95%是轮胎吊。青岛港的70多台也不例外，因为它们可以"满场飞"，最大限度减少设备的配备数量，降低设备资产投入。但其轰鸣噪音、惊人的油耗以及由此带来的废气排放问题，令使用者头疼。为数不少的生产商家和码头使用者都曾设想令轨道式集装箱起重机可以转场，也有不少巧妙的设计，但一直没有可供使用的产品问世。

面对这一难题，许振超一直在暗自思考，如何把两种不同类型起重机的优点结合起来，实现既能用市电，又可以灵活转场。在公司的支持下，他们成立了"油改电"专题攻关小组，经过一年多的反复研究和方案论证，在国内外首次提出了移动滑触线的供电技术方案，即在集装箱堆场的箱区内，架设滑触线供电线路。当轮胎吊在箱区作业时，关闭柴油发电机组，所需动力由专门设计的集电装置，从滑触线输送到轮胎吊。轮胎吊滑触线移动，实现对整个箱区的工作覆盖。当轮胎吊需转场到另一箱区作业时，则切断电源与轮胎吊的联系，改由柴油发电机组供电并实现转场。转到指定堆场后，柴油发电机组停止工作，工作动力重新切换为由市电供电。

改造后，轮胎吊既实现了灵活变换堆场工作，又消除了原有的重大缺陷，完美兼容了轨道式和轮胎式集装箱龙门起重机的优点，而且以投入技术改造费用低、能耗低、维修保养成本低及噪音小、废气零排放等特点，展示出了潜在的巨大"含金量"。

据实际运行测试，改造后的轮胎吊能源成本由以前的每作业一个自然箱的5.9元，直线下降至2.3元，能耗成本下降了60%以上。同时，还节省了原轮胎吊发动机每一万小时就要进行D级保养、每3～4年就要进行大修，以及平时需专人维护等费用开支，平均每台轮胎吊年节省维修成本至少在6.6万元以上。综合这两项，一台轮胎吊此前完成一项作业需花费600元，"油改电"后仅需40元就可完成。现场分贝测试噪音也由原来轮胎吊90分贝左右降到现在听起来仅相当于一台变频空调工作的声音，废气排放量接近于零。

这一划时代意义的自主创新，具有十分美好的推广前景，以青岛港所有轮胎吊一年操作1 000万自然箱计算，一年可节支3 000万元以上，相当于一个大型企业的资产。2007年该项目荣获全国科技进步一等奖。

知识改变命运，岗位成就事业。[1] ——许振超

3. 街边的煎饼果子摊

图1-3 煎饼果子摊

很多街边的煎饼果子摊没有营业执照，不在工商局进行注册，但是每天的营业额相当可观。

以上人物的行为属于创业吗？请同学们思考，并随机请3名同学回答。

学生甲：《浪潮》报社和煎饼摊是创业，许振超的行为不算创业。

---

[1] 参见青岛新闻网，http://www.qingdaonews.com/gb/content/2009-08/28/content_8130208.htm。

学生乙：三个行为都算创业，因为他们都创造了价值。

学生丙：只有煎饼摊算创业，因为它是一个创办新企业的活动。

教师总结：我们看到只提问了三个人，就出现了三个不同的答案。其实，以上活动算不算创业取决于我们对"创业概念"的界定，创业的范畴不同，对于以上行动的判断标准也就不同。下面我们就看本节的第一个问题，创业的定义与功能。

一、创业的定义与功能

（一）创业的定义

目前理论界对于创业的概念尚无定论，存在着广义和狭义两种说法。本书对于创业概念的界定采用了哈佛大学史蒂文森教授的定义：

创业是不拘泥于当前的资源约束、寻求机会、进行价值创造的行为过程。创业作为一个过程，通常具有三个要点。

第一，创业者"不拘泥于当前资源约束"，主要指创业者不甘于资源供给的现状，努力突破资源束缚，通过资源整合来达到创业目标。创业者在创业初期大都会经历资源约束，创业都会经历从无到有的过程。

第二，创业者善于"寻求机会"，主要指创业者在创业前要努力识别商业机会，发现了商业机会，就会有进一步整合资源的动力。所以，寻求机会是产生创业活动的重要一环。

第三，创业者能够"进行价值创造"，主要指创业应该伴随着新价值的产生，通常是通过以产品或服务的方式服务消费者，创造商业价值和社会价值。

以上三种行为都是在不拘泥于资源约束的前提下，及时发现机会，创造价值的过程。《浪潮》报社的创业者及现在正在开始新一轮改革的学生团队（报社的干事们），正是看到了报纸在学生中的传播价值，在当时资源极度约束的情况下，创办了期刊，后续的管理者也是在"按市场经济运作""自负盈亏"的理念下，通过整合外部资源使得报纸能够得以生存，并在杂志遭受网络冲击的情况下，在新的传媒环境中，通过对杂志内容的调整和更新，使得《浪潮》不仅为经济管理学院同学提供相关的经济管理知识，也为报社的干事实现其大学期间的抱负创造了条件；许振超更是在国内缺乏设计、无厂家生产的情况下，出于对岗位的热爱，对资金节约的追求，自己设计、联系厂家，并通过和工程师的多次沟通，最终成功生产了可控硅元件，为企业每年节约金额最少2万美元，同时，许振超还通过他总结的"二次停钩""油改电"和"轨改胎"的经验和发明，不但提高了工作效率，还降低了事故的可能性，为单位节约了大量的人力物力，实现了自己的岗位创业；街边的煎饼果子摊，虽然可能经营者没有营业执照，未进行工商注册，但是其通过对周边环境的分析，通过自己的努力经营，不但为消费者提供了可口的早餐，也为自己的家庭积累了财富，实现了养家糊口的梦想。因此，他们的行为都属于创业行为。

（二）创业的功能

创业的功能可以从个人、组织和国家三个层面分析。

1. 个人层面，帮助实现人生价值

创业为每个人创造了发展的机会和增加个人财富的可能性，对许许多多梦想着开创自己事业的人而言，创业不但是一种充分实现自我的机会，更是发挥个人潜能的舞台。知识经济时代，智力已经成为关键性生产要素，拥有专业知识的大学生更有能力通过创业实现自我价值。因此，大学生借助知识和创意去创建企业有可能将梦想变为现实。

2. 组织层面，有助于推动组织发展

组织是创业者为把商业机会转换成商业价值而整合、配置资源的一种形式。不同的经济发展阶段和商业环境需要有相应的组织形式来支撑创业活动的开展，创业者为了适应外界不断变化的商业环境，就必须不断地调整组织的功能与形式，从而推动组织发展。

3. 国家层面，有助于资源合理配置以及推动社会发展进步

创业有利于社会资源的合理配置。创业企业要能够生存并获得持续发展，必须具备比在位企业更强的竞争力。从行业内的发展来看，创业企业的成功将会影响行业现有的经营格局，加剧行业经营的竞争，形成优胜劣汰的局面，维持市场活力。竞争的加剧有利于资源向经营良好、效率更高的企业流动，从而促进市场的发展，促使社会资源进行合理配置。

创业有利于产生较高的社会效益。创业往往伴随着新技术、新工艺、新方法进入市场，催生大量科研成果转化型的企业出现，这对全社会创新能力和科研水平的提高、综合国力的提升有着巨大的促进作用。

二、创业的要素与类型

（一）创业的要素

创业的关键要素包括机会、团队和资源。

创业机会是指创业者可以利用的商业机会。从创业过程角度来说，机会是创业的起点，创业过程就是围绕着机会进行识别、开发、利用的过程。

创业团队是指在创业初期（包括企业成立前和成立早期）由一群才能互补、责任共担、愿为共同的创业目标奋斗的人所组成的特殊群体。

创业资源是指新创企业在创造价值的过程中需要的特定的资产，包括有形与无形的资产，它是新创企业创立和运营的必要条件，主要表现形式为创业人才、创业资本、创业技术和创业管理等。

创业活动的三要素模型最早由蒂蒙斯提出。蒂蒙斯模型，如图1-4。

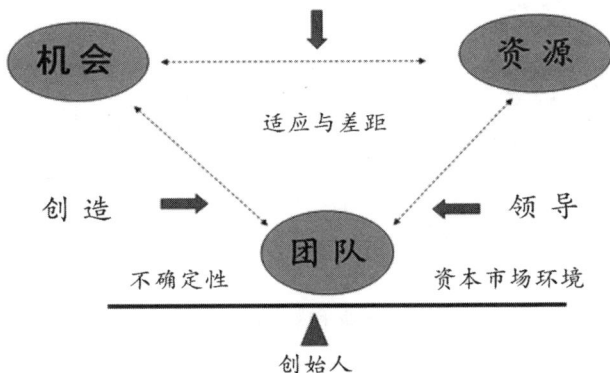

图1-4　蒂蒙斯的创业模型

由该模型可以看出，在创业活动中，这三个要素都是不可或缺的。没有机会，创业活动就成了盲目的行动，很难实际创造价值；机会虽然普遍存在，但如果没有创业者去识别和开发机会，创业活动也不可能发生；创业者不仅要会把握合适的机会，还需要资源，否则机会将无法被开发和利用。三者之间的关系如下：

第一，商业机会是创业过程的重要驱动力，创业者或创业团队是创业过程的主导者，资源是创业成功的必要保证。创业过程始于创业机会，而不是资

金、战略、网络、团队或商业计划。开始创业时，商业机会比资金、团队的才干和能力及合适的资源更重要。在创业过程中，资源与商机之间经历着一个适应—差距—适应的动态过程。商业计划是沟通创业者、商机和资源三个要素间匹配平衡的语言和规则。

第二，创业过程是商业机会、创业者和资源三个要素匹配和平衡的结果。创业者要善于配置和平衡，借此推进创业过程，包括对商机的理性分析和把握，对风险的认识和规避，对资源的合理利用和配置，对工作团队适应性的认识和分析。

第三，创业是一个连续不断地寻求平衡的行为组合。创业过程要保持发展，必须追求一种动态的平衡。

总之，创业者必须在推进业务的过程中，在模糊和不确定的动态创业环境中培养捕捉商机、整合资源、构建战略和解决问题的能力。

（二）创业的类型

创业可以按照不同的标准进行分类。

1. 依创业目的可分为机会型创业和生存型创业

机会型创业是指创业的出发点并非谋生，而是为了抓住、利用市场机遇。它以市场机会为出发点，以创造新的需要或满足潜在需求为目标，因而会带动新产业发展。生存型创业是指为了谋生而自觉或被迫地创业，大多偏于尾随和模仿，因而往往加剧市场竞争。

2. 依创业起点可分为创建新企业和既有组织内创业

创建新企业是指创业者从无到有地创建全新企业的过程。这个过程充满机遇和刺激，但风险和难度也大，创业者往往缺乏足够的资源、经验和支持。既有组织内创业是指在现有组织内的有目的的创新过程。例如，企业流程再造正是通过二次、三次乃至连续不断的创业，使企业的生命周期不断在循环中延长。

3. 依创业者数量可分为独立创业和合伙创业

独立创业是指创业者独立创办自己的企业。其特点在于产权归创业者个人所有，企业由创业者自由掌控，决策迅速，但创业者要独自承担风险，创业资源整合比较困难，并且受个人才能限制。合伙创业是指与他人共同创办企业，其优势和劣势正好与独立创业相反。

4. 依创新内容可分为基于产品创新的创业、基于营销模式创新的创业和基于组织管理体系创新的创业

基于产品创新的创业是指基于技术创新或工艺创新的成果，用新产品产生新的消费者群体，从而导致创业行为的发生。例如，工艺创新将原先的玻璃杯做成紫砂杯，甚至紫砂保温杯，可以使一批品茶爱好者买到中意的茶杯。基于营销模式创新的创业是指采取了一种有别于其他厂商的市场营销模式，因而可能给消费者带来更高的满足感。零售店的开架销售模式就是最典型的例子，从中进一步开发出的连锁超市更是几乎形成了日用商品零售端的革命性变革，超大规模购物中心（Shopping Mall）在一定程度上改变了人们的购物习惯。基于组织管理体系创新的创业是指采取一种有别于其他厂商的企业组织管理体系，因而能更有效地实现产品的商业化和产业化。例如通过事业部制既保留了直线职能制组织模式的优点，又使得组织的管理和控制规模得到较大扩展，在一定程度上抵消了"大企业病"对组织的危害。

三、创业阶段

创业过程可大致划分为机会识别、资源整合、创办新企业、新企业生存四个主要阶段，如图 1-5。

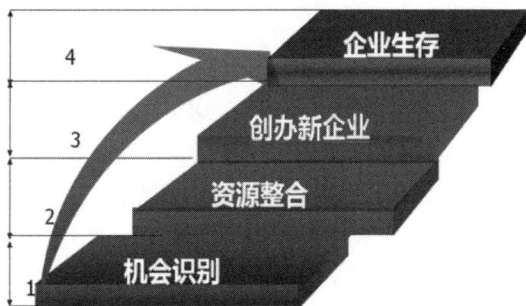

图 1-5　创业阶段

本书所强调的创业是一个从 0 到 1，从无到有的过程，从创业者产生创业动机、识别创业机会开始，到整合和利用所需资源将新企业创办起来，然后再到新企业的生存；至于新企业从 1 到 100 直至 1 000 的成长过程，则属于商科的研究范畴，属于 MBA 培养的授课内容。

四、创业精神的本质、来源、作用与培育

（一）创业精神的本质

创业精神是创业者在创业过程中具有开创性的思想、观念、个性、意志、作风和品质等重要行为特征的高度凝练，主要表现为勇于创新、敢当风险、团结合作、坚持不懈等。

1. 创新是创业精神的灵魂

彼得·德鲁克认为，创新是表现创业精神的特殊工具。创业活动中的创新包括从产品创新到技术创新、市场创新、组织形式创新、管理理念创新等。

2. 冒险是创业精神的天性

华兴资本董事长兼首席执行官包凡说："真正的创业中，倒下是必然，成功是偶然，一定要做好思想准备。"

没有敢冒风险的精神和承担风险的魄力，就不能成为创业者。中外无数创业者虽然生长环境、成长背景和创业机缘各不相同，但无一例外都是在条件极不成熟和外部环境极不明晰的情况下，敢为人先，勇于第一个跳出来吃螃蟹。但是，这里的冒险绝对不是"张飞似的赤膊上阵"，盲目冒险，而是一种理性的冒险行为。在创业者能够界定风险的前提下，尽可能寻求规避风险的策略，以获得和风险相适应的收益的过程。

3. 合作是创业精神的精髓

社会发展到今天，行业分工越来越细，没有谁能一个人完成创业需要完成的所有事情。真正的创业者都是善于合作的，而且还能将这种合作精神扩展到企业的每个员工。这样，在面临困境时，团队成员间才能够团结一心，心往一处想，劲往一处使。

4. 执着是创业精神的本色

创业的过程必然伴随着各种艰辛和曲折，因此创业者必须坚持不懈、咬定青山不放松。做到不抛弃，不放弃。百度李彦宏认为创业要坚持，"认准了就去做，不跟风，不动摇"。新东方的创始人俞敏洪和阿里巴巴的创始人马云曾经在很多场合说过，"今天很残酷，明天更残酷，后天很美好，但很多人都死在了明天晚上"，进一步强调了执着的重要性。

也有学者根据创业精神的英文单词"entrepreneurship"，将其总结为具有

"创业"的精神，按照创业 enterprise 将其分解为如下的内容：

E	Energy 精力	P	Planning 计划
N	Need to achieve 成就动机	R	Risk-taking 承担风险
T	Task oriented 任务导向	I	Innovation 创新
E	Empathy 换位思考	S	Skills 技能
R	Resourcefulness 足智多谋	E	Endurance 坚持

当然，创业精神的内涵还有很多，想一一列举比较困难，这里对创业精神的探讨，是要强调其在创业活动中的重要作用。创业精神既是创业的动力源泉，也是创业的精神支柱，是成功创业的前提。没有创业精神就不会有创业行动，也就无从谈起创业；即使有创业，也往往是浅尝辄止、半途而废。创业的道路不会一帆风顺，总是充满困难和荆棘。因此，准备创业的大学生一定要先培养自己的创业精神。

课堂讨论：创业精神的来源和培育途径

时间：15分钟

2组分享，分享时间5分钟，其他小组补充

小组分享完成之后，教师需要对创业精神的来源和培育进行总结，包括但不限于以下内容。

（二）创业精神的来源和培育

1. 创业精神的来源

创业精神的形成与发展主要受文化环境、产业环境、机制环境、生存环境等方面影响。

文化环境。创业者是生活于现实文化环境中的学习者。作为学习者，其生活所在区域的文化价值观就是其学习的重要内容之一。因此在一个商业文化氛围浓厚的地方，潜在的创业行动者容易培养创业精神。如美国具有深厚的创业文化，所以其创业活动更加活跃，创业成功率也更高。欧盟委员会 2004 年发表报告说，欧洲始终未能挑战美国经济的霸权地位，这在很大程度上与心理有关，而不是与结构缺陷有关。报告认为，欧洲人实在是太害怕创办自己的企业了。1/2 的欧盟居民表示，如果存在失败的风险他们就不会开办企业。相比之下，2/3 以上的美国人说他们会不顾风险进行创业；只有 4％ 的欧洲人说他们在过去三年中创办过企业，在美国这一比例为 11％。

产业环境。不同的产业环境会对创业精神产生影响。对于垄断行业而言，企业缺少竞争，就容易抑制创业精神的产生。而在一个完全竞争的市场结构中，由于企业间优胜劣汰，竞争激烈，所以容易形成创业精神。如电信行业和零售业的例子，电信行业由于较严格的准入限制，竞争较少，导致内部创新不足，可供选择的产品和服务较少，消费者不得不承担较高的通信成本；零售行业则由于其进入门槛较低，创新的销售和售后服务方式不断推出，竞争因此非常充分，使消费者享受到了低价格下的高品质服务。

机制环境。创业精神产生于特定的机制环境中，竞争的机制环境有利于创业精神的产生。世界长寿企业和其他企业的例子，默克公司、杜邦公司、通用公司、福特公司等都有着鼓励创新、允许失败的企业机制。

生存环境。在资源贫瘠的地方，人们为了改善生存状况而寻求发展机会，整合外界资源，更需要激发和形成创业精神。由于可利用的自然资源少、人均耕地在浙江最少、国家投入少、交通条件差等原因，温州改革开放政策得到了深入贯彻执行，大量的农业剩余劳力转向第二、第三产业，形成了小商品、大市场的发展格局，带动了一方百姓致富，带动了当地经济发展。

当代管理大师德鲁克认为："任何敢于面对决策的人，都可能通过学习成为一个创业者并具有创业精神。创业是一种行为，而不是个人性格特征。"因此，创业精神可以培育。

2. 创业精神的培育

创业精神的培育常常从培育创业人格、培养创新能力、宣扬创业文化和强化创业实践等方面去进行。

培育创业人格。个性特征对创业者个体来说非常重要，尤其是"独立性""坚持性""敢为性"等。所以，人格塑造与创业精神培养相辅相成。大学生要树立心理健康意识，优化心理素质，增强心理调适能力和社会生活的适应能力，自觉培养坚忍不拔的意志品质和艰苦奋斗的精神，提高承受和应对挫折的能力；此外，还可以采用创业案例，剖析创业者的人格特征、进行心理训练等，掌握形成心理素质与优良人格特征的途径和方法。

培养创新能力。创新是创业精神的核心。大学生要通过保持个性发展和好奇心、求知欲，勇于突破并有意识地突破前人、突破书本、突破老师。通过学习创新创造类课程、参加主题技能竞赛，感受、理解知识产生和发展的过程，培养科学精神和创新思维，提高自身创新能力。凡事多问"why not"，不畏权威，多问问题，积极思考，从而保持自己的个性发展，培养自己的创新能力。

下面做一个创新力的练习，要求：一笔画四条直线将所有的九个点连在一起。

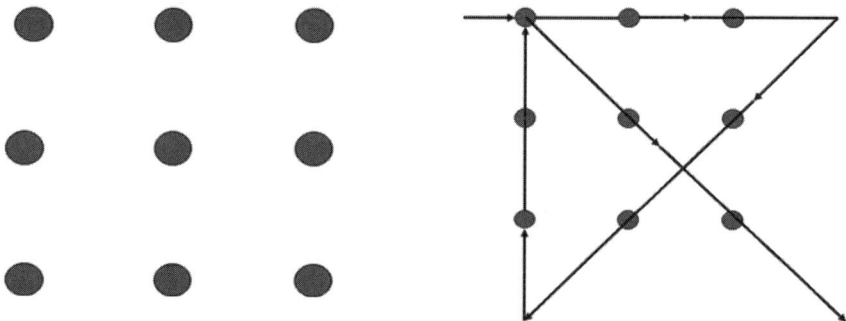

图 1-6　创业能力练习

通过上面的练习，可以发现，生活中我们需要扩展想象空间和范围，在面对问题的时候，要善于突破思维的限制。

强化创业实践。"纸上得来终觉浅，绝知此事要躬行"，大学生应该利用课余时间参加一定的创业模拟和社会实践活动，增强对企业的了解和对社会的适应能力。如在校内外开展创业竞赛活动、与社会企业联合开展学生的实习见习等，在实践中磨炼自己，形成正确的创业认知，培育创业精神，提升解决问题的能力。

（三）创业精神的作用

创业精神能够激发人们进行创业实践的欲望，是一种内在的动力机制。它在很大程度上决定着一个人是否敢于投身创业实践活动，支配着人们对创业实践活动的态度和行为，并影响着态度和行为的发展方向及强度。

创业精神能够对三个领域产生渗透作用：其一是个人成就的取得，即个人如何创建自己的企业；其二是大企业的成长，也就是大公司如何使其整个组织都重新焕发创业精神，从而具有更强的竞争力，创造更高速的成长；其三是国家的经济发展，也就是建成小康社会，使国家和人民变得更富强。由此可见，创业精神的力量能够帮助个人、企业乃至整个国家或地区，在面对错综复杂的竞争时走向成功和繁荣，有利于国家加快转变经济发展方式，促进经济社会又好又快发展。

第二节　知识经济发展与创业

课程视频：这是一个快速变化的世界

说明在知识经济这个快速变化的时代，新的知识和信息层出不穷，需要我们不断学习；新的岗位不断出现，为我们提供了更多的创业机会。详见课件。

一、经济转型与创业热潮的关系

（一）知识经济的概念

知识经济是人类经济发展的一种经济形态。人类的经济发展大致可以分为农业经济、工业经济、知识经济等。

农业经济，又称劳动经济，即经济发展主要取决于对劳动力资源的占有和配置。在这一经济阶段中，人们采用的是原始技术，主要从事农业生产，辅以手工业。

工业经济，又称资源经济，即经济发展主要取决于对自然资源的占有和配置。19世纪以来，世界发达国家陆续完成了工业革命，科学技术取得了巨大发展，生产效率有了很大提高。但是铁矿石、煤、石油等主要资源很快成为短缺资源，并开始制约经济发展。

知识经济，又称新经济，即经济发展主要取决于对知识和信息的占有和配置。它是与农业经济、工业经济相对应的一个概念，是一种新型的富有生命力的经济形态。

（二）经济转型与创业热潮的关系

知识经济催生了一大批以知识生产和应用为特征的新企业的诞生，带动了新的创业热潮的兴起。

第一，知识经济扩大了创业人群。因为网络、信息产业的出现与壮大，人们获取市场信息的渠道更加快捷，知识、技术能够面对更多的人，技术的掌握者已不仅仅局限于技术的发明者，这使得能够运用新技术进行创业的人群数量大大扩张，无形中提高了"创业活动"产生的可能。大学生、农民、残疾人都有可能成为创业主体……

第二，知识经济丰富了创业活动的内涵。计算机、通信等信息技术的发展改变了人们对时间、空间、知识的理解，同时也改变了人们对需求、市场、管理、价值、财富等概念的基本认知，这从形式上丰富了创业活动的内涵。

第三，知识经济降低了创业的门槛。在知识经济条件下，人们的文化层次普遍提高，只要存在创业愿望，就可以根据市场需求，运用已有知识进行构思并付诸实践；同时，沟通的便捷使知识的传递得以加快，创业环境大大改善，创业所需资源可以更为快捷低廉被获得。比如，资金可以从风险投资获得，技术可以从企业孵化中心产生，人才可以依托完善的人才市场等，这在一定程度上降低了创业的进入门槛。

知识经济时代的经济转型，使得智慧、创意、创新、速度等成为竞争优势的关键来源，形成了有利于创业活动开展和中小企业发展的良好环境。文化创意产业(Cultural and Creative Industries)作为一种在经济全球化背景下产生的、以创造力为核心的新兴产业，强调一种主体文化或文化因素，依靠个人(团队)通过技术、创意和产业化的方式开发、营销知识产权。中国政府大力推进文化产业的发展，正是基于对知识经济时代创业特征的精准把握。

二、创业活动的功能属性

创业具有增加就业、促进创新、创造价值等功能，同时也是解决社会问题的有效途径之一。

（一）创业是社会就业的扩容器

创业可以提供就业岗位，服务社会。全社会广泛的创业活动，有利于解决社会就业问题，促进和谐社会的建立。

人力资源和社会保障部部长尹蔚民 2012 年 3 月 1 日在全国就业工作座谈会上透露：创业促进就业成效显著。2008 年至 2010 年三年间，85 个国家级创业型城市和 5 个参评城市的创业者人数累计超过 1 000 万；当年新创办个体私营经济实体的数量年均增长 14%，创建城市新办个体私营经济实体从业人员数量年均增长近 30%。而据统计，我国个体创业平均 1 人可以带动 2～3 人就业，创办 1 个私营企业平均可以带动 13 人就业。

（二）创业是科技创新的加速器

创业可以实现先进技术转化，推动新发明、新产品或新服务不断涌现，创造出新的市场需求，从而进一步推动和深化科技创新，提高企业乃至整个国家的创新能力，推动经济增长。

创业是新理论、新技术、新知识、新制度形成现实生产力的转化器，新建立的企业要想在激烈的市场竞争中站住脚，就要使用先进的生产技术，采用科学的技术手段，因此创业可以加速科技创新。

（三）创业是经济发展的原动力

无论是在发达国家，还是发展中国家，创业是一个国家经济发展中最具活力的部分，是经济发展的原动力。2007 年"全球创业观察"（GEM）对 42 个国家的创业状况进行了研究，发现在主要的七大工业国中，创业活动的水平与该国的年经济增长是高度正相关的。因此，从全球视角来看，创业对一国经济发展起着至关重要的作用。

（四）创业是社会进步的推动器

创业活动促进社会经济体制的改革和深化，繁荣市场，丰富人们的生活，提高生活质量，促进社会稳定和谐，是实现共同富裕的有效途径。创业还可以激发整个社会的创新意识和创新精神，有利于社会文化、观念的转变。此外，创业使无数人进入了社会和经济的主流，对社会形成创新、宽容、民主、公正、诚信、感恩等观念，并对文化具有积极推动作用。

三、知识经济时代创业成功的关键

在知识经济时代，知识已经取代传统的有形资产成为支撑竞争优势最关键的资源，"科技创新"因此成为这一时代创业活动的大趋势。在动荡复杂的竞争环境中，知识要比其他资产具有更快的更新和淘汰速度，因此优秀的创业者还需要及时而有效地将"创新成果"转化为"商业价值"，如此才能在多变的环境中保持持续的优势地位。

（一）持续创新，拥有自主技术

在全球化环境下，信息、技术和人才成为新创企业的关键因素，也是企业间竞争的焦点，通过对技术和知识产权的占有，创业企业可以在市场上获得竞争地位并控制市场。根据统计，目前全世界有86％的研发收入、90％以上的发明专利都掌握在发达国家手里，凭借科技优势和建立在科技优势基础上的国际规则，发达国家及其跨国公司形成了对世界市场高度的垄断，获取了大量的超额利润。2008年金融危机后世界范围内的经济转型和资源重组为知识经济背景下发展中国家的企业实现跨越式反超提供了机遇，创业者唯有勇于承担风险，进行持续创新，才能获得核心竞争力和后续发展的动力。

柯达破产，诺基亚衰退，索尼萎靡不振，不是产品不好，是企业的创新没有跟上。企业不创新不行，创新的方向不对更不行，曾经的国际巨头一个个倒下，既为自己的错误判断付出了沉重代价，也为其他企业创新机制的建立敲响了警钟。

（二）技术引领市场，挖掘潜在需求

在知识经济条件下，创业者需要学会利用独创的知识来开发新产品、挖掘"潜在需求"，而不是仅仅为了生存，扩大和瓜分现有市场。潜在需求中的"需求"是企业通过"技术引领"创造的。比如苹果公司在推出iPad之前，大多数人不知"触屏电脑"为何物，更别说"需求"。而苹果公司依靠其先进的技术、一流的设计，跟踪用户需求，推出了更便于携带与使用的全触屏电脑iPad，并迅速引发需求狂潮。挖掘潜在需求，要求创业者必须兼具敏锐的洞察能力和强大的创新能力。从个体角度看，挖掘潜在需求的创业者在这一新领域避开了对手，很容易成为引领者并获得创业成功；从整体角度看，挖掘潜在需求能够开发更

大的市场，创造更多的就业机会，更好地推动社会经济发展。

（三）兼容并蓄，快速变革

知识经济时代的知识存在着信息量大和淘汰速度快这两大特点。由于知识的分散性以及快速发展的特点，单个创业者很难拥有所需的全部知识。面对全球化进程下越来越激烈的竞争环境，唯有兼容并蓄，以开放的心态进行广泛的知识合作，才能在创业进程中获得源源不断的动力。同时，创业者还需要持有乐观积极的态度，视变化为机遇，把握市场方向和需求，抓住变革的方向和节奏并予以快速响应，从而在不断变化的环境中取得成功。

（四）全球化的胸襟与眼光

我们身处一个全球化的时代，一旦选择创业，那么无论愿意与否，客观上都不可避免会被卷入一场全球化的竞争。正因如此，拥有全球化的胸襟与眼光显得尤为重要，具体表现在两方面：第一，融入全球化的勇气。即使处在创业初期，这份勇气也尤为重要，因为机会面前人人平等，拥有全球化的勇气才能抓住全球化的机会；第二，全球布局的思维。如今，通过网络手段，来自全球的潜在顾客都有可能成为目标顾客，而各地的资源亦有可能成为自己的创业资源。创业者需要运用全球化思维，在对不同市场采取不同战略的同时整合全球资源，才有可能获得成功。

托马斯·弗里德曼在《世界是平的》中阐述了人们都在经历却没有认真思考或意识到的一个问题：世界正发生着显著的变化，科技、政治和经济革命正在消除各种壁垒，让世界变得更加平坦。平坦后的世界，竞争环境变得公平，大家的机会也变得越来越均等。随着市场的全球化，特别是资本市场的全球化，世界各国的经济联系越来越千丝万缕，越来越荣辱与共。没有哪个国家可以免受竞争所带来的冲击，可以不享受因为合作所带来的丰厚的回报。企业与企业之间，人与人之间充满了竞争与合作，因为竞争与合作带来了整个世界的变化，促进了人类文明的发展和传播。因此，要取得创业成功，创业者就一定要拥有全球化的胸襟和眼光。

第三节 创业与职业生涯发展

引导讨论

1. 人生从设定目标开始

比塞尔位于非洲西撒哈拉沙漠深处，是一个1.5平方公里绿洲旁的小村庄，是西撒哈拉沙漠中的一颗明珠，每年有数以万计的旅游者来到这里。

可是在肯·莱文发现它之前，这里还是一个封闭而落后的地方。这里的人没有一个走出过大漠，据说不是他们不愿离开这块贫瘠的土地，而是尝试过很多次都没有走出去。

肯·莱文当然不相信这种说法。他用手语向这儿的人问原因，结果每个人的回答都一样：从这儿无论向哪个方向走，最后都还是转回出发的地方。为了证实这种说法，他做了一次试验，从比塞尔村向北走，结果三天半就走了出来。

比塞尔人为什么走不出来呢？肯·莱文非常纳闷，最后他只得雇一个比塞尔人，让他带路，看看到底是为什么？他们带了半个月的水，牵了两峰骆驼，肯·莱文收起指南针等现代设备，只拄一根木棍跟在后面。

十天过去了，他们走了大约八百英里的路程，第十一天的早晨，他们果然又回到了比塞尔。这一次肯·莱文终于明白了，比塞尔人之所以走不出大漠，是因为他们根本就不认识北斗星。

在一望无际的沙漠里，一个人如果凭着感觉往前走，他会走出许多大小不一的圆圈，最后的足迹十有八九是一把卷尺的形状。比塞尔村处在浩瀚的沙漠中间，方圆上千公里没有一点参照物，若不认识北斗星，又没有指南针，想走出沙漠，确实是不可能的。

肯·莱文在离开比塞尔时，带了一位叫阿古特尔的青年，就是上次和他合作的人。他告诉这位汉子，只要你白天休息，夜晚朝着北面那颗星走，就能走出沙漠。阿古特尔照着去做，三天之后果然来到了大漠的边缘。阿古特尔因此成为比塞尔的开拓者，他的铜像被竖在小城的中央。铜像的底座上刻着一行字：**新生活是从选定方向开始的。**

启示与思考：一个人无论他现在多大年龄，他真正的人生之旅，是从设定目标的那一天开始的，以前的日子，只不过是在绕圈子而已。

2. 哈佛大学的调查

哈佛大学曾做过一个实验，在一群智力和年龄都相近的青年中进行了一次关于人生目标的调查，结果发现：3％的人有十分清晰的长远目标，10％的人有清晰但比较短期的目标，60％的人只有一些模糊的目标，27％的人根本没有目标。

25年后，哈佛大学再次对他们做了跟踪调查，结果十分令人吃惊：3％的人全部成了社会各界的精英、行业领袖；10％的人都是各专业领域的成功人士，生活在社会的中上层，事业有成；60％的人大部分生活在社会中下层，胸无大志，事业平平；27％的人过得很不如意，工作不稳定，入不敷出，常常抱怨社会，抱怨政府，怨天尤人。

启示与思考：为了未来的自己，从现在开始，认定目标，努力向前。

一、创新型人才的素质要求

（一）创新品质

提升工作品质，必须以观念创新为先导，以方法创新为突破，以标准创新为保障，以成果创新为目标。当前，我国正处于发展的重要战略机遇期，大力培育创新型人才，为建设创新型国家、国家创新体系和全面建设小康社会，提供坚强的人才保证和智力保障，显得尤为迫切和重要。从一定意义上说，创新型人才正以前所未有的时代需求承载着推进国家自主创新、在激烈的国际竞争中占据主动、实现中华民族伟大复兴的历史使命。因此，创新型人才必须是有理想、有抱负的人，要具备良好的献身精神和进取意识，具有强烈的事业心和历史责任感等可贵的创新品质。具备了这样的品质，才能拥有为求真知、求新知而敢闯、敢试、敢冒风险的大无畏勇气，才能构成创新型人才的强大精神动力。

当今出现的一个新词"榨菜指数"，其大意是指根据畅销全国的涪陵榨菜在各地区销售份额的变化情况，来推断人口的流动趋势。根据这个指标，在起草《全国促进城镇化健康发展规划（2011—2020年）》时，国家发展和改革委员会将全国分为人口流入区和流出区两部分，针对两个地区的不同人口结构制定不同政策。① 应该说，在一定程度上，这是中国地区政策制定上的一个创新。

（二）创新意志

创新意志即为了实现成为创新人才的目的，而培养的顽强意志。诺贝尔奖获得者居里夫人说："我的最高原则是，不论对任何困难，都决不屈服！"意志是自觉地确定目的、支配行动、并与克服困难相联系的心理过程。在目的确定之后，重要的是持久精神，坚定不移、坚持不懈、百折不回、不达到目的誓不罢休。创新是一个探索未知领域和对已知领域进行破旧立新的过程，充满各种阻力和风险，可能遇到重重的困难、挫折甚至失败。人类科学技术发展到今天，要获得每一点进步相当困难。因此，创新型人才每前进一步都需要非凡的胆识和坚忍不拔的毅力，为了既定的目标必须始终不懈地进行奋斗，锲而不舍，遭到阻挠和诽谤不气馁，遇到挫折和挫败不退却，牺牲个人利益也在所不惜，不达目的誓不罢休，不自暴自弃，不轻言放弃。只有具备了这样的创新意志，才能不断战胜创新活动中的种种困难，最终实现理想的创新效果。

（三）创新观察

李嘉诚经常说，每一批富翁都是这样造就的：当别人不明白他在做什么的时候，他明白他在做什么；当别人不理解他在做什么的时候，他理解他在做什么；当别人明白了，他们富有了；当别人理解了，他们成功了。

历史上的科学发现和技术突破，无一不是创新的结果。从这个意义上讲，创新就是发现，而且是突破性的发现。要实现突破性的发现，就要求创新型人才必须具有敏锐的观察能力、深刻的洞察能力、见微知著的直觉能力和一触即发的灵感和顿悟，不断地将观察到的事物与已掌握的知识联系起来，发现事物之间的必然联系，及时地发现别人没有发现的东西。创新型人才的观察力还应当是准确的，能够入木三分，发现事物的真谛，具有善于在平常中寻求不寻常的创新观察能力。壶水滚沸使瓦特发明了蒸汽机，苹果落地使牛顿创立了"万有引力"说，带细齿的野草划破了鲁班的手指使他发明了锯，这些无不证明敏锐的观察能力在创新中的重要作用。

---

① 参见财经网，http://economy.caijing.com.cn/2013-08-14/113170203.html。

下面是一个大学生创业的案例，正是基于主人公的创新观察，创业才取得了成功。①

华南理工大学吴少武毕业就做了物流公司老板，同时保研的他因出现在华南理工大学校长王迎军的毕业生致辞里"一炮而红"，他谦虚慎言："创业对我来说是一件'莫名其妙'的事情。"但是，这个"莫名其妙"的创业者以每月 60 万元的营业额开启了自己的创业宏图。

创业源于一场追问，行李托运开掘第一桶金

2011 年 3 月 9 日

想想自己的经历，充实而满足。大一大二时做了初步创业的尝试：兼职代理、复印广告，疲于奔命却收效甚微，这是教训也是经验。后来，专注学业和学术比赛，做到了学生会主席，拿到了不少奖项，其中不乏"大学生挑战杯省赛"金奖这样含金量很高的奖项，多次获得奖学金。

在某会计师事务所实习时写了 200 多份行政函，复印 1 000 多份资料，拿到 7 000 元的实习工资，最后拿到事务所的 offer，这大概是会计专业的大学生最满意的出路了，但是我并没有从这里找到太多的幸福感，更多的是困惑，我到底需要什么？

在一次学术调研活动中结识了同校的师兄，他休学两年进行创业，他的故事给我带来的新鲜感、情感和行为上的一拍即合让我激动不已。回到宿舍，撕掉了简历，我决定重新书写我的生活。

3 月拉开了毕业季的帷幕，"行李"是生活来往的必备品，我兴奋不已，这对我来说是个巨大的商机。我联络了广州好来运速递服务有限公司老总韦俊荣，告诉了他这个想法，并且得到了他的支持。

与韦总的相识是源于大二的一堂课，我们以"恋爱经济学调查"为课题进行答辩时，整个项目组都穿西装，调查很细致，态度也很认真。当时学院采取专业课邀请校外专家或者业界人士来一同参与的教学模式，韦总由此注意到了我。去年暑假在好来运公司的实习，也给他留下了好印象。

---

① 参见中青在线，http://zqb.cyol.com/html/2012-08/06/nw.D110000zgqnb_20120806_2-09.htm。

创业成功和我想象中的"酷"差得很远

2011 年 5 月 30 日

我立即展开行动，组成了 5 个人的团队，在广州十几所高校，召集了 30 多个学生代理。我觉得这是一件很酷的事情，尤其当我的舍友同学讨论我们的传单时，我特别有成就感。但是第一次的代理人培训会议就给了我重重的一击，学生代理拍案而起，对提成提出异议，培训会议不欢而散。我们痛定思痛，保留了 5 个人的核心团队，只专注本校的行李托运。

获准入校的行李托运公司，只有宅急送、中铁快运，还有就是我们，这是苦苦哀求宿管中心近一个月的结果。打出价格战与亲和牌，我们的生意出奇的好，跟两家实力雄厚的快递公司不相上下。我们 5 个人的全部家当就是一个帐篷，一杆吊秤，一个拖车，相比起最初的成就感，我觉得这一刻的自己特别悲壮，每天夜里 1 点钟回到宿舍的时候舍友们都睡了，早上 7 点我就又开始了新的一天。最终我们收到近 10 万元的货物，好来运仓库爆仓，不得不临时中止。我们打赢了这场悲壮的战役，尽管这个过程和我想象中的"酷"差得很远。

可见，创新观察作为创新型人才的素质之一，在创业过程中发挥着重要的作用。

（四）创新知识

创新是对已有知识的发展，在人类知识越来越丰富和深奥的今天，要求创新型人才的知识结构既有广度，又有深度。因此，创新型人才须具有广博而精深的文化内涵，既要有深厚而扎实的基础知识，了解相邻学科及必要的横向学科知识，又要精通自己专业，并能掌握所从事学科专业的最新科学成就和发展趋势，这是从事创新研究的必要条件。只有通过知识的不断积累才能用更为宽广的眼界进行创新实践。创新型人才拥有的信息量越大，文化素养越高，思路便越开阔。同时，完备的知识结构使他们具有科学综合化、一体化意识，有助于增强综合思维能力和创新能力。第一章创业故事中提到的林嘉喜团队，正是靠着其对互联网和并购两个领域知识的有机融合，才使得企业具备充分实力，取得不俗的业绩。

（五）创新实践

创新的过程是遵循科学，依据事物的客观规律进行探索的过程，任何一种创新都不能有半点马虎和空想。因此，创新型人才必须具有严谨而求实的工作作风，严格遵循事物的客观规律，从实际出发，以科学的态度进行创新实践。冬暖式蔬菜大棚的发明人、社会主义新农村建设的重大典型、山东省寿光市三元未村党支部书记王乐义同志，在创建冬暖式蔬菜大棚之初，为了求证大棚的最佳地理朝向，用罗盘连续两年观测当地的光照情况，最后提出了本地区的大棚最佳朝向为正南偏西5度的理论，来自北京的专家都赞叹说，"地理学上的专题被一个土专家钻研透了"。在带领群众发展蔬菜生产的过程中，正是基于他这种严谨科学的创新实践，他才得以不断改进种植模式，并相继研发了立体种植、无土栽培等20多项蔬菜种植新技术，从而由一个土生土长的普通农民，站到了农业科技的最前沿。

课堂活动：小组讨论

如何满足创新型人才的素质要求？

讨论时间：15分钟

1～2组发言，其他组补充

小组讨论完成之后，教师进行总结，包括但不限于以下方面：

(一)积累人脉

斯坦福大学研究中心的一份调查显示：一个人赚的钱，12.5％来自知识，87.5％来自于关系——基于正常社会经历建立的关系。人脉资源的重要性可见一斑。

建立人脉的重要理论之一是"六度空间理论"，该理论的大意是：你和任何一个陌生人之间所间隔的人不会超过六个，也就是说，最多通过六个人你就能够认识任何一个陌生人。这就是六度分割理论，也叫小世界理论。"六度空间理论"说明了社会中普遍存在的"弱纽带"其实发挥着非常强大的作用，它的出现使得人们对于自身的人际关系网络的威力有了新的认识。因此，大学生创业者应善于积累人脉，以便在需要的时候获取资源。

创业者的人脉资源，按其重要性来看，第一是同学资源。实际上，同学之间本来就有守望相助的义务，在现今这个时代，带着商业或功利的目的走进学堂，也并没有什么不妥当。同学之间因为接触比较密切，彼此比较了解，同时因为少年人不存在利害冲突，成年人则大多数从五湖四海走到一起，彼此也甚少存在利害冲突，所以友谊一般都较可靠，纯洁度更高。对于创业者来说，这些是值得珍惜的重要外部资源之一。与同学相似的，是战友；可以与同学和战友相提并论的，是同乡。共同的人文地理背景，使老乡有一种天然的亲近感。

第二是职业资源。对创业者来说，效用最明显首推职业资源。所谓职业资源，即创业者在创业之前，为他人工作时所建立的各种资源，主要包括项目资源和人际资源。充分利用职业资源，从职业资源入手创业，符合创业活动不熟不做的原则。尤其是在国内目前还没有像美国或欧洲国家一样，普遍认同和执行竞业避止法则的情况下，选择从职业资源入手进行创业，已经成为了许多人创业成功的捷径和法宝。

第三是朋友资源。朋友应该是一个总称。同学是朋友，战友是朋友，老乡是朋友，同事一样是朋友。一个创业者，三教九流的朋友都要交，谈得来，交得上，就好像十八般兵刃，不一定就用上了哪般。朋友犹如资本金，对创业者来说是多多益善。在家靠父母，出门靠朋友，多一个朋友多一条路是至理名言。一个创业者如果不能交朋友，没有几个朋友，肯定只有死路一条。创业专家认为，人际交往能力应列在创业者素质的第一位。

（二）经营信誉

信誉是指依附在人之间、单位之间和商品交易之间的一种相互信任的生产关系和社会关系。信誉促成了人之间、单位之间、商品交易之间的双方自觉自愿的反复交往，消费者甚至愿意付出更多的钱来延续这种关系。虽然它看不见摸不着，但是它却像影子一样时时刻刻在人之间、单位之间和商品交易之间存在并发挥作用，默默地影响着人、单位、商家和政府部门等的形象。因此，大学期间一定要经营好自己的信誉，不逃课、不欠费、更不能作弊。

相信大家都听说过一个在德国留学的中国留学生逃票的故事：在德国，一些城市的公共交通系统售票是自助的，也就是你想到哪个地方，根据目的地自行买票。没有检票员，甚至连随机性的抽查都非常少。一位中国留学生发现了这个管理上的漏洞，于是，很庆幸自己可以不用买票而坐车到处溜达，在几年的留学生活中，他一共只因逃票被抓过 3 次。毕业后，他试图在当地寻找工作。他向许多跨国公司投了自己的资料，虽然这些公司都在积极地开发亚太市场，可都将他拒绝了。一次次的失败，使他愤怒。他认定这些公司有种族歧视的倾向，排斥中国人。最后一次，他冲进了人力资源部经理的办公室，要求经理对于不予录用他给出一个让人信服的理由。而下面的一段对话很令人玩味。

"先生，我们并不是歧视你，相反，我们很重视你。因为公司一直在开发中国市场，我们需要一些优秀的本土人才来协助我们完成这个工作。所以你来求职的时候，我们对你的教育背景和学术水平很感兴趣，老实说，在工作能力上，你就是我们所要找的人。"

"那为什么要拒绝我？""因为我们查了你的信用记录，发现你有 3 次乘公车逃票被处罚的记录。"

"我不否认这个。但谁会相信，你们就为这点小事而放弃一个自己急需的人才？"

"小事？我们并不认为这是小事。我们注意到，第一次逃票是在你来到这里后的第一个星期，检查人员相信了你的解释，因为你说自己还不熟悉自助售票系统，因此只是给你补了票。但在这之后，你又两次逃票。"

"那时刚好我口袋中没有零钱。"

"不，先生，我不同意你这种解释，你在怀疑我的智商。我相信在被查获前，你可能有数百次逃票的经历。"

"那也罪不至死吧？干嘛那么较真？我以后改还不行？"

"不，先生。此事证明了两点：一是你不尊重规则，不仅如此，你还善于发现规则中的漏洞并恶意使用；二是你不值得信任，而我们公司的许多工作的进行是必须依信任进行的，如果你负责了某个地区的市场开发，公司将赋予你许多职权。为了节约成本，我们没有办法设置复杂的监督机构，正如我们的公共交通系统一样。所以我们没有办法雇佣你，可以确切地说，在这个国家甚至整个欧盟，你可能找不到雇佣你的公司，因为没人会冒这个险的。"

（三）学会理财

世界银行所属的国际金融公司（IFC）对北京、成都、顺德、温州四个地区的私营企业的调查表明：我国私营中小企业在创业初始阶段，几乎完全依靠自有资金，90％以上的初始资金都是由主要的业主、创业团队成员及家庭提供的。[①]

---

① 全丽萍：《非对称信息下中小企业融资问题研究》，载《管理世界》，2002(6)。

由于货币的时间价值，今天的一元钱肯定比明年的一元钱多，早储蓄意味着早日得到货币时间价值(复利计息①)，这样日积月累，会让数目不大的钱经过一段时间后变成一笔大钱。表1-1是一个关于复利魅力的统计。

表1-1　复利的魅力(12％的投资报酬率)

每天存款/元	每月存款/元	每年存款/元	成为百万富翁的年数/年
3.57	109	1 304	40
11.35	345	4 144	30
38.02	1 157	13 879	20
156.12	4 749	56 984	10

(四)学会时间管理

时间"四象限"法是美国管理学家科维提出的一个时间管理的理论，把工作按照重要和紧急两个不同的维度进行划分，基本上可以分为四个"象限"：既紧急又重要(如客户投诉、即将到期的任务、财务危机等)，重要但不紧急(如建立人际关系、人员培训、制订防范措施等)，紧急但不重要(如电话铃声、不速之客、部门会议等)，既不紧急也不重要(如上网、闲谈、邮件、写博客等)。

时间管理的"四象限法则"如图1-7。

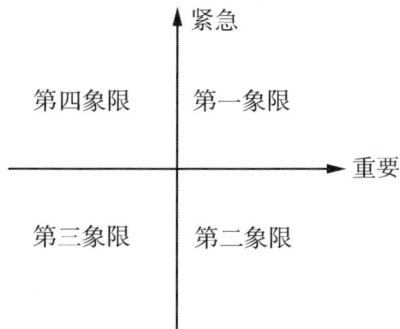

图1-7　时间管理的"四象限法则"

① 复利计息指不仅本金计算利息，利息也计算利息的一种计息方式。如1 000元存款，利率5％的话，第一年年末可以得到1 050元，将这1 050元继续存放在银行，利率不变的情况下，第二年年末的价值是1 102.5元，既有本金1 000元两年的利息100元，也有第一年利息50元的利息2.5元。

按处理顺序划分：先是既紧急又重要的，接着是重要但不紧急的，再到紧急但不重要的，最后才是既不紧急也不重要的。"四象限"法的关键在于第二类和第三类的顺序问题，必须非常小心区分。另外，也要注意划分好第一类和第三类事，都是紧急的，区别就在于前者能带来价值，实现某种重要目标，而后者不能。

具体来说，各象限工作的性质和处理原则如下：

第一象限：没什么好说的，立即去做！我们工作中的主要压力来自于第一象限，其实第一象限80%的事务来自于第二象限（重要但不紧急）没有被处理好的事情，也就是说这个压力和危机是自己给自己的。所以关键是尽可能多的解决来自第二象限的事情，才能使得压力减缓。很多重要的事都是因为一拖再拖或事前准备不足，而变成迫在眉睫。该象限的本质是缺乏有效的工作计划导致本处于"重要但不紧急"第二象限的事情转变过来的，这也是传统思维状态下管理者的通常状况，就是"忙"。

第二象限：有计划去做！不能因为不紧急就不去解决它。我们应该第一时间将任务进行分解，然后一个一个解决，并制定时间表，在规定的时间内完成，就不会让第二象限的事情偷溜到第一象限中去。荒废这个领域将使第一象限日益扩大，使我们陷入更大的压力，在危机中疲于应付。反之，多投入一些时间在这个领域，有利于提高实践能力，缩小第一象限的范围。做好事先的规划、准备与预防措施，很多急事将无从产生。这个领域的事情不会对我们造成催促力量，所以必须主动去做，这是发挥个人领导力的领域，更是传统低效管理者与高效卓越管理者的重要区别标志。建议管理者要把80%的精力投入到该象限的工作，以使第一象限的"急"事无限变少，不再瞎"忙"。

第三象限：交给他人去做！第三象限的事情是我们忙碌而且盲目的源头。最好的方法是放权交给别人去做，或者通过委婉的拒绝以减少此类事务的发生。

该象限的事情表面看似第一象限，因为迫切的呼声会让我们产生"这件事很重要"的错觉——实际上就算重要也是对别人而言。我们花很多时间在这个里面打转，自以为是在第一象限，其实不过是在满足别人的期望与标准。

第四象限：尽量别做！当你疲惫的时候，可以通过一些不重要的而且不紧急的事情来调整心态和身体，但是不要在这个象限中投入过多精力，否则就是浪费生命了。

当我们忙得焦头烂额时，可以到第四象限去疗养一番再出发。这部分范围倒不见得都是休闲活动，因为真正有创造意义的休闲活动是很有价值的。然而像阅读令人上瘾的无聊小说、毫无内容的电视节目、办公室聊天等，这样的休息不但不是为了走更长的路，反而是对身心的毁损，刚开始时也许有滋有味，到后来你就会发现其实是很空虚的。

成功的时间分配原则是：对于第一象限"重要而紧急"的事情需要花费20％～25％的时间；第二象限"重要但不紧急"的事情投入65％～80％的时间处理；第三象限"不重要而且紧急"事情的处理时间应该在15％左右；第四象限"不重要且不紧急"的工作花费的时间不应该超过1％。

（五）做好细节管理

在细节管理方面，周恩来总理做得很好。据说1971年10月10日埃塞俄比亚的塞拉西皇帝来访，周总理在事先检查宴会厅时发现布置的埃塞俄比亚三色国旗挂倒了，于是急忙让工作人员纠正了过来。因此，美国前总统尼克松常说："对于周恩来来说，任何大事都是'从注意小事入手'，这一格言是有一定道理的。他虽然亲自照料每棵树，也能够看到森林。"

另一个细节管理的经典故事是中国台湾"经营之神"王永庆的故事。

王永庆早年因家贫读不起书，只好去做买卖。1932年，16岁的王永庆从老家来到嘉义开一家米店。当时，小小的嘉义已有米店近30家，竞争非常激烈。当时仅有200元资金的王永庆，只能在一条偏僻的巷子里承租一个很小的铺面。他的米店开办最晚，规模最小，更谈不上知名度了，没有任何优势。在新开张的那段日子里，生意冷冷清清，门可罗雀。

当时，一些老字号的米店分别占据了周围大的市场，而王永庆的米店因规模小、资金少，没法做大宗买卖。而专门搞零售呢？那些地点好的老字号米店在经营批发的同时，也兼做零售，没有人愿意到他这个地处偏僻的米店买货。王永庆曾背着米挨家挨户去推销，但效果不太好。

怎样才能打开销路呢？王永庆感觉到要想米店在市场上立足，自己就必须有一些别人没做到或做不到的优势才行。仔细思考之后，王永庆很快从提高米的质量和服务上找到了突破口。

20世纪30年代的中国台湾，农村还处在手工作业状态，稻谷收割与加工的技术很落后，稻谷收割后都是铺放在马路上晒干，然后脱粒，砂子、小石子之类的杂物很容易掺杂在里面。用户在做米饭之前，都要经过一道淘米的程序，用起来很多不便，但买卖双方对此都习以为常，见怪不怪。

王永庆却从这一司空见惯的现象中找到了切入点。他带领两个弟弟一齐动手，不辞辛苦，不怕麻烦，一点一点地将夹杂在米里的秕糠、砂石之类的杂物捡出来，然后再出售。这样，王永庆米店卖的米质量就要高一个档次，因而深受顾客好评，米店的生意也日渐红火起来。

王永庆就是通过提高性价比实现了米的良好营销。在当时的情况下，提高性价比很简单，就是将砂粒、石子捡出去，这是非常琐细的工作，也是任何一个正常人都能做的事情，但正是这种需要花功夫的、琐碎的、细节性的工作，使王永庆实现了提高性价比的目的。

在提高米质见到效果的同时，王永庆在服务上也更进一步。当时，用户都是自己前来买米，自己运送回家。这对于年轻人来说不算什么，但对于一些上了年纪的老年人，就是一个大大的不便了；而当时年轻人整天忙于生计，且工作时间很长，不方便前来买米，买米的任务只能由老年人来承担。王永庆注意到这一细节，于是超出常规，主动送货上门。这一方便顾客的服务措施，大受顾客欢迎。

当时还没有送货上门一说，增加这一服务项目等于是一项创举。

送货上门也有很多细节工作要做。即使是在今天，送货上门充其量是将货物送到客户家里并根据需要放到相应的位置，就算完事。那么，王永庆是怎样做的呢？

每次给新顾客送米，王永庆就细心记下这户人家米缸的容量，并且问明这家有多少人吃饭，有多少大人、多少小孩，每人饭量如何，据此估计该户人家下次买米的大概时间，记在本子上。到时候，不等顾客上门，他就主动将相应数量的米送到客户家里。

王永庆给顾客送米，并非送到了事，还要帮人家将米倒进米缸里。如果米缸里还有米，他就将旧米倒出来，将米缸擦干净，然后将新米倒进去，将旧米放在上层，这样，陈米就不至于因存放过久而变质。王永庆这一精细的服务令不少顾客深受感动，赢得了很多顾客。

不仅如此，在送米的过程中，王永庆还了解到，当地居民大多数家庭都以打工为生，生活并不富裕，许多家庭还未到发薪日，就已经囊中羞涩。由于王永庆是主动送货上门的，要货到收款，有时碰上顾客手头紧，一时拿不出钱的，会弄得大家很尴尬。为解决这一问题，王永庆采取按时送米，不即时收钱，而是约定到发薪之日再上门收钱的办法，解决了即时收款中可能会因对方手头紧而出现尴尬的问题，极大地方便了顾客，深受顾客欢迎，使那些接受服务的客户，都成了王永庆的忠实客户。王永庆的米店，也随之生意兴隆，蒸蒸日上。

王永庆正是把每次送米这件小事做得很细，使他找到了更好地为客户服务的方式，使顾客成了他的忠实客户，为事业的进一步发展壮大，奠定了基础。

王永庆精细、务实的服务方法，使嘉义人都知道在米市马路尽头的巷子里，有一个卖好米并送货上门的王永庆。有了知名度后，王永庆的生意很快红火起来。这样，经过一年多的资金积累和客户积累，王永庆便自己办起碾米厂，在离最繁华热闹的街道不远的临街处租了一处比原来大好几倍的房子，临街的一面用来做铺面，里间用作碾米厂。就这样，王永庆从小小的米店生意开始了他后来问鼎台湾首富的事业。

事业发展壮大后，王永庆在管理企业时，同样注重每一个细节。他的部属深深为王永庆精通每一个细节所折服。当然也有不少人批评他"只见树木，不见森林"，劝他学一学美国的管理，抛开细节只管大政策。针对这一批评，王永庆回答说："我不仅做大的政策，而且更注意点点滴滴的管理，比如操作人员的手艺、操作方法、机械的配置，等等。道理很简单，因为它们都会影响生产力。如果我们对这些细枝末节进行研究，就会细分各操作动作，研究是否合理，是否能够将两个人操作的工作量减为一个人，生产力会因此提高一倍，甚至一个人兼顾两部机器，这样生产力就提高了四倍。"

王永庆认为，正是这种对于细微之处的了解，才能真正提高管理的水准，因此，他认为美国的管理太老了，他们只重视"面"和"线"，而忽视了"点"。他认为管理最大的问题还是在"点"上，各事物的基本问题还是在"点"上。只要"点"做到真正完善，那么"线"和"面"也简单了。

王永庆成功的例子说明细节是一种创造。不要以为创造就非得轰轰烈烈，惊天动地。工作中的小改小革、细节调整，同样是一种创造。"细致到点"，从细节中找到创新的机会，这就是王永庆成功的秘密。

一个企业要创新，必须加强对细节的关注。一向以创新意识著称的海尔集团总裁张瑞敏曾经说过："创新存在于企业的每一个细节之中。"事实上，海尔集团在细节上创新的案例数不胜数，每年仅公司内以员工命名的小发明和小创造就有几十项之多，并且这些创新已在企业中发挥着越来越明显的作用。

所以说，在激烈的市场竞争中，谁关注细节，谁就把握了创新之源，也就在竞争中抢得了先机。

（六）科学目标管理

目标管理由管理学大师彼得·德鲁克（Peter Drucker）提出，其首先出现于他的著作《管理实践》（*The Practice of Management*）中。该书于1954年出版。根据德鲁克的说法，管理人员一定要避免"活动陷阱"（Activity Trap），不能只顾低头拉车，而不抬头看路，最终忘了自己的主要目标。德鲁克强调，管理者要管理的目标首先必须是具体的（Specific），是可以衡量的（Measurable）；而且目标必须是可以达到的（Attainable）；不同目标之间必须具有相关性（Relevance）；最后，目标必须具有明确的截止期限（Time-bound）。

大学生一定要学会进行科学目标管理，从而自己的人生按照既定方向发展，少走弯路，多走捷径。

二、创业能力对个人职业生涯发展的意义和作用

（一）职业生涯与规划

职业生涯规划是指个人和组织相结合，在对一个人职业生涯的主客观条件进行测定、分析、总结研究的基础上，对自己的兴趣、爱好、能力、特长、经历及不足等各方面进行综合分析与权衡，结合时代特点，根据自己的职业倾向，确定最佳的职业奋斗目标，并为实现这一目标做出行之有效的安排。

（二）创业能力与职业生涯发展

创业首先是一种理念、一种精神，一种不满足于现状、敢于创新并承担风险的精神，一种在考虑资源约束的情况下把握机会创造价值的认识。从广义的角度去看创业，可以理解为是一个人根据自己的性格、兴趣、所学专业、能力等选择适合自己的事业（可以是创办企业，也可以是创办非营利的事业，还可以是就业），并把握机会，为这个事业的成功整合资源、付诸努力，最终实现

自己人生目标的过程。因此，**创业能力中所包括的捕捉机会、整合资源的意识，以及领导、沟通等能力，具有普遍性与适应性。无论你从事什么样的行业或职业，创业能力都将在个人职业生涯中发挥积极作用。**

扩展阅读

1. 创业的八大能力——俞敏洪谈大学生创业

第一，目标能力。你有什么样的目标？想把它做成什么样的状态？我们不是为了创业而创业，而是为了做好一件事情，做大一件事情，并且前提是你在进行自我评估后发现这是有可能实现的，这个时候你才能够开始创业。

第二，专业能力。当你白手起家、身无分文或者资金有限的时候，有一个重要前提：你必须是你创业的这个领域中的专家，是一个能控制住专业局面的人。

第三，营销能力。营销分两部分：实的营销和虚的营销。所谓实的营销，我们营销的是新东方的课程，告诉学生为什么要来上这个课，上完能有什么收获。另外我们还营销"新东方"这个品牌，让人们把"新东方"与高质量的培训课程联系起来。

第四，转化能力。第一种转化是把科学技术转化成生产力，你拥有了技术，拥有了能力，但没法转化成产品卖出去，这是不行的；第二种是转化你个人的能力，就是能把在大学里学的专业知识转化为社会能力、管理能力。

第五，社交能力。"大隐隐于市，小隐隐于野"，一个企业家，如果不善于和社会各界打交道而看问题的眼光又超越社会，就会很麻烦。

第六，用人能力。新东方曾被形容为：一只土鳖带着一群海龟在干。这只土鳖就是我，而海龟就是围绕在我身边的新东方几十个高层管理者，他们大部分都是海外留学归来的。假如新东方没有相当一批人才，是做不到今天的。你要能把他们统一在一起，既要运用利益的杠杆，又要动用感情的杠杆、事业的杠杆，把他们完美地结合在一起。

第七，把控能力。对人的把控能力、对环境的把控能力、对企业发展步骤的把控能力，构成创业是否成功的重要条件。

第八，革新能力。一个人或者一个企业家成长的过程，就是不断否定自己的过去，承认自己的现在，寻求自己的未来的过程。新东方从个体户发展到家族店，然后变成哥们合伙制，接着变成国内股份制有限公司，然后发展成国际股份制有限公司，最后变成美国上市公司，每一个步骤都是脱了一层皮。因为每一次改变都意味着要进行大量的利益改革和结构改造，大量的人事改革和改造，如果你改不过来，企业就有可能面临崩溃。

2. 创业五问

能不能简单描述你的创业构想？你是否了解你将要从事的行业？你将通过什么办法来了解你将要从事的行业？你能够确定自己愿意长期从事这个行业吗？你在创业方面有没有比较好的人际关系储备？通过这几个问题可以了解自己是否已经有了创业的思想准备。

▸▸ 课程测试

总结测试，和学生一起回顾本次课程的内容，或者让学生填写下面的空白。

1. 创业的概念

创业是<u>不拘泥于当前资源约束</u>、<u>寻求机会</u>、<u>进行价值创造</u>的行为过程。

2. 创业的关键要素：<u>机会、团队和资源</u>。

3. 创业按目的的分类：<u>机会型创业</u>和<u>生存型创业</u>。

创业按起点分类：<u>创建新企业</u>和<u>组织内创业</u>。

按创业人数分类：<u>独立创业</u>、<u>合伙创业</u>（可以是合伙企业或公司制企业）。

4. 创业过程分为<u>机会识别</u>、<u>资源整合</u>、<u>创办新企业</u>、<u>新企业生存</u>四个主要阶段。

5. 创业精神的主要特征表现为<u>勇于创新</u>、<u>敢当风险</u>、<u>团结合作</u>、<u>坚持不懈</u>等。

6. 知识经济对创新型人才的要求为：创新性人才需要具备<u>创新品质</u>、<u>创新意志</u>、<u>创新发现</u>、<u>创新知识</u>、<u>创新实践</u>等素质。

7. 创业的功能可以表述为：<u>增加就业</u>、<u>促进创新</u>、<u>创造价值</u>、<u>解决社会</u>

问题等。

8. 广义和狭义创业的区别为：广义的创业指创办一份事业，狭义的创业仅指创建一个新企业。

‣ 本章祝愿

资源有限，创意无限！创业的本质是创新，创业是在开创未来，也是生活方式的一种选择。

创业，为人们架起了一座生涯发展之桥！

愿大家都能尽早规划、设计一个适合自己的生涯发展目标，取得事业的成功，收获人生幸福！

‣ 本章推荐书目

《成功并不像你想象的那么难》

‣ 本章推荐电影

《当幸福来敲门》

第二章　创业者与创业团队

❯❯ 欢迎词

欢迎大家再次来到创业的殿堂，继续我们的创业基础之旅！

❯❯ 教学目标

通过本部分教学，使学生形成对创业者的理性认识，纠正神化创业者的片面观点，了解创业者应具备的基本素质，认识创业团队的重要性，掌握组建和管理创业团队的基本方法。

▸▸ 课堂设计

章节	内容	时间	授课方法	教具
创业者讲座	创业与生涯规划	40 分钟	分享	ppt
学生提问	和讲座内容有关的问题	20 分钟	交流	无
休息 5 分钟				
每周创意	生活中的创意	5 分钟	学生分享	ppt 或者道具，取决于学生的准备
上周内容回顾	上周课程内容	10 分钟	学生讲授	ppt
第一节创业者	创业者 创业者的素质和能力	30 分钟	讲授	ppt
	创业者素质自我测试	5 分钟	自我测试	Word 版测试题
	创业动机的含义与分类 产生创业动机的因素	10 分钟	讲授	ppt
休息 5 分钟				
每周创业故事	创业故事：故事、启示	10 分钟	学生讲授	ppt
上周项目展示	我的生涯规划	5 分钟	学生展示	规划书、ppt
第二节创业团队	创业团队及其重要性 团队组建策略及其影响	20 分钟	讲授	ppt
视频	团队成员的选择	5 分钟	播放视频	牛与马的对话
第二节创业团队	团队的管理技巧和策略 团队领导者角色与行为 创业团队的社会责任	20 分钟	讲授	ppt
本章总结	本章内容现场复习测试	10 分钟	现场测试	ppt

每周创意——果壳手表

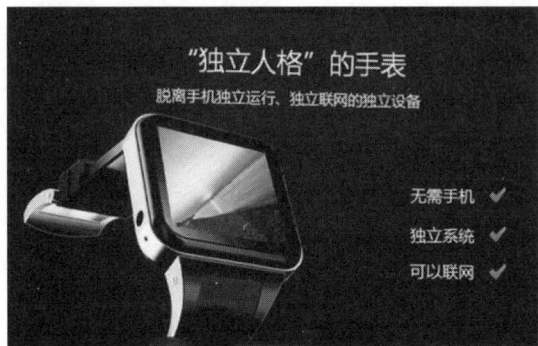

随着智能设备推陈出新，我们需要一块手表，它能帮我们感知自己的身体，而不是像父辈们戴的古董手表那样冷冰冰。2013 年 7 月 3 日，果壳电子在官方网站上预售他们的"Geak Watch"，这款配备了 1.5 英寸屏(约合 3.8 厘米)的智能手表，能上网，能像智能手机一样下载应用程序，售价 1 999 元人民币。

果壳手表集成了温度、导航、动力加速、陀螺仪等多种智能传感器，可实现心跳、血压、脉搏、GPS 等数据获取。其 7×24 小时的计步器，全天记录行动数据，精准分析脂肪燃烧情况，先进的睡眠跟踪管理体系，可以跟踪每天的睡眠状况。

上周内容回顾

创业者讲座——创业与生涯规划

课程讲授

根据第一章的讲解，我们知道创业者是创业三要素中的核心要素，是连接创业机会和创业资源的纽带，正是创业者对机会的把握以及对资源的整合和利用，才促成了一个个创业活动的成功。因此，美国最早的风险投资公司——美国研究开发公司（ARD——America Research and Development Corporation）的创始人之一乔治·多利奥特（George Doriot）有句名言："宁要一流的人才和二流的创意，也不要一流的创意和二流的人才。"创业过程中人的重要性可见一斑。本周我们就来了解创业者及创业团队的相关知识。

第一节　创业者

一、创业者

（一）创业者的定义

1. 创业者概念

创业者的概念经历了一个演变的过程，1755 年，法国经济学家坎蒂隆（Cantillon）首次将"创业者"的概念引入经济学领域；1880 年，法国经济学家萨伊（Say）将创业者描述为将经济资源从生产率较低的区域转移到生产率较高区域的人，并认为创业者是经济活动过程中的代理人，首次给"创业者"做出定义。美籍奥地利经济学家熊彼特（Schumpeter）认为创业者应该是创新者，具有发现和引入新的更好的能赚钱的产品、服务和过程的能力。

国内外学者将创业者的定义分为狭义和广义两种：**狭义的创业者是指参与创业活动的核心人员，广义的创业者是指参与创业活动的全部人员。**一般情况下，在创业过程中，狭义的创业者会比广义的创业者承担更多风险，也会获得更多收益。

2. 创业者神话和创业者现实

关于企业家和创业成功的传说、经典故事经久不衰，即使在今天高度信息化的知识经济时代，很多人对于成功创业者的看法依然有失偏颇。那些被奉为"教父级"的非常成功的创业者经常被人"神化"，在很多人看来，创业者是神话人物，是大部分普通人不能企及的高大形象。但实际上，创业者不是"神话人物"，也不是一个特殊人群，创业者之所以成功，不是因为他们"走运"，而是因为他们足够努力，并且具备了一些有助于其成功创业的独特技能和素质。

下面是一组典型的关于"创业者神话"和"创业者现实（创业者实际情况）"的特征总结。

（1）创业者是天生的吗？

创业神话论者认为，创业者是天生的，而非后天培养的。

大量有关创业者心理和社会构成要素的研究得到的结论却是：创业者在遗传上并非异于他人，没有人天生是创业者，**每个人都有成为创业者的潜质**。某个人是否成为创业者，是环境、生活经历和个人选择的结果。即使创业者天生就具备了特定的才智、创造力和充沛的精力，这些品质本身也只不过是未被塑形的泥巴和未经涂抹的画布。创业者是通过多年积累的相关技术、技能、精力和关系网才被塑造出来的，这当中包含着许多自我发展的历程。创业者如果能够识别出思路和商机之间的区别，而且思路足够大气，他们创办企业成功的概率就比较大。即使运气在成功中很重要，充分的准备仍然是必要条件。

（2）创业者是赌徒吗？

创业神话论者认为，创业者都是赌徒，天生爱冒风险。

实际上，成功的创业者和大多数人一样是适度的风险承担者。他们会精心计算自己的预期风险，在有选择的情况下，他们常常把风险分割成可接受、可消化的小块，通过让别人一起分担风险、规避风险或者将风险最小化，来影响成功的概率；他们不会故意承担更多的风险，也不会承担不必要的风险，不过当风险不可避免时，也不会胆小地退缩。

（3）创业者主要的创业驱动因素是什么？

创业神话论者认为，创业者选择创业主要是受到金钱的激励。

虽然认为创业者不寻求财务回报的想法是天真的，但是，金钱却很少是创业者创建新企业的根本原因。有些创业者甚至警告说，追求金钱可能会令人精神涣散。传媒业巨子泰德·特纳（Ted Turner）说："如果你认为金钱是真正重要的事情……你将过于害怕失去金钱而难以得到它。"

实际上，追求高潜力企业的创业者更多是被创建企业、实现长期的资本收益所驱动，而不是追求高额工资、奖金这些立即可以获得的报酬。个人的成就感、对自己命运的把握、实现他们的期望和梦想也是强有力的动机。金钱只是保持成就的工具和方式，其本身并不是最终归宿。创业者总是不断地一次又一次地追逐，并为此兴奋不已，即使当一个创业者赚了几百万甚至更多时，他（她）还是会继续工作，憧憬着创建另一家公司。

（4）创业者喜欢单打独斗吗？

创业神话论者认为，创业者喜欢单枪匹马，以便充分发挥和实现其关于企业的抱负。

现实情况是，如果哪个创业者想要完全拥有整个公司的所有权和控制权，只会限制企业的成长。单个创业者通常只能维持企业的生存，想单枪匹马地发展一家高潜力的企业是极其困难的。高潜力的创业者会组建自己的团队，自己的组织，然后是自己的公司。他们认为，与其抢一块大一点的蛋糕，不如大家合力把整个蛋糕做得大一些。

（5）创业者喜欢引人注目吗？

创业神话论者认为，创业者都喜欢做公众人物，喜欢引起他人更多的关注。

调查表明，虽然有些创业者很喜欢炫耀，但大多数创业者会尽量避免公众的关注。尽管如微软的比尔·盖茨等会经常出现在新闻中，但是我们很少有人能够叫出谷歌或惠普公司创建者的姓名，虽然我们经常使用这些企业的产品和服务。这些创业者与大多数人一样，或避开公众注意，或被大众传媒所忽略。

问一下大家都用的什么手机品牌？我们都知道苹果手机的创始人是乔布斯，联想手机的创始人是柳传志，但是，大部分人都不知道三星的创始人、HTC 的创始人、中兴的创始人、天宇和金立的创始人。

（6）创业者"鸭梨山大"吗？

创业神话论者认为，创业者会承受巨大的压力，付出高昂的代价。

实际上，做一个创业者虽然是有压力、是辛苦的，这一点毫无疑问；但是没有证据证明，创业者比其他无数高要求的专业职位承受更大的压力，而且创业者对他们的工作往往非常满意。他们有很高的成就感，他们更健康，而且不太容易像那些为别人打工的人那样轻易退休。说自己"永远也不想退休"的创业者是公司中职业经理的 3 倍。

（7）钱是创立企业最重要的因素吗？

在创业神话论者看来，钱无疑是创业活动中最重要的成分。

现实情况是，如果有了其他的资源和才能，钱自然随之而来。但是如果创业者有了足够的钱，成功却不一定会随之而来。钱是新企业成功因素中最不重要的一项。钱对于创业者而言就像是颜料盒、画笔对于画家那样，它是没有生命的工具，只有被适当的手掌握，才能创造奇迹。

通过以上信息，可以发现，成功的创业者其实也就是芸芸众生中的普通人。这一点曾经在 20 世纪 70 年代的时候，被一个剑桥大学的韩国留学生发现，并且写成了学位论文，题目叫作《成功并不像你想象的那样难》，而且曾经影响了韩国经济的腾飞。下面我们就来看看这个故事：

故事的主人公后来成为了韩国泛亚汽车公司总裁，年轻时的他曾在 1965 年到剑桥大学主修心理学。在喝下午茶的时候，他常到学校的咖啡厅或茶座听一些成功人士聊天。这些成功人士包括诺贝尔奖获得者、某一领域的学术权威和一些创造了经济神话的人，这些人幽默风趣，举重若轻，把自己的成功都看得非常自然和顺理成章。时间长了，他发现，在国内时，他被一些成功人士欺骗了。那些人为了让正在创业的人知难而退，普遍把自己的创业艰辛夸大了，也就是说，他们在用自己的经历吓唬那些还没有取得成功的人。作为心理学系的学生，他认为很有必要对韩国成功人士的心态加以研究。1970 年，他把《成功并不像你想象的那么难》作为毕业论文，提交给现代经济心理学的创始人威尔·布雷登教授。布雷登教授读后，大为惊喜，他认为这是一个新发现，这种现象虽然东方甚至在世界各地普遍存在，但此前还没有一个人大胆地提出来并加以研究。惊喜之余，他写信给他的剑桥校友——时任韩国总统的朴正熙。他在信中说，我不敢说这部著作对你有多大的帮助，但我敢肯定它比你的任何一个政令都能产生震动。后来这本书果然伴随着韩国的经济起飞了。

这本书鼓舞了许多人，因为它从一个新的角度告诉人们，成功与"劳其筋骨，饿其体肤""三更灯火五更鸡""头悬梁，锥刺股"没有必然的联系。只要你对某一事业感兴趣，长久地坚持下去就会成功，因为每个人的时间和智慧足够他（她）圆满做完一件事情。后来，这位青年也获得了成功，他成了韩国泛亚汽车公司的总裁。

所以，阿里巴巴的创始人马云曾说："创业者的魅力来自平凡，创业者每天都在路上……"但是，尽管创业者并不是神话人物，也并不意味着每一个人都适合成为创业者。因为成功的创业者不仅要拥有创造、革新的本领，还要具备必要的管理技巧、商业技能以及充分的关系网络。为了成功创业，创业者要有不断提高自身素质的自觉性和实际行动，努力成为终身学习者和自我提升者。

3. 大学生创业者

大学生自主创业，是指部分有理想、有胆识的大学生不通过传统的就业渠道谋取职业发展，而是为自己开辟一条择业新路，不做现有就业岗位的竞争者，而是主动参与社会竞争，利用自己的知识、才能和技术，以自筹资金、技术入股、寻求合作等方式创立新的企业，谋求成为为自己及更多的人创造就业机会的创业者。

大学生创业的重要性，早在 1989 年已被联合国教科文组织纳入议事日程。1989 年联合国教科文组织在北京召开的"面向 21 世纪教育国际研讨会"上，提出"事业心和开拓教育"（Enterprise Education）的观念，将创业教育誉为继"学位教育"和"职业教育"之后学习的"第三本护照"，要求把创业教育提高到与学术性教育和职业性教育同等的地位；1995 年又在《关于高等教育的改革与发展》中指出，高等教育包括两方面的内容：求职和创造岗位。1998 年联合国教科文组织在《世界高等教育宣言》中进一步强调指出，为方便毕业生就业，高等教育应主要培养创业技能与主动精神；**毕业生将越来越不再仅仅是求职者，而首先将成为工作岗位的创造者**。我国也在党的"十七大"报告中明确提出，要大力发展创业教育，以创业带动就业。

当前，中国大学生自主创业面临着良好的环境。中央到地方再到各个高校，都热情鼓励和支持大学生自主创业，各级政府为大学毕业生创业制定了一系列优惠政策，各高校为大学生创业也积极创造各方面条件，因此，大学生创业面临良好的发展机遇。

（二）创业者的分类

按创业者创业目标的不同，大致可以把创业者分成三种类型：谋生型创业者、投资型创业者和事业型创业者。①

1. 谋生型创业者

谋生型创业者往往是因为迫于生活的压力或是为了使自己的生活条件有所

---

① 戴育滨、张日新：《大学生创业者的内涵、分类与能力特征分析》，载《科技月刊》，2006(10)。

改善才决定创业的。据调查，目前这类创业者约占中国创业者总数的90%。这种创业者绝大部分都是以少量资金起步，创业范围多局限在商业贸易领域。从事制造业的少量谋生型创业者，也基本上是规模较小的加工业，这类创业者多属于白手起家型。

2. 投资型创业者

投资型创业者是在已经拥有一定经济基础与实力的基础上进行创业。这一类创业者的创业目标主要为了获取更大的经济回报。这类创业者并不计较自己能做什么，会做什么。他们就是喜欢创业，喜欢做老板的感觉。可能今天做着这样一件事，明天又做着另外一件事，他们做的事情之间也可能毫不相干。

3. 事业型创业者

事业型创业者把实现自己的人生梦想作为创业的目标，把创办的企业当作自己毕生的事业。这类创业者是自我意识很强的人，他们不甘于为别人打工，愿意为理想放弃一份稳定的职业，他们之所以选择自主创业是为了通过这一途径来证明自己的能力，实现自我价值，得到社会的认可。这类创业者往往是在有了一定的经济基础，在经历了市场和社会的磨炼之后，更加明确了自己的人生追求而做出创业的选择。

事业型创业者把创业当作其毕生的事业来做，刘宣付是其中比较有名的代表。下面是刘宣付的故事。

不断放弃的创业者——刘宣付[①]

创业十多年，刘宣付到底做了多少个项目他自己都不知道，也从来没认真统计过。身边的朋友也不清楚，只知道他总有新公司上马。所以他经常被问起的一句话是"你最近又在做什么新项目？"后来，在记者的追问下，他才说出一个大概数字："20多个吧。"

这20多个项目并非个个都由他亲自操刀。有的是他想到一个好点子，找人来做，比如一家叫"足间舞"的拖鞋连锁店；有的是他运营一段时间就转给别人去经营，武汉一家做蓄电池的公司就是他在1995年前后参与创建的，2008年因一票之差错身创业板。凭借这些公司，他早就实现了财务自由。

---

① 参见青年创业网，http：//www.qncye.com/gushi/ganwu/04164073.html。

刘宣付是海外上市公司中网在线的股东，也是创始人之一。中网旗下有个子公司叫"28商机网"，专门为连锁企业发布招商信息。演员范伟那句著名的广告语，"28，28，咔咔就是发"，说的正是他们。目前，刘宣付没有参与中网在线的具体运营，但依然持有大量股份。

特丽洁，一家做小型纯净水设备的公司，是刘宣付2000年的创业项目。可以说，刘宣付是国内那拨最早做小型纯净水设备的人之一。特丽洁也是他创业项目的清单上，生存状态相对平稳且在持续赢利的一家公司。

除此以外，互联网、保健品、消费等行业都曾是刘宣付的淘金之地。他从一个战场跳到另一个战场，甚至同时进攻两个不同的领域。除互联网外，他几乎没有两次踏入过同一条河流。从经营的角度讲，他也几乎没有长时间在一家公司驻扎，或者只待在一家公司而不去涉足其他。只要看到新的机会，他就不顾一切地扑上去；一旦手上的公司步入正轨，他就有冲动寻找新的商机。当然，刘宣付也有看走眼的时候，那他就更有理由再去挖掘下一个明日之星了。

但这些项目已经不是刘宣付现在的创业主题了。中网在线、特丽洁这些他曾经创办、深度参与且经营不错的公司，先后都交给了其他人去运营，他只保留了股份。因为他又找到了更兴奋的项目——"身临奇境"7D互动影院，一家做3D技术与动感影院相结合的公司。

这种不断"放弃"、且战且走的状态，一开始就伴随着刘宣付的创业过程。梳理他这种同一时期做不同的事情，一个项目在不同的时期穿插的创业过程，不是件容易的事情。他喜欢创业，对新东西、新概念难以抵挡。始终做一个项目？这实在不是他的风格。

原始积累

20世纪80年代末，刘宣付退伍之后，被分配到武汉一家军工企业，每个月的工资51元，各种名目的奖金加在一起也就150元。已经开始谈恋爱的刘宣付常常感到钱不够用，这时离开单位南下打工的同事给他带来了冲击，他们每月的收入是 2 000 元。

1991 年，一次偶然的机会，刘宣付参加了一个食用菌培训班，开始了他人生的第一次创业。他开办了一个食用菌农场，一个季度赚了 8 000 元，刚好后来单位效益不好，鼓励职工自己找出路，刘宣付顺理成章地正式下海经商。

1993 年，他发现了一个赚钱的渠道。当时民用燃料市场紧缺，一罐液化气在计划体制内售价 18 元左右，体制外却是 48 元。于是他在学化工的大哥指导下，通过甲醇勾兑，做成了一种加水型的合成燃料。然后花 10 万元在当时国内几份最有影响力的报纸投放广告。广告见报当天，就收回了成本。4 个月左右，他的净利润达到了 100 万元。

刘宣付把这 100 万元看作是第一桶金。他拿出其中 10 多万元，在武汉买了一套大房子，还给自己买了辆进口的雅马哈摩托车。"那时候我才 20 多岁，很让人羡慕的。"

赚到钱的刘宣付自我感觉良好，觉得可以做更多、更高级的生意了。1995 年前后，他着手做了两个项目。其中之一是向做蓄电池的武汉银泰科技股份有限公司投资 20 万元，刘宣付参与了公司早期的创业，曾任销售经理。这家公司的经营状况一直不错，现在每个月有 7 000 万元左右的销售收入。2008 年，该公司因一票之差，错过了创业板。但是刘宣付在早期只做了很短的一段时间就独立出来做事了。

此后，刘宣付也做过其他生意，但都不太理想。他干脆休息了一段时间。无意间，从报纸上只有打火机那么大的袖珍地方，他读到一行字——11 800，纯净水搬回家。因为当时桶装纯净水和瓶装纯净水的要价都很高，所以做纯净水的应该都是大型水厂。他不敢相信，这么低价格的设备，能做出纯净水来吗？

刘宣付在西安找到这家大地牌水设备厂。产品看起来比较简单，他觉得不值 1 万多元，但这给了他很大启发。回到武汉，他找人帮忙做出一台样机，成品跟现在的冰箱大小差不多，造价在 2 500 元到 3 000 元之间，既能家用，也能满足商用。

2000 年 10 月，刘宣付在程汉东的邀请下，把这个项目搬到北京，成立了特丽洁环保科技有限公司。程汉东是刘宣付在武汉做生意时结识的朋友，他先于刘宣付在北京创办了特丽洁清洗技术有限公司。两人共用一个品牌，程汉东在刘宣付的公司有股份，后来又投资了中网在线。一开始两人在各自的公司会互相投资持股。当程汉东的特丽洁清洗公司开始走下坡路时，他转到中网在线负责具体经营，如今程汉东是中网在线董事会主席兼 CEO。这也对刘宣付之后的创业轨迹产生了很大影响。

特丽洁环保公司起步令人惊喜，刘宣付把一台机器包装成一个创业项目，鼓励创业者加盟，可以使用特丽洁这个品牌，也可以使用自己的品牌。凭借着产品小型化、售价低的优势，3 年时间，他就发展了 700 多家连锁水厂，一年有几百万元的利润。但是后来随着娃哈哈、乐百氏等纯净水品牌的崛起，特丽洁的市场生存空间被缩减，转为满足家庭纯净水的微型设备，直到现在。

投资型创业

如果说刘宣付来京之前通过"狗熊掰棒子"式的轨迹完成了原始积累，那么，从特丽洁开始，他便走上了投资型的创业道路。他承认，他就是一个喜欢创业的人，对新东西比较感兴趣。

2003 年，刘的老婆、弟弟从武汉来到北京，为了解决他们"有个事做"的问题，刘宣付成立了一家专门为加盟连锁行业提供广告服务的公司，这就是"28.com"的前身。他是法人代表，占股超过 70%，程汉东占股 15%，但日常经营主要由刘的老婆、弟弟和表弟在负责。当时刘宣付把自己大部分的精力和时间放在特丽洁，偶尔用空余时间帮他们出出点子。

中网一开始就是纯粹的广告服务，帮连锁企业建网站、做推广，代理新浪、搜狐、网易等门户网站首页的广告，也帮助企业进行百度竞价等。当时互联网的火苗正处于往上蹿的阶段，价格低，效果显著，仅仅 3 个月的时间，30 万元的投资全部收回。刘宣付觉得这事可为，追加了一轮投资。

2004 年，程汉东提出一个问题，长期做广告代理的模式不利于发展，应该做一个属于自己的媒体，把购买的广告资源指向自己的网站，再让客户购买网站的广告位，通过批量采购资源的方式产生差价。这样，即使有一天广告资源的优势不再，还有自己的网站保底。28 商机网应运而生。

就在组建"28.com"的过程中，中网的股份结构发生了些变化。刘宣付的说法是，广告业务本身不太好做，他的老婆偶尔觉得在客户那边受到了委屈，

刘宣付创业记		

第一桶金

- 开办食用面农场，第一个季度盈利8000元 发展状况：转让 — 1991年
- 1993年 — 自制合成燃料，4个月利润达100万元 发展状况：转让

创业者

- 1995年 — 武汉银泰科技，主打蓄电池产品 发展状况：较成功，成功，目前持有股权康源牌保健品 发展状况：失败
- 特丽洁 发展状况：经营权转让，目前持少数股权 — 2000年

投身互联网

- 创建中网在线（旗下网站28商机网）发展状况：2009年上市，目前持有一定股权 | 代理韩国足间舞拖鞋，开设连锁店 发展状况：经营业绩稳定 — 2003年
- 中网成功后创建网站商搜、猎才 发展状况：失败 — 2005年
- 中网上市前被请回任COO 发展状况：理念不合离开 — 2008年
- 2010年 — 上市后因业绩不佳，再次回到中网，创建连锁网、创业网、招商客网站 发展状况：理念不合，再次离开

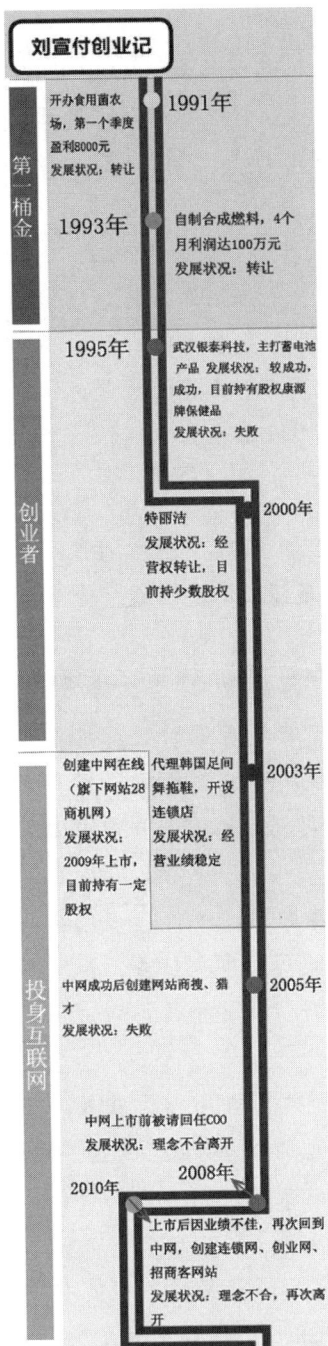

心情不畅，刘宣付认为自己也不太适合广告行业；而程汉东却有客户资源的优势，同时特丽洁清洗业务日渐式微，所以他主动让出大股东位置，只占45％，把程汉东招呼进来，升为大股东，占比55％，由他主导公司的发展。

让出大股东的位置，对于当时的刘宣付来说，不痛不痒。因为除了发展不错的特丽洁，他还在忙着筹备另一个项目，拖鞋连锁店"足间舞"。他找来具体执行的合伙人，先让对方尽可能地占股，然后他再投资，坐上控股股东的位置。目前，足间舞在国内已经有3 000多家加盟店，每年有几百万元的利润。

等刘宣付回过神来再看28商机网，这个当时不起眼的项目俨然变成了金凤凰，已经完全超出了他的预期。他们找来演员范伟代言，这个东北男人给人以憨厚的印象，设计的广告语"咔咔就是发"也适合他的演绎。后来，范伟自己把"28，28"加进去，成了那段时间流行的广告语。这则广告在电视台播出后，网站每月服务的客户有600多家，每天索取资料、要求跟盟主建立联系的留言有16 000条，一般春节之后的这个数字是2万。也就是说，平均每月有几十万条的留言。这在当时是一个数目很庞大的创业人群集散地。

紧接着，整个互联网都迎来了资本的春天。百度上市，更像是一个造富神话。加上中网如日中天的发展势头，一直沉浸在传统行业里的刘宣付被击中了。2005年，他迫不及待地把特丽洁交给一个亲戚打理，兴冲冲地扎进互联网。他投入了几百万元做垂直搜索网站商搜，招聘网站猎才。刘宣付觉得互联网门槛低，想做并不难，然而，

	创建太阳光影视（4D影院，7D影院前身） 发展状况：将4D影院概念升级至身临其境7D互动影院	● 2011年
继续创业		
天使投资人	有壹手汽车美容	● 2012年

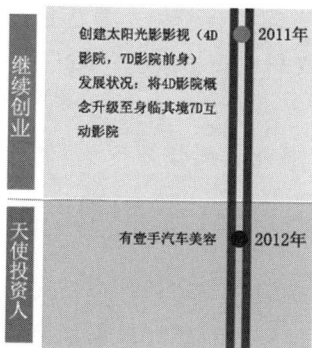

商搜和猎才都以失败而告终。

2007年，中网在线完成一轮融资，2009年7月在美国OTCBB（美国场外柜台交易系统）挂牌，2010年3月4日正式转入美国证券交易所，9月14日转板纳斯达克。可以说，这是刘宣付创业十多年、与他相关联的20多个项目中，唯一的一家上市公司。

刘宣付采取投资型的创业轨迹，是为避免把鸡蛋放在一个篮子里的风险。但是他忽略了，当鸡蛋在不同的篮子里时，如何辨别出哪只鸡蛋可能孵化出真正的小鸡，才是决定成功与否的重要因素。

二、创业者素质

创业者素质是创业行动和创业者所需要的主体要素，包括知识、技能、经验和人格特质等。

（一）知识和技能

创业者的知识和能力是实施创业和决定创业能否成功的关键。

1. 创业者需要掌握的知识

创业成功需要创业者具备必要的知识，如商业方面的知识、技术方面的知识等。

行业知识

俗话说隔行如隔山，创业者如果没有相关行业的经验，肯定会走弯路。"不熟悉的不做"，就是说创业者应尽可能在自己熟悉的行业领域内进行创业，以提高创业成功的可能性。康佳的创始人陈伟荣、创维的创始人黄宏生、TCL的创始人李东生都是华南理工学院（1998年更名为华南理工大学）恢复高考后无线电班的第一批学生，他们正是凭借丰富的专业知识和行业内的资源，创办的企业取得了极大成功，极盛之时，这三家公司的彩电产量几乎占到全国彩电产量的40%。

法律知识

创业成功的基础之一是创业者要守法经营，在国家法律法规允许的范围内从事创业活动，这就要求创业者一定要了解相关的法律知识。如了解《个人独资企业法》《合伙企业法》和《公司法》的相关规定，正确选择合适的企业法律形式；了解《知识产权法》的内容，更好保护企业的知识产权；了解《合同法》和《劳动合同法》的知识，及时签订劳动合同，保护企业和劳动者的合法权益；了解《个人所得税法》《企业所得税法》和《中华人民共和国税收征收管理法》的内容，及时足额纳税。

经济和管理知识

创业是一种商业行为，因此，需要创业者了解一定的商业知识，包括经济方面的知识和管理方面的知识。经济管理知识可以帮助创业者更好地识别商业机会，计算和筹集创业所需资金，进行盈亏平衡分析，更好地分析和把握市场、做好市场营销工作，并做好创业企业的人力资源管理、财务管理、企业管理等工作。

2. 创业者应具备的能力

要成为一个成功的创业者，以下的几种能力必不可少。

创新能力

创新能力是白手起家的创业者的生命源泉。创新不仅仅指从无到有地创造某种事物或某个东西，更多的情况是指在以往的基础上对**原有方式与方法进行改进**。创新能力是公平竞争环境下中最有力的利器。从某种意义上来讲，创新能力就是不断**反思追问**的能力。创业本身是一项创新活动，很多未知的或不可预料的因素掺杂其间。欧·肯迪说："创业就是开创一项事业，没有一种可以复制的模式让我们一劳永逸。"一个新的管理理念或是新开发的产品，往往会给创业者带来惊人的回报。

凡客诚品坚持不做实体店，选择自有服装品牌网上销售的创新营销模式。创立之初，创始人陈年放弃与传统媒体的合作，将凡客的营销战场定位在互联网。而即便是互联网，各大门户网站的广告投入依然是刚成立的凡客所无法承担的。凡客开始大规模**采取和网络媒体分账的模式**——凡客不支付任何广告费用，将广告悬挂在国内大大小小的网站上，通过网络技术追踪订单来源，当发生实际交易时，凡客再按照约定的比例和网站分账。凡客诚品采用的这种广告联盟的方式，使广告遍布大大小小的网站。因为采用试用的策略，广告的点击率比较高；因为采用了大面积的网络营销，其综合营销成本相对降低，并且营销效果和规模远胜于传统媒体。如今，与凡客合作的网站已达到了 20 000 多家。凡客的网站广告成为互联网一道强大的气旋，席卷了众多网络用户。①

"凡客诚品"因为互联网的日益发达而家喻户晓。凡客正是通过深入的市场分析、符合自身的营销渠道选择、完善的营销策划配合，最终打造了一个网络营销的神话。

学习能力

随着科技的进步与发展、日益复杂的市场竞争和合作关系、日新月异的科学技术手段、不断更新的管理理念和各种管理手段，只有不断学习创业者才能应对时代潮流的冲击。

学习能力主要是指自学能力，具体包括制订学习目标和计划的能力、阅读能力、分析归纳能力、检索能力等。培养学习能力就是**学会学习**，注意学习方法和策略的掌握，并拓宽学习渠道，不仅要多看书报，还要懂得利用网络资源和社会大课堂。

合作能力

每个人的能力都有限度，善于与别人合作的人，能够弥补自己能力的不足，达到原本达不到的目的。洛克菲勒（Rockefeller）说过："坚强有力的合作伙伴是事业成功的基石。"

创业者之所以需要与他人合作，首先源于个人的能力有限，同时也源于自己的能力与素质，往往和他人具有互补性。创业者要想与他人合作并有所作为，首先要做到知己，清楚自己的性格类型、素质特点、能力专长，选定一个适合自己的工作目标。其次要注意分析别人的特点，找到互补性和差异性。只有这样才能真正找到合作伙伴，并与其一道为共同的创业理想携手合作。

经营管理能力

创业活动的实践性很大程度上体现在经营和管理之中。经营管理能力在较高层次上决定了创业实践活动的效率和成败。要成为一个合格的创业者，必须掌握现代的科学管理知识，提高综合经营能力，并在实践中不断积累经营管理经验。

经营管理能力是对人员、资金的管理能力。它涉及人员的选择、使用、组合和优化，也涉及资金筹集、核算、分配、使用和流动。它是一种较高层次的

---

① 参见中南大学商学院创新创业案例库。

综合能力，是创业者应当具备的基本能力之一。经营管理能力的形成要从学会经营、学会管理、学会用人、学会理财几个方面去努力。

分析决策能力

丰富的知识、先进的经营理念和完善的管理制度是立于不败之地的法宝。面对纷繁复杂的社会，面对形形色色的商业机遇，究竟该何去何从，需要分析能力。只有在进行科学分析的基础上，才能做出正确的创业决定。分析问题的能力主要有三点：一要做个有心人。平时多进行市场调查，在调查的基础上，用数据说话进行科学决策；第二要养成一个多思考的习惯，对可能出现的结果进行分析，同时准备好应对措施，做到理智决策；第三要向同行学习，通过和同行之间的沟通，增加对行业及竞争对手的了解，做到理性决策。

要在瞬息万变、动荡不定的市场上求生存，谋发展，创业者就必须做出精明、恰当、高效的决策。

人际社交能力

人脉是创业的重要资源要素。人际社交能力是创业者发展和巩固其人脉资源的重要保障。一般而言人际交往能力主要表现在表达能力和反应能力两个方面。

表达能力是充分、有效地将自己的观点阐释给对方的能力。例如，对客户充分有效的表达能够使客户理解企业的产品情况和企业文化，有利于推销自己；对团队成员充分有效的表达能够使大家领悟企业的目标、面临的环境和拟采取的对策，能够使大家更加有效地为完成共同的目标而努力。

反应能力是交际能力的另一个方面，是表达能力的有效补充。在交际过程中，良好的反应能力能够帮助表达者随时领会和把握表达对象的需求和对表达内容的理解，有效调整表达的方式和内容。

3. 创业者技能的开发

创业者必须明白自己是否具有创办和经营企业所需要的能力。工作经验、技术能力、企业实践经验、爱好、社会交往能力和家庭背景，对于企业的成功都是很重要的因素。如果发现自己缺乏创办企业必备的能力，可以通过如下方法改进：

(1)与创业人士交谈，向成功的企业人士学习。

(2)做一个成功企业人士的助手或学徒。

（3）参加培训班或学习班，接受培训。

（4）阅读一些可以帮助你提高经营技巧的书籍。

（5）阅读报纸上关于企业的文章，想象这些企业存在的问题以及他们解决问题的方法。

（6）与家人讨论经营企业的困难并说服他们支持你。

（7）练习讨论某种情况或某个想法的利弊。

（8）制订未来企业计划，增强你的创业动机。

（9）提高思考问题、评价问题以及应对风险的能力。

（10）学习并思考如何更好地应对危机。

（11）多接受别人的观点和新的想法。

（12）遇到问题时，要分析问题的前因后果，并提高自己从错误中吸取教训的能力。

（13）加大对工作的投入并要认识到"只有努力工作，才能获得成功"。

（14）寻找能与你取长补短的合伙人，而不是完全依靠自己去创办企业。

（二）创业者特质

对创业者需要具备的特有素质，理论和实务界的说法并不统一，但纵观中外成功的创业者，他们身上普遍具备如下素质。

1. 诚信为本

诚信就是"诚实无欺，信守诺言，言行相符，表里如一"。这不仅是为人处世的基本准则，更是经商之魂。小赢赢于利，大赢赢于德。2000年2月美国出版了一本名为《百万富翁的智慧》的书，书中对美国1 300万名百万富翁进行了调查。在谈到为什么能成功时，受调查者竟没有一位归结为"才华"，最普遍的一个回答是：成功的秘诀在于诚实、有自我的约束力、善于与人相处、勤奋和有贤内助。在2003年中国财富品质论坛上，100位中国内地富豪将诚信列为十大财富品质之首。由此可见，诚信不仅是做人的第一品质，更是创业经商过程中的第一品质，是各种商业活动的最佳竞争手段，是市场经济的灵魂，是企业家的"金质名片"。

2. 直觉敏锐

灵活敏锐的商业意识是兴企之本。成功的创业者往往具有敏锐的直觉。在资源条件和市场条件相同或相近的情况下，决定创业者取得成就大小、收益多少的一个重要因素就是创业者是否具有对商机和市场的敏锐直觉。

潘石屹还在海南万通集团任财务部经理的时候，有一次出差时在县政府食堂吃饭，无意中听到市政府给了地区4个定向募集资金的股份制公司指标，但没人愿意做，他不动声色地与县体改办的同志边吃饭边聊，事后通过努力最终拿到8个亿的融资。潘石屹能拿到这笔融资，是与他对商机的敏感性分不开的。

广东中山圣雅伦有限公司董事长梁伯强，1998年在报纸上看到关于"中国没有好指甲钳"的言论之后，敏锐的感觉到商业机会的到来，于是开始进行市场调研，并根据调研结果选择时机进入该市场，突破了年销售额2亿元的纪录，成为中国第一、世界第三，被评为中国"隐形冠军"形象代言人、蜚声海内外的"指甲钳大王"。

3. 把握机遇

机遇往往是留给那些有准备的人，当机遇来临时，具备把握机遇素质的人往往能先拔头筹。鉴于机遇的稍纵即逝，就更需要创业者在不断的市场磨砺中把握住机会，成就一番事业。当年在深圳开发M-6401桌面排版印刷系统时，史玉柱身上只有4 000元钱，他却向《计算机世界》定下了一个8 400元的广告版面，唯一要求就是先刊登广告后付钱，付款期限15天。前12天他分文未进，第13天收到了3笔汇款，总共是15 820元，两个月以后他赚到了10万元。之后又循环投资，最终成为了百万富翁。

在一个偶然的机会，马化腾发现韩国网络公司一种给虚拟形象穿衣服的服务很受韩国网民欢迎，他想到"一个用户愿意花1～2元为自己的QQ增添服装和饰品的话，这个项目带来的收入就是天文数字"。于是他联合服装服饰、手机、饰品公司共同开发了风靡Q族世界的QQ秀。诺基亚和耐克等国际知名公司，都把自己最新款的产品提供给QQ秀用户来下载。目前已经有超过40％的QQ用户使用QQ秀，仅QQ秀一项给腾讯所带来的利润就非常惊人。另一个关于直觉敏锐的故事来自于拳王泰森，当泰森咬耳的丑闻报道传开时，许多人当热闹看过也就算了，美国一个巧克力商人却从中看到了商机。他赶紧推出一种形状像耳朵的巧克力，并有意在上面设计了一个缺角，象征着被泰森狠咬的那只耳朵。此举令这个牌子的巧克力备受世人关注，商人也一举发了大财。

4. 追求创新

创新是立业之本，创业本身就是一种创新，是更高水平的创新。创业者应该具有不断追求创新的素质，要有不满足于现状的意识，要有不断推陈出新的精神。创新是推动经济和社会发展的主导力量，是一个民族兴旺发达、长盛不衰的动力源泉。纵观古今，人类的发展正是通过不断创新，才创造了科学，缔造了历史，推动人类不断往前发展。

迈克·威尔弗利是一家生产和供应采矿和化学工业使用的工业唧筒的国际公司首席执行官，这是一个家族企业。他办公室的一个角落，整齐的摆放着公司产品的部件。当威尔弗利谈到这些部件时说：我们出售的产品就是由这些部件构成的。我每天都要看它们几次。我经常问自己，我们如何进一步改善这些设备？是否可以把它们做得更小一些？是否可以用别的材料？由于我经常看到这些部件，所以它们始终挂在我的心里。

5. 敢于竞争

成功创业者往往具备敢于竞争的特质，在市场的浪潮中拼搏前进。经济领域竞争的目的是扩展营业，获取财富，以提高经济地位，是市场主体为追求自身利益而力图胜过其他市场主体的行为和过程。竞争是社会进步、经济发展的根源。当然，竞争要遵循自愿、平等、公平和诚实信用的原则，要遵守公认的商业道德，不能滥用竞争权利。

下面举一个洛克菲勒的例子。

要敢于竞争[①]

洛克菲勒的一生获得了他人难以企及的成就：他创办了美孚石油公司；创建了美国第一家工业托拉斯；他的个人资产惊人，《福布斯》杂志于 2007 年评估其资产是 3 053 亿美元，排名世界第一……洛克菲勒的伟大使得他成为名人中的名人，他被比尔·盖茨视为自己唯一的崇拜对象。通过《洛克菲勒给青少年的忠告》，大家可以全面了解到洛克菲勒卓越的教子智慧、非凡的财商智慧和管理才华。

洛克菲勒曾经对自己的儿子说："约翰，每一场至关重要的竞争都是一场决定命运的大战，后退就是投降！战争既已不可避免，那就让它来吧！在这个世界上，竞争一刻不停止，我们也便没有休息的时候。我们所能做的，就是带

① 参见 51CTO 读书网站，http：//book.51cto.com/art/201202/318790.htm.

上钢铁般的决心，迎接纷至沓来的各种挑战和竞争，而且要情绪高昂并乐在其中。"每一个人的成功都不是随随便便就可获得的，作为石油帝国伟大的缔造者，洛克菲勒更是时时刻刻提醒自己要奋发图强，不断探索，敢于面对对手的挑战，敢于竞争，善于竞争，只有这样才能迎来最终的胜利，做笑到最后的那个人。他有一句名言是这样的："我的信念是抢在别人之前达到目的。"这也充分体现了他强烈的竞争意识。

在20世纪70年代，美国的石油大都集中在宾州西北部一个不大的地方，如果在那里建设一张输油管道网络，将一个个油井连接起来，那么只需要借助一个阀门，洛克菲勒便可以控制整个油区的开采量，从而彻底独霸这一行业。可是洛克菲勒也有自己的担心：用管道长途运输会引起与他合作的铁路公司的不安与恐惧。为了维护曾经帮助过自己的铁路运输公司的利益，洛克菲勒一直都没有启动铺设输油管道的计划。

但是，野心勃勃的宾州铁路公司却极力想取代洛克菲勒，将炼油业彻底置于自己的掌控之中。他们首先采取的措施便是把油区两条最大的输油管道并入自己的铁路网络，想以此控制标准石油公司。而肩负完成这一使命的人，就是宾州铁路子公司帝国运输公司的总裁波茨先生。

洛克菲勒明白坐视对手的实力增强，就是在削弱自己的力量，甚至会颠覆自己的地位。洛克菲勒是好胜心极强的人，他迅速任命精明强干的奥戴先生组建了美国运输公司，与帝国公司展开了一场自卫反击战。

后来，经过努力，洛克菲勒以及部下终于获得了应有的回报，一年后，他们便控制了油区四成的石油运输业务，压制住了波茨先生的进攻。

面对强劲的竞争对手，洛克菲勒并没有退缩，而是迅速制订了出击的方案，成功"制服"了对手。事实上，竞争也是一种积极的人生态度，它不仅可以充分激发一个人的内在潜力，还可以给人带来强烈的成就感。洛克菲勒曾说："我不喜欢竞争，但我每次都努力竞争。每当遇到强劲的对手，我心中竞争好胜的本能就会燃烧，而当它熄灭时，我收获的是胜利和快乐……好胜是我永不磨损的天性，那些谴责我贪欲永无止境的人都错了，事实上我不喜欢钱，我喜欢的是赚钱，我喜欢的是胜利时刻的美好感觉。"

有竞争的地方，就有风险，甚至有时还要承担因失败引发的责任。但是，在对自己有一定把握的前提下，迎着风险向前，有时候恰恰是收获成功的良机。

有位记者在访问某位登山专家时问："如果我们在半山腰，突然遇到大雨，应该怎么办？"登山专家说："向山顶走。""为什么不往山下跑？山顶的风雨不是更大吗？""向山顶走，固然风雨可能更大，却不足以威胁你的生命。至于向山下跑，看来风雨小些，似乎比较安全，但却可能遇到暴发的山洪而被活活淹死。"登山专家进而严肃地说："对于风雨，逃避它，你只有被卷入洪流；迎向它，你却能获得生存！"在人生的战场上，你有没有直面挑战的勇气呢？面对竞争，要勇敢地迎上去，而不是逃避、退缩，这样你才可以成为自己人生的主宰。

洛克菲勒曾在信中对自己的儿子小约翰说："要想在竞争中获胜，勇气只是赢得胜利的一方面，还要有实力。拐杖不能取代强健有力的双脚，我们要靠自己的双脚站起来，如果你的脚不够强壮，不能支持你，你不是放弃和认输，而是应该努力去磨炼、强化双脚，让它们发挥力量。"让我们记住世界首位亿万富翁的话：用自己的勇气和实力去面对竞争，赢取胜利。

（三）经验

经验包括直接经验和间接经验。研究表明，90%或90%以上（成功企业）的创始人开创的公司都与他们曾工作过的公司具有相同的市场、技术、行业；另一项研究表明，企业创始人通常拥有8～10年相关经历，受过良好教育，在产品、市场方面或交叉领域都有丰富的经验。[1]

对于在校大学生来说，获得创业间接经验的机会可能比获取直接经验的机会多，比如创业类课程的学习，便是积累间接创业经验的好的渠道。大学生一定要利用好这一机会，多学习他人创业成功的经验和教训，减少日后创业过程中的失误。

课堂活动：创业素质自我评价

1. 创业基本素质

(1)你认为自己很勇敢吗？

---

[1] ［美］杰弗里·蒂蒙斯、小斯蒂芬斯·皮内利：《创业学（第6版）》，周伟民、吕长春译，39页，北京，人民邮电出版社，2005。

如果你选择"是"，加1分，否则，减去1分。

(2)你做学生时很出色吗？

如果你选"是"就减去4分，否则，加4分。

(3)在学校时你热衷于集体活动吗(如俱乐部活动、运动队活动甚至两人约会)？

答"是"减去1分，否则加1分。

(4)年轻时，你宁愿经常独处吗？

答"是"加1分，否则减去1分。

(5)孩提时，你送过报纸、卖过柠檬水或从事过其他小型的经营活动吗？

答"是"加2分，否则减去2分。

(6)你曾是一个执着的孩子吗？

答"是"加1分，否则减去1分。

(7)你年轻时十分谨慎吗？

答"是"减去4分，否则加4分。如果你很爱冒险的话，另加4分。

(8)你担心别人怎么看你吗？

答"否"加1分，否则减去1分。

(9)你是否厌烦日复一日如出一辙的单调生活？

如果求新是你决定你的人生历程的一个重要动机，就加2分，否则减去2分。

(10)你会动用你所有的积蓄去涉足新的领域吗？它可能让你的投资成为泡影，你仍会投资吗？

答"是"加2分，否则减去2分。

(11)如果你刚投资的事业失败了，你会立刻着手另一项吗？

答"是"加4分，否则减去4分。

(12)你是乐观主义者吗？

如果你认为自己是乐天派，加2分，否则减去2分。

现在计算总和。

如果你得分在20分以上，则表明你具备了较好的创业素质，总分在0~19分之间，虽不理想，仍可努力。如果总分在—10~0分之间，你以不独创自己的事业为宜。最后，低于—11分的创业分数则表明你的才能可能在其他方面。

2. 创业专业素质

如果完全不懂则答 1 分，非常清楚地了解则答 5 分，根据你对题目的了解程度分值可以是 1、2、3、4、5 中的任一数字。

(1)你知道哪些力量在影响着市场景气吗？具体地说，你对经济指标有多少了解？

(2)你做计划和预算的能力怎样？

(3)你对财务管理及控制有何了解？

(4)你对进货和存货控制的了解程度如何？

(5)你对市场分析、预测是否在行？

(6)你认为自己对市场需要哪些产品(或服务)有没有敏锐的感觉？

(7)你对促销术、广告巡视类的了解怎样？

(8)你对定价有多少把握？这需要对客户需求、进料价格、竞争状况有较全面的考虑。

请计算你的总得分。

如果你的自我评估在 35 分以上，你已有充分准备，可以放手一搏。如果在 25～34 分，你可以尝试一下，并就薄弱环节尽快补课。假如自我评估的分数在 24 分以下，或许你最好再加一把力，例如找一些书籍自学，针对自己的不足，在他人公司里工作一段时间；或去修一些课程，包括系统地向他人请教。

此外，教师还可以给学生进行定性测试以及创业倾向测试，题目及分析如下。

3. 定性分析

本部分的测试类似于性格测试，从软件方面看被测者是否有创业潜质，没有具体的分数，但从性质上给被测者一个直观的感受，共设计以下 25 道题。

(1)失望时，你能够处理问题，并回到积极的状态中吗？

(2)你喜欢引人注目，推销自己和你的公司吗？

(3)你比较擅长组织工作吗？

(4)你知道如何控制自己的生活、做到自律吗？

(5)你愿意承担风险吗？

(6)你的想象力丰富吗？知道如何表达自己的想法吗？

(7)你能够把不利的事情转化为机会吗？

(8)你有勇气、有耐心吗？

(9)当你开始创业时，你的家人能够理解你的不自由状态吗？

(10)你知道如何为自己的信念而战吗？

(11)你喜欢和人打交道吗？

(12)你有过管理经验吗？

(13)你害怕日常工作吗？

(14)你可靠吗，对自己有信心吗？

(15)当你真正相信某人某事时，你能够不在乎别人的判断吗？

(16)你具有影响他人的能力吗？

(17)别人认为你是一个充满活力、积极向上的人吗？

(18)你喜欢绝大多数时间单独工作吗？

(19)你喜欢在电话中和陌生人交谈吗？

(20)每天早晨你都是怀着积极的态度醒来吗？

(21)你的财务情况稳定吗(在创业前，你应该有足够支撑你过一年的储蓄)？

(22)你做完案头准备工作(研究与所要创建公司相关的一切资料)了吗？

(23)你知道如何自嘲吗？

(24)你能轻易地控制自己的脾气吗？

(25)你很容易就会感到厌倦吗？

如果测试者对上述25个问题有较多肯定的答案，那你拥有较大的创业潜质。

4. 创业倾向

(1)你的父母、近亲、好朋友中间有没有创业成功的人？

(2)在你成长的过程中，你家里有没有做买卖的经历或经验？

(3)你幼时有没有自食其力，比如靠打工、摆摊赚钱的经历？

(4)你在校的成绩是不是并不太出色？

(5)你在学校里是不是并不太合群？

(6)你是否在学校因行为不合规范常挨批评？

（7）你是否会对长期做同一工作感到乏味？

（8）你是否以为如果有机会你会比你的上司干得好？

（9）你是否宁愿自己打球胜过看球？

（10）你看书是否对非小说类的比小说更感兴趣？

（11）你有没有被解雇或被迫辞职的经历？

（12）你是否倾向于说干就干而不是再三盘算计划后再做？

（13）你有没有常为工作或个人问题而失眠？

（14）你是否认为自己是个有决断、较实际的人？

（15）你对集体活动是否积极参加？

以上 15 个问题，答"是"的给 1 分，答"否"的给 0 分。

假如你的分数是 12 分或以上，但你现在还没有创业的话，那么你的创业倾向算是不明显的；假如你的分数低于 12 分而你已创立了自己的事业的话，则你的创业倾向算是很充沛的。

三、创业动机的含义与分类

（一）创业动机的含义及影响因素

创业动机是引起和维持个体从事创业活动，并使活动朝向某些目标的内部动力，是鼓励和引导个体为实现创业成功而行动的内在力量。

创业动机的影响因素有直接因素和间接因素两大类。

按照马斯洛的需求层次理论，创业者的需求层次不同，产生的创业动机也存在差异。**机会拉动型创业者的创业动机主要受自我实现需求的推动；生活压力则是生存推动型创业者的主要创业动机。**

创业动机的间接影响因素则包括社会保障程度、长期收入水平、人口统计特征等。社会保障水平高，机会拉动型创业就多；长期收入水平提高，也有利于创业者需求层次的提升；创业者群体的受教育水平、经验和经历等人口统计特征，则会对同一国家或地区创业者的需求层次产生不同影响，从而形成创业动机的差异。

（二）创业动机的分类

贾生华、邬爱其将创业动机分为社会导向、个人成就和资源驱动三类，利用国外研究成果和中国调查数据，对中国、美国和日本文化背景下的创业动机进行了比较分析，发现中国人最重要的创业动机依次为挣更多的钱、争取更高的社会地位、改善个人和家庭的生活质量；日本人主要为了追求人生的挑战、完善和提高自身的能力以及创办一家公众认可的企业；美国人则是为了改善个人和家庭的生活质量、追求人生的挑战性以及完善和提高自身的能力。研究表明三个国家创业者的创业动机存在一定的共性，也存在很多差异。[1] 例如，日本人具有强烈的社会导向创业动机，美国人和中国人更多的则是基于个人成就。中、日、美三国创业动机的比较见表2-1。

表2-1 中、美、日三国创业动机比较

创业动机	中国	美国	日本
社会导向：			
• 创办公众认可的企业	1.428	2.441	3.285
• 为公众和社会创造财富	1.539	2.472	2.532
• 开发新技术或新产品	1.579	2.576	2.642
个人成就：			
• 改善个人和家庭的生活质量	3.039	4.039	3.247
• 挣更多的钱	3.587	3.541	3.031
• 争取更高的社会地位	3.198	2.500	2.194
• 追求人生的挑战性	2.691	3.751	3.795
• 提高自身的能力	2.317	3.668	3.570
资源驱动：			
• 利用可利用的创业资本	1.246	2.085	1.842
• 减轻税收负担	1.016	1.678	1.708

---

[1] 贾生华、邬爱其：《中美日三国不同文化背景下的创业特征比较》，载《外国经济与管理》，2006(10)。

⊳ 每周创业故事

一个对追求永无止境的人——雷军

雷军，1969 年 12 月 16 日出生于湖北仙桃；1987 年，毕业于原沔阳中学（现湖北省仙桃中学），同年考上武汉大学计算机系。大学期间，雷军对自己要求比较严，选修了不少高年级的课程，仅用了两年时间，就修完了所有学分，甚至完成了大学的毕业设计。

走向社会的雷军事业上可谓风声水起，不仅早早就找到工作，而且一路高歌猛进，走上创业的道路。1998 年，雷军被武汉大学聘为名誉教授；1999 年和 2000 年、2002 年三年获得中国 IT 十大风云人物的殊荣；2000 年年底，被聘为北京市政府顾问；2001 年，当选为北京市软件行业协会副会长；2002 年，当选首届"首都十大青年企业家"，同年，任 863 计划——软件重大专项课题（桌面办公套件）——负责人；2003 年，任 863 计划——计算机软硬件技术课题（网络游戏通用引擎研究及示范产品）——开发负责人，同年当选"中关村科技园区优秀企业家"；2005 被评为中国游戏十大风云人物；2012 年 12 月，荣获"2012CCTV 中国经济年度人物新锐奖"；2013 年 3 月，荣获英国《财富》杂志"全球十一位颠覆商业规则的创新者"奖项。

当然，这些荣誉并不能阻止他对人生价值的追求。已经算是成功企业家的他在不惑之年重新挑战自己和行业——开办了小米公司。小米虽然一路走来很艰难，但是雷军成功了，小米手机一上市，就受到全民的热捧。

⊳ 上周项目展示——我的生涯规划

⊳ 课程讲授

第二节　创业团队

课前主题游戏——鼓掌游戏

上课前教师先带领大家做主题游戏——鼓掌，具体方法如下：伸出左手、掌心向上，先用右手的 1 个手指去击打左手掌心，接着用 2 个手指击打，依次类推，一直到 5 个手指，乃至整个右手手掌去击打伸开的左手掌心，以此来说明团队的力量。

击打完毕之后，教师带着学生一起分析总结：一根手指击打到左手掌只能发出轻微的声响，就像初春时的毛毛细雨，不能形成较大影响；两根手指时声音稍大，已经变成了小雨，可以发出刷刷的响声；三根手指击打时声音就像中雨，哗哗的意思开始流露；四根手指则像大雨，可以造成不小的影响；如果用五根手指、用整个右手手掌去击打左手掌时，则像暴雨，可以撼天动地。同样道理，一个人的力量可能弱小，但团队的力量则不能被小觑。

一项针对美国 104 家 20 世纪 60 年代创办的高科技企业的研究报告指出，在年销售额达到 500 万美元以上的高成长企业中，有 83.3% 是由创业团队建立的。[①] 而且，团队创业的绩效要比个人创业好；团队创业能够提供的就业岗位一般在 2.5～3 个之间，但是个体创业者提供的就业岗位仅为 0.5～1 个。因此，建议创业者采用团队创业的方式，开始创业活动。

一、创业团队及其对创业的重要性

（一）创业团队的含义

创业团队是由少数具有技能互补的创业者组成的群体，他们为了实现共同的创业目标，在一个共同认同的、能使彼此担负责任的程序规范下，为达成高

---

① ［美］杰弗里·蒂蒙斯、小斯蒂芬斯·皮内利：《创业学（第 6 版）》，周伟民、吕长春译，200 页，北京，人民邮电出版社，2005。

品质的创业结果而共同努力。

（二）优秀创业团队的特征

组建一支优秀的创业团队对任何创业者而言，都是一项至关重要的工作。一般而言，一支优秀的创业团队一般具有下面五个特征：

1. 知己知彼

一支优秀创业团队的所有成员都应该相互非常熟悉、知根知底。在优秀的创业团队中，团队成员能非常清醒地认识到自身的优势和劣势，同时对其他成员的长短处也清清楚楚，这样才能很好地避免团队成员之间因为相互不熟悉而造成的各种矛盾，从而迅速提高团队的向心力和凝聚力。同时团队成员的熟悉更有利于成员之间工作的合理分配，最大可能地发挥各自优势。

2. 才华各异

汉朝开国皇帝刘邦曾说："论运筹帷幄之中，决胜千里之外，我不如张良；论镇服国家，安抚百姓，源源不断地运用粮草，我不如萧何；论统兵百万，战必胜，攻必克，我不如韩信。这三个人是当今的豪杰，我能把他们争求过来，委以重任，而项羽只是一个谋士范增，尚且疑忌不用，所以才为我所灭。"

创业团队虽小，但是应该"五脏俱全"，团队成员应该各有所长、相互补充、相得益彰。一般而言，一支优秀的创业团队必须包括以下几种人：一个创新意识强的人，这个人可以决定公司未来发展的方向，相当于公司战略决策者；一个策划能力强的人，这个人能够全面周到地分析整个公司面临的机遇与风险，考虑成本、投资、收益的来源和预期收益以及公司管理规范、章程、长远规划设计等工作；一个执行能力较强的人，这个人具体负责执行过程，包括联系客户、接触终端消费者、拓展市场等；同时，在一个技术类的创业团队中还应该至少有一个研究开发型人才；当然，创业团队还需要有掌握必要财务、法律、审计等方面专业知识的人才。

3. 目标一致

拥有共同的目标是团队区别于群体的重要特征。大学生创业初期，困难和失败不可避免，因此目标一致就显得尤为重要。共同的创业目标将彼此紧紧连在一起，将分散的个体，凝聚成为一股强劲的力量。一致的目标，有利于在创业遇到困难时，团队成员能够志同道合，积极地为实现目标奋斗。

俄国作家克雷洛夫（Krylov）有一则寓言，说的是天鹅、梭子鱼和虾一起拉车的故事。说这三只动物想拉动一辆装东西的货车，三个家伙套上了车索拼命用力拉。车上载的东西并不重，只是天鹅拼命向云里冲，虾尽是向后倒拖，梭子鱼直向水里拉，但是车子只是停留在老地方，纹丝不动。因此，创业团队成员之间如果不协调，目标不一致，创业的事情就做不好。

1998 年成立于北京的交大铭泰，主要从事研究、开发及销售以翻译软件为主的四大系列软件产品。其在创业初期就确定了三年内成为我国最大应用软件和服务提供商的目标以及具体的发展战略。明确的创业目标保证了团队成员的稳定性，其成员自创业以来基本上没有太大变化，这不仅带来了企业凝聚力的提高，也使交大铭泰在企业创新方面取得了较大突破。交大铭泰很快成为了国内第一个通用软件上市公司，亚洲首只"信息本地化概念股"，2004 年 1 月 9 日在香港创业版成功上市。[①]

4. 彼此信任

信任是解决分歧、达成一致的最佳途径，相互信任有助于形成良好和高效的工作氛围，实现团队目标。美国管理者坚信这样一个简单的理念：如果连起码的信任都做不到，那么，团队协作就是一句空话，绝没有落实到位的可能。相互信任有两个层次的含义：一是团队成员间相互的高度信任，团队成员要做到相互欣赏、相互信任、相互了解和相互配合，要彼此相信各自的正直、个性特点和工作能力；二是管理者对团队成员的信任，主要表现为组织过程中的透明度和公开性。包括决策过程中所体现的高度公正、公司管理过程中所体现的共同参与以及各阶层个人能力的不断提高等。这种信任可以在团队内部创造高度互信的互动能量，使团队成员乐于付出、相信团队的目标并为之付出自己的责任与激情。

二、组建创业团队的策略及其后续影响

（一）创业团队的组建原则

组建一支高效的创业团队，除了要努力做到使团队具备优秀创业团队的特征外，还应该人数合理，并设置均衡的利益分配机制。

---

① 彭莹莹、范京岩、段华：《创业团队构建风险分析与控制》，载《科技经济市场》，2007(11)。

1. 人数合理

一般而言，一个大学生创业团队的人数应控制在 3～5 人为宜。刚开始创业的时候，会碰到很多意料不到的问题，人少了，团队的群体效应发挥不出来，人多了，团队思想不容易统一，碰到困难容易散伙。人数合理，以便领导与任务分工协调的有效开展，保证各项工作完成的速度和质量，提高办事效率，使团队的创业计划能先发制人，占据有利的市场地位。

2. 设置均衡的利益分配机制

以自我为圆心，以个人利益为半径画圈，画不大；以团队为圆心，以众人利益为半径画圈可画得无限大。如何设置一个好的利益分配机制，使团队成员围绕着共同的志向将企业的圆画得无限大，是值得每一个创业者深思的话题，也是极其重要的话题。博雅天下传播机构总裁荣波曾在"2012（首届）中国领袖力年会"说："股权分布是企业健康成长的基因"。他将利益分配机制提高到创业企业健康成长的高度。根据 2004 年 6 月对 200 多位在职工商管理研修班的学员进行的《创业管理调查》结果得知，影响中国现阶段创业团队散伙的前两个主要原因是团队矛盾（26％）和利益分配（15％）。团队矛盾的背后或多或少存在利益的影响，因此可以看出，利益分配对于创业团队的持续长期发展有着重要意义。①

利益原则包含两层含义：第一，在创业团队成员之间形成合理的利益分配机制，这种分配机制最好在创业开始时就予以明确；第二，在初始创业团队和其他团队成员之间制定一种利益均衡机制，创业企业的全部股份最好不要在初始创业团队中全部分配完毕，给日后加入的关键团队成员，或企业急需的技术骨干等预留部分股份。很多创业企业的普遍做法是，给予特殊人才干股或期权，以较低的成本，获得最忠实的员工，把员工变成主人，推动创业成功。用奇虎公司董事长周鸿祎的话来说："不管你团队强弱，都不要把股票分完，再强的团队，也要留个 15％～20％的池子，团队弱一些的，你要懂得大方地留下 40％甚至 50％的池子才行。"这样的好处在于一开始大家利益均沾也无所谓，不过"当日后有更强的人进入团队，或是你们（创业团队的成员）的贡献与股权

---

① 彭莹莹、范京岩、段华：《创业团队构建风险分析与控制》，载《科技经济市场》，2007(11)。

不一致，总可以从'大锅饭'里给牛人添点。毕竟再从别人口袋掏钱这事儿太悬"①。

正泰集团的董事长南存辉正是基于这样的理念，一步步弱化南氏家族的股权绝对数，对家族控制的集团公司核心层（即低压电器主业）进行股份制改造，把家族核心利益让出来，并在集团内推行股权配送制度，将最优良的资本配送给企业最为优秀的人才。就这样，正泰的股东由原来的10个增加到100多个，南存辉的股份下降至20%多，资产却膨胀了数十倍，同时数十位百万"知本"富翁诞生了。对此，南存辉认为："分享不是慷慨，对创业者来说，分享是一种明智。"

利益原则意味着创业者在进行利益分配的安排时，应坚持"有利于凝结创业团队，有利于获取创业需要但自己未直接掌握的关键资源，有利于关键人员掌握企业剩余的控制权和索取权，有利于提高创业活动的效率"的理念。

创业视频：团队成员的选择——牛根生、马云、俞敏洪的对话

（二）团队及其成员的选择

团队及其成员的选择包含两个内容，第一，拟创业者如何选择一个合适自己的团队；第二，团队如何寻找急需的团队成员。图 2-1 列示了这两个方面选择时应该考察的方面，以及应该注意的问题。

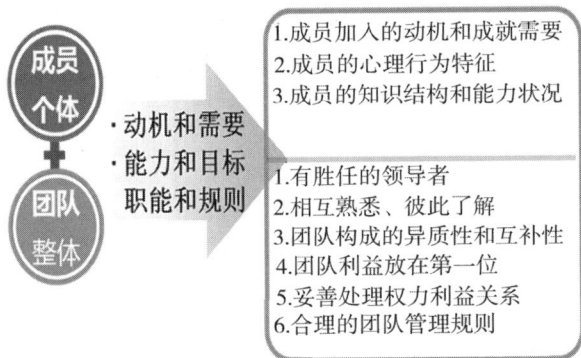

图 2-1　团队及其成员的选择

---

① 参见《天使教你这些事儿"范进"也许变"上进"》，南都网，http：//epaper.oeeee.com/D/html/2010-01/25/content_1000162.htm。

从图 2-1 可以看出，团队在考察成员个体的加入资格时，侧重于考察其知识结构、能力状况、心理行为特征(特质)和加入的动机。即要求新加入者能够在知识、能力、心理等方面和原有成员达成互补，而且要求目标保持一致；在创业者选择团队时，则更注重于团队的品质，是不是一支优秀的创业团队，如团队的领导者是否胜任，团队成员是不是相互熟悉、彼此信任了解、知识和能力互补，具有一致的目标，能够以团队利益为第一，有明确的权力利益关系和合理的团队管理规则等。

三、创业团队的管理技巧和策略

创业团队管理的重点是在维持团队稳定的前提下发挥团队多样性优势。有效的团队管理能使各个本来分散的个体和具有不同能力、不同个性的人组成一个有共同目标、相互协调的整体。团队管理就是要使团队具有不断改善、不断革新的精神，使每个人的才能不仅停留在原有水平上，而且还要不断地发展和增强，从而起到"1+1>2"的效果。

(一)打造创业团队的精神

团队精神是各个成员的精神支柱，是创业成功的基石。一个好的团队精神和团队文化能充分调动整个小组成员的团队意识。**创业团队建设，需要重视团队精神、形成团队精神和塑造团队文化。**

1. 重视团队精神

具备"团队精神"的团队，会形成有一种无形的向心力、凝聚力和塑造力。即便思想理念暂时偏于落后，企业资金状况偏于紧缺，技术含量偏于过低，只要大家心往一处想、劲往一处使，有困难就可以靠集体的力量克服，没有的东西也可能创造出来，缺少的东西也会补上，这样的团队才可能战无不胜，才会显示出无穷的魅力。相反，缺乏团队精神的团队或者企业，一切美好的想法和愿望都将成为"零"；没有团队意识的员工，无论学识有多高、技术有多精、学历有多深，对企业来讲都是零。

2. 形成团队精神

要形成团队精神，需要做到以下几点：

第一，培养成员的敬业精神。敬业是积极向上的人生态度，而兢兢业业做好本职工作是敬业精神最基本的一条。要做到敬业，就要求创业者具有"三心"，即耐心、恒心和决心。任何事情都不是一蹴而就的，不可只凭一时的热情、三分钟的热度来工作，也不能在情绪低落时就马马虎虎、应付了事。特别在创业的初期，要勇敢地面对并解决困难，而不是一遇困难就退缩。但是，根据美国数学家盖洛普（Gallup）进行的42项独立研究表明，在大部分公司里，四分之三的员工不敬业。研究结果也说明，员工资历越长，越不敬业。平均而言，员工参加工作的第一年最敬业。随着资历加深，他们的敬业度逐步下降。而不敬业的员工会给所在公司带来巨大损失，表现为浪费资源、贻误商机以及收入减少、员工流失、缺勤增加和效率低下等。因此，必须使团队成员具有敬业精神，而且始终如一。

第二，建设学习型团队。美国排名前25位的企业中，有八成的企业是按照"学习型组织模式"进行改造的。国内一些企业也通过创办"学习型企业"给企业业带来了勃勃生机。对大学生创业而言，每个成员的学习、每次团队的讨论，就是团队成员思想不断交流、智慧火花不断碰撞的过程。英国作家肖伯纳（Bernard Shaw）有一句名言："两个人各自拿着一个苹果，互相交换，每人仍然只有一个苹果；两个人各自拥有一个思想，互相交换，每个人就拥有两个思想。"如果团队中每个成员都能把自己掌握的新知识、新技术、新思想拿出来和其他团队成员分享，集体的智慧势必大增，团队的学习力就会大于个人的学习力，团队智商就会大大高于每个成员的智商，整体大于部分之和。

第三，建立竞争型团队。人类社会发展遵循着优胜劣汰的法则，在当前激烈的市场竞争条件下，必须把竞争意识渗透到团队建设之中，建立一个竞争型团队。从外部来讲，这支团队必须具有竞争意识，敢于正视自己，敢于面对强手；从内部来讲，团队的成员也要有竞争意识。提倡竞争型团队有两个目的：一个是自身提高水平和技能的需要；一个是完成团队目标的需要。

3. 塑造团队文化

团队文化是由团队价值观、团队使命、团队愿景和团队氛围等要素综合在一起而形成的。如果说创业团体各成员就像一部机器的各个零件，需要互相配合才能有效运转，那么企业文化或者说团队精神就像机油，是企业源源不断取得成功的源泉。高效的团队都非常注重团队文化的塑造，尤其是共同价值观的培养。因此，塑造团队文化的关键就是在团队形成与发展的过程中提炼团队的价值观、团队使命和团队愿景，并以此为基础逐渐形成相对固定的团队文化氛围。

（二）设置创业团队的组织结构

团队在设置组织结构时，必须以自己的战略任务和经营目标为依据，并为贯彻实施和最终实现企业的战略任务和经营目标服务。在设置组织结构时要注意以下几点：

1. 权责分明

团队的任何一项工作都离不开其他人的配合，只有协作配合好，才能顺利完成管理工作。虽然初创立的创业团队，人员的分工一般都比较粗放，很多事情不分彼此、一起决策、一块实施。但是，一定要注意落实责任、权责分明，以免出错或者失误后互相推诿，造成团队成员之间的矛盾甚至分裂。

2. 分工适当

在设置不同组织结构时，分工要适当。大学生性格相对鲜明、个性比较独立，很容易出现固执己见的情况。因此，团队负责人一定要统观全局、合理安排、恰当分工，在出现问题时能在最快时间内调解矛盾、避免内耗。

3. 适时联动

所谓适时联动就是由打破部门分工的相关职能部门人员组成的、为了完成特定任务而成立的跨越部门之间的专门小组。小组成员具有双重身份，既要向本部门主管汇报工作，又要向跨部门小组组长负责。这种模式适用于已经具有一定规模的大学生企业。有了专门的跨部门功能小组，就有了加强团队精神管理的基础，从组织结构上保证了团队精神的实现。但要充分发挥相关部门和小组成员的团队意识和能动性，还应该讲究一定的方法和途径，并按部门职能或小组成员特长进行合理分工，协调和监督各小组成员的工作进度，使团队朝着既定的目标前进。

（三）优化创业团队的运作机制

1. 做好决策权限分配

创业团队内部需要妥善处理各种权力和利益关系，要确定谁适合于从事何种关键任务和谁对关键任务承担什么责任，使能力和责任的重复最小化。

创业团队一定要建立起团队治理和管理规则，解决好指挥管理权问题。在治理层面，主要解决剩余索取权和剩余控制权问题；在管理层面，最基本的有三条：一是平等原则，制度面前人人平等，不能有例外；二是服从原则，下级服从上级，行动要听指挥；三是等级原则，不能随意越级指挥，也不能随意越级请示。这三条原则是秩序的源泉，而秩序是效率的源泉。

2. 制定员工激励机制

新创团队需要妥善处理创业团队内部的利益关系，一个新创企业的报酬体系不仅包括诸如股权、工资、奖金等金钱报酬，而且包括个人成长机会和提高相关技能等方面的因素。对于团队的管理者而言，要认真研究和设计符合整个团队生命周期的报酬体系，使之具有吸引力，并且使报酬水平不受贡献水平的变化和人员增加的限制，即能够保证按贡献付酬和不因人员增加而降低报酬水平，以保证大家不会饿着肚子创业、两手空空拼搏。

3. 建立业绩评估体系

业绩考核体系在创业团队创业初期的必要性不是特别突出，但往往会影响其后的进一步发展。业绩考核必须与个人能力、团队发展、团队成员扮演的角色和取得的成绩结合起来。成功的公司在绩效管理方面已经不再限定于只注重个人的绩效，而是进行了改进——进行实时交流、更加注重整体表现。这样的交流能让员工个人了解团队合作的重要性，对个人需要进行调整，以适应不断变化的环境和业务需要。

四、创业团队领导者角色与行为策略

联想创始人柳传志说："领军人物好比是阿拉伯数字中的 1，有了这个 1，带上一个 0，它就是 10，两个 0 就是 100，三个 0 是 1 000。"

创业团队领导者是创业团队的灵魂。在企业管理和市场营销中，我们经常谈论领导者的核心竞争力。阿里巴巴有马云、盛大有陈天桥、巨人有史玉柱，每个团队都必须有一个领导创业者或者说灵魂人物。领导创业者是创业团队力量的协调者和整合者，其能力和行为对于创业团队高效运转乃至创业项目的实施，有着至关重要的作用。领导创业者的协调和整合作用主要体现在以下几个方面。

（一）项目策划

领导创业者是团队项目策划的召集人和组织者。项目策划包括策略思考与计划编制等。根据外部环境和掌握的创业机会，进行富有创意的策划，对创建企业是极其重要的。领导者组织项目策划必须注意几方面的问题：第一，必须弄清策划项目的价值所在、所涉及的范围和有关的限制因素，创建企业市场服务的定位；第二，确定由谁负责该项目的策划；第三，必须考虑策划的时机。当选定创业目标，在资金、人脉、市场等各方面条件准备妥当或已积累了相当的实力后，领导创业者就要带领团队准备一份完整的创业经营计划。[①]

（二）组织实施

领导创业者在制订了行动计划后，要组织团队成员并且最大限度整合资源去实施。计划的执行程度和领导创业者的组织实施能力呈正相关的关系。领导创业者组织团队实施计划的过程中，必须注意下面几个问题：一是团队行动必须随着企业创业环境的变化而变化，必须与创业企业的发展目标相适应。二是设计组织改革的方案时要集思广益，要根据创业企业改革和发展的需要，由团队拟出组织改革的基本框架，其中每个部分和细节都需要团队人员共同思考，共同设计。三是要创造一个有利于改革企业组织的氛围。领导创业者要充分发挥自己的组织领导能力，树立组织改革创新的理念，以减少在改革中遇到的成员阻扰，使组织能够沿着健康的方向运行。

（三）提高领导力

领导力是领导创业者对创业企业实施管理必不可少的重要才能。领导创业者是一个领导者、指挥员，要精明果断，根据具体情况设计出最佳的组织结构形式。领导创业者必须善于用人，量才使用，用人所长，避其所短，最大限度地发挥团队成员的主观能动性，做到统筹兼顾，合理安排，指挥调度得当；同时，要善于抓住决策时机，及时下达正确的指令，使下属成员步调一致。

（四）加强控制

控制是指根据既定目标不断进行跟踪和修正，使之朝着既定的目标方向前进，以实现预想的目标或业绩。控制的主要目的是使正确的行动得到长期保持，错误的行动得到及时改正。为此，领导创业者须重视两个具体的措施，即考核与激励。对执行计划的团体和个人加以考核和督促；激励员工提高工作兴趣和工作效率。

---

① 戴育滨、张日新：《大学生创业者的内涵、分类与能力特征分析》，载《科技月刊》，2006(10)。

五、创业团队的社会责任

创业团队在创造利润和对团队成员及股东承担法律责任的同时，还要承担对企业员工、消费者、社区和环境的责任。

一般而言创业团队的社会责任包括以下三个方面。

（一）承担并履行好经济责任

创办和经营好企业，为极大丰富人民的物质文化生活，为国民经济的快速稳定发展和促进国家经济转型发挥应有的作用。最直观地说就是要做到赢利，尽可能扩大销售，降低成本，正确决策，保证利益相关者的合法权益。

（二）承担并履行好法律责任

要在遵纪守法方面做出表率，创业团队的行动都要遵守所有的法律、法规，包括环境保护法、消费者权益法和劳动保护法。完成所有的合同义务，带头诚信经营，合法经营，承兑保修允诺。带动企业的雇员、企业所在的社区等共同遵纪守法，共建法治社会。

（三）承担并履行好公益责任

一方面，创业团队应努力使自己企业的运营活动、产品及服务等不会对社会产生消极影响，团队应致力于加速产业技术升级和产业结构优化，大力发展绿色产业，增大企业吸纳就业能力，为环境保护和社会安定尽职尽责。

另一方面我国社会现在正面临进一步的改革，政府的职能不断调整，小政府、大社会将是未来趋势。很多地方在发展社会事业上投资不足或无力投资，这就需要调动一切可以调动的资本。企业应充分发挥资本优势，为发展社会事业，成为一个好的企业公民而对外捐助，通过支援社区教育、支持健康、人文关怀、文化与艺术、城市建设项目发展等途径，帮助社区改善公共环境，自愿为社区工作。

▸▸ 课程小结

总结测试，和学生一起回顾本次课程的内容，或者让学生回答下面的问题。

1. 创业者的含义

广义的创业者是指参与创业活动的全部人员，狭义的创业者是指参与创业活动的核心人员

2. 创业按创业者创业目标的不同分类(3 种)

谋生型创业者、投资型创业者和事业型创业者

3. 创业者素质(4 方面)

知识、技能、特质、经验

4. 创业者特质包括诚信为本、直觉敏锐、把握大局、追求创新、敢于竞争等几个方面

5. 创业者的能力包括创新能力、学习能力、合作能力、经营管理能力、分析决策能力、人际交往能力等方面

6. 创业动机的分类(3 类)

社会导向、个人成就、资源驱动

7. 优秀的创业团队应具有知己知彼、才华各异、目标一致、彼此信任等特征

8. 组建创业团队时除努力让团队成为优秀团队、具备优秀创业团队的特征以外，还应该遵循人数合理、利益均衡等原则

9. 团队管理的技巧和策略包括哪些内容？

打造团队精神、设置合理的组织结构、优化运作机制等

10. 团队的社会责任包括哪些方面？

经济责任、法律责任、公益责任等

▶ 课后思考

根据本团队现有成员的特征进行人员分工，说明分工的理由；如果目前暂缺合适人选的职位，请给出你们对该职位的要求。

▸▸ 本章祝愿

祝愿大家尽早组建优秀团队，获得创业成功，享受幸福生活！

▸▸ 本章推荐书目

［美］托马斯·弗里德曼：《世界是平的》，何帆、肖莹莹、郝正非译，长沙，湖南科学技术出版社，2006。

▸▸ 本章推荐电影

《面对巨人》(*Facing the Giants*)

企业经营模拟一：供给和需求

>> 建议课时

本次经营模拟建议安排 4 课时，按 45 分钟/课时计算，共 180 分钟。

>> 每周创意——最创意的广告

剃刀和鸽子

保险公司广告

麦当劳"日晷"

阿迪达斯世界杯　　　　　Penline 胶带　　　　　一次性剃须刀

汽车硬币广告牌　　　　NIKE 透明广告牌　　　　护齿牙膏广告牌

▸▸ 上周内容回顾

▸▸ 每周创业故事

郭俊峰：4 次命运打击，"弱智娃"演绎集团总裁路

18 岁，他是被同学和老师公认的低差生；22 岁，他是令无数学子赞叹的总裁。这个人的名字叫郭俊峰。

因为成绩太差，被迫离开学校的郭俊峰变鄙视为动力，仅用了 3 年时间，在 22 岁便成为了拥有贸易、实业、管理训练三大事业为一体的集团公司总裁。

郭俊峰 1981 年出生于郑州，1999 年离开学校，2000 年 8 月注册捷通商行，开始创业历程。2001 年 3 月成立越众创业管理训练机构。2002 年 7 月成立北京越众时代科技发展有限公司，下设 18 家分公司，主要业务涉及通讯领域；同年 9 月成功收购"河南汉白明月酒业有限公司"，12 月加盟"辣婆婆水煮鱼"连锁酒店，建立郑州店。2003 年 3 月成立郑州越众企业管理咨询有限公司，同年 8 月成立上海强睿通讯科技发展有限公司，9 月注资郑州启点大学生创业工作室，大学生创业咨询活动进入实质性操作阶段。

4 次命运打击，坚定创业信念

1999 年，因为学习成绩多门不合格，郭俊峰被迫离开了郑州某大学市场营销专业。

前面的路一筹莫展。正当郭俊峰投路无门时，他的河南同乡好友向他伸出了"援助"之手。同乡告诉他只要在其广告公司投资 15 万元，加上其他合伙人的投资，一年后公司就会有 1 000 万元进款。望子成龙的父母虽为农民，却因担忧儿子的前途，在一个月间筹集了 15 万元交到儿子手中。大家都以为 15 万元的投资会换来滚滚财源，殊不知朋友的公司运作了仅一个多月之后，几十万元的投资竟被挥霍一空。因为年幼无知和涉世未深，郭俊峰原谅了对方。一个月之后，一位河南老乡告诉他，如果将河南的花生油卖到深圳，1 斤能赚 2～3 元，郭俊峰再次动了心。四处奔波后，郭俊峰凭着自己的信誉给河南一家花生炼油厂打了 10 吨油的欠条后，便和朋友奔赴深圳，寻找已经联系好的下家。可当油运到深圳后，下家却改变了主意，决定不再购买他们的油。无奈之下，郭俊峰只好寻找新的买主，千辛万苦终于联系到一家愿意购买他们降价油（1 斤油只能赚 1 元多）的买家时，却发现油库里的油已经被朋友悄悄运走了大半，无法满足买家的数量。郭俊峰的信誉扫地，他再次失去这家买主。前后被朋友出卖两次，郭俊峰心灰意冷。他决定以后再不靠朋友，要凭自己的一双手。

郭俊峰无颜再回郑州，于是，他决定一个人在深圳等待和寻找新的契机。作为一名专科生，又没有学历证书，找工作的艰难可想而知。后来，郭俊峰找了两份工作，给两家公司做普通销售员，但收获平平。此时，正值 2000 年年初，联通公司推出 IP 电话卡业务，市场前景极好，正在各地寻找代理商。于是，郭俊峰回到家乡郑州，开始了一条奇迹般的创业路。

3 年实践打拼，实现集团总裁梦

回到郑州，郭俊峰开始卖联通 IP 卡。但推销过程非常琐碎，也非常辛苦。2000 年 8 月，郭俊峰决定用卖 IP 卡积累的几千元钱开一家商行，做综合贸易，代理电子类产品的销售，扩大业务范围。从此，郭俊峰开始了一系列的成功创业历程。

2001 年 3 月，郭俊峰成立了越众创业管理训练机构，以自身的背景和经历为依托，从郑州各大高校招聘了数名与郭俊峰一样具有坚定创业信念的大学生。郭俊峰与他的学生员工们一边创业，一边学习，密切交流与配合。郭俊峰手下的多名大学生很快成为了公司骨干，也成长为能独当一面的职业经理人。资金与人脉均有积累之时，郭俊峰开始扩大自己的事业，把公司里的骨干员工派往外地，逐渐发展了越众创业的 18 家分公司，分别设置在北京、上海、长沙等地。2002 年 9 月，郭俊峰花了 1 000 万元以 10 个月的时间完成了对河南汉白明月酒业有限公司的收购，并完成了产品外包装、营销策划、广告定位、市场开发等一系列事务。同年 12 月，一次偶然的出差机会，郭俊峰在石家庄邂逅了知名连锁"辣婆婆水煮鱼"酒店的老板，正逢石家庄总店打算在郑州开一家分店，爱吃"辣婆婆水煮鱼"的郭俊峰与石家庄总店老板一拍即合。于是，一家全新的"辣婆婆水煮鱼"店让郑州的食客们又有了新的享受。

此后，郭俊峰又先后成立了郑州越众企业管理咨询有限公司、上海强睿通讯科技发展有限公司，注资郑州启点大学生创业工作室，促使大学生创业指导进入实质性的操作阶段。如今，大学生创业成为郭俊峰最热衷的事业之一。

四大事业是前行的方向

谈到今后的打算，郭俊峰坦言，他会做成四大事业。一是将越众集团改造成为一家专业的销售代理机构，立志做中国最大的销售代理公司；二是尽快将汉白明月酒打造成为低度白酒业里的知名品牌；三是将"辣婆婆水煮鱼"改名，做自己的连锁品牌；四是做好大学生创业咨询事业，做国内最大最好的大学生创业咨询机构。

每周项目展示

教学目标

通过企业模拟经营一，让学生亲身体验一家制造企业的经营流程，使学生对企业生产环节有所了解，对材料采购（规划采购数量、谈判采购价格/付款条件）、产品生产（包括规划适当的存货水平）、产品销售（预测需求和供应）、资金管理、风险控制、成本和利润计算（确定直接和间接成本，合理制定价格）等知识进行运用，对人员分工的合理性，经营计划的制订和执行以及产品质量对于企业生存和盈利的重要性有所认识。

▸▸ 课堂设计

章节	内容	时间	授课方法	教具
每周创意	创意展示	5分钟	分享	ppt
上周内容回顾	上周学习的内容	10分钟	分享	ppt
每周创业故事	精彩创业故事	10分钟	分享	ppt
上周项目展示	创业实践活动分享	10分钟	分享	ppt及其他
学习目标	了解供给和需求的关系	5分钟	讲授	ppt/活页挂纸
模拟经营介绍	介绍经营环境、角色和道具	10分钟	讲授	模拟经营的道具
	介绍模拟经营规则，回答学生疑问	15分钟	讲授	ppt/活页挂纸、道具
分组游戏	分组	3分钟	活动	游戏准备
制订企业计划	模拟经营的计划	20分钟	小组讨论	ppt
模拟经营	按角色分工进行模拟经营	50分钟	学生模拟	无
经营总结1	各企业CEO总结	10分钟	学生分享	活页挂纸
经营总结2	观察团成员总结	10分钟	学生分享	活页挂纸
经营总结3	模拟经营涉及的知识点及课下思考作业的布置	15分钟	讲授	ppt/彩色卡片
模拟经营总结	本次模拟经营的主要目的	7分钟	讲授	ppt/活页挂纸

▸▸ 课堂讲授

课前准备

企业经营模拟采用国际劳工组织组织研发的教学工具《商业游戏》，需要的学校可以自行购买。《商业游戏》中的教具需要在课前先行准备妥当，另外还有部分教学工具需要教师自己准备。企业经营模拟能够给予学生经营企业的切身体验，对教师课前的准备有一定要求。

（一）活页挂纸（可选择）

教学目标和模拟规则可以事先写在活页挂纸上，也可以用 ppt 的方式展示。

1. 教学目标活页挂纸的内容如下：

本课程结束时，学员能够体验并实践了以下知识和技能。

预测供给和需求，进行市场营销

合理规划存货水平，进行存货管理

根据企业需求，进行科学采购

确定产品生产成本，并准确计算

登记基本账簿，正确计算利润

做好企业规划，并监督执行

2. 每日活动活页挂纸的内容如下。

周一：制造商购买原材料

周二：制造商生产标准帽子，最后一周周二交房租 100 元

周三：制造商销售，中间商购买

周四：中间商销售，制造商收款。最后一周周四还本付息 250 元

周五：制订计划，公布需求，展开谈判

周六：支付 110 元工资和津贴

周日：休息

3. 供给和需求关系的活页挂纸内容如下。

	供给	需求
制造商	张纲批发店	李玉收购店
		中间商
		赊销市场
中间商	制造商蓝组	市场
	制造商绿组	赊销市场

4. 其他事项的活页挂纸内容如下。

小镇发薪日每月 17 日

储蓄：每家企业 100 元

贷款：每家企业 200 元，月息 25％，最后一周周四还本付息

房租：最后一周周二支付，每家企业 100 元

（二）分组工具

做好 3 或 4 个小纸条，分别写上红、绿、蓝，然后折成小纸团备用。

（三）游戏道具

准备 100 多张 A6 纸做模拟经营的原材料，A6 纸为 A4 纸的 1/4，建议最好用使用过的纸，一面有字、一面空白即可，在纸的侧面用记号笔或白板画笔做一些记号，以免学生用白纸自己准备原材料。

将道具中的材料按照企业周期图、（张纲批发店、李玉收购店）银行、储蓄盒、原材料、供给和需求、风险转盘的位置排好。从工具中找出"限收 3 顶，90 元/顶"贴在李玉收购店的左下边；找出"110 元/顶"贴在风险转盘上，用记号笔或白板笔在风险转盘上按顺时针方向写上数字 1、2、3、4、5，1 写在"本周四还回全部借款"的地方，2 写在"本月底还回一半借款"的框内，3 写在"本月底还回全部借款"的空间，4 写在"本周四还回一半借款"的地方，5 写在"销账"的地方，见图 a-1；找出标有"3、2、5、4"的横条将其贴在"供给和需求"图上，将横条上方框的地方挖空，将"红色三角"先贴在横条上的任一地方备用，见图 a-4；找出"制造商销售、零售商采购"和"零售商销售、制造

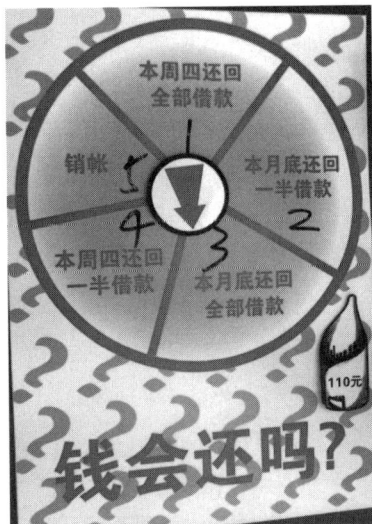

图 a-1 风险转盘

商收款"贴在"企业周期示意图"的周三和周四的位置上；找出"今天"贴在"企业周期示意图"1 日的地方，见图 a-2。

准备"企业周期图"最少六张，见图 a-2；复印"现金及经营情况台账"10份，见表 a-1。

准备一个分组游戏，准备"企业经营对照表"1 份，见表 a-2。

表 a-1　现金及经营情况台账

项目		第一周	第二周	第三周	第四周	第五周	合计
期初现金余额							
加：收入	销售收入						
	其他收入						
	合计						
现金合计							
减：支出	材料						
	利息						
	房租						
	风险						
	工资津贴						
	其他						
	合计						
资金筹集或使用/企业间借贷							
期末现金余额							
利润＝收入合计－支出合计							

表 a-2　企业经营对照表

企业经营对照表						
组别	采购		销售		利润		评比
	计划	实际	计划	实际	计划	实际	
红组							
蓝组							
绿组							

分组游戏

可以采用"大树和松鼠"或"梅花梅花朵朵开"等游戏将全部学生分成 3 组，由各组派出一个代表进行抽签，抽到的汉字即是其小组的代号，如抽到"红"字就是"红组"等。下面介绍一下两个分组游戏。

（一）大树和松鼠

游戏中，学生扮演不同的角色，担任不同角色的任务，每个人都要争取不使自己落单。

1. 游戏程序

事先分组，一二三报数，二为松鼠，一和三为大树，三人一组：二人扮大树，面对对方，伸出双手搭成一个圆圈；一人扮松鼠，站在圆圈中间；教师或其他临时落单的学生担任临时人员，临时人员可根据森林中出现的不同情况，扮演大树或者松鼠。

森林中会出现不同的意外情景，如猎人来了，着火了以及地震了。当"猎人来了"情景出现时，扮演"松鼠"的人就必须离开原来的大树，重新选择其他的大树，教师或临时人员就临时扮演松鼠站到某一棵大树当中，落单的人应表演节目；当"着火了"的情景出现时，扮演"大树"的人就必须离开原先的同伴，和其他扮演"大树"的成员重新组合成一棵大树，并圈住某只松鼠，这个环节松鼠是不能移动位置的，教师或临时人员可临时扮演大树，落单的人或者曾经移动的"松鼠"表演节目；如果是"地震"的情景出现，则扮演大树和松鼠的人全部打散重新组合，扮演大树的人可以扮演松鼠，扮演"松鼠"的人也可以扮演大树，教师或临时人员也插入队伍当中，落单的人表演节目。

2. 游戏目的

"大树与松鼠"游戏是一个较好的团体游戏，学员通过扮演不同角色，赋予不同角色所对应的行为反应；通过外在环境的变化，致使"大树"和"松鼠"都面临着脱离"群体"的危机，所以他们都要想尽一切办法，归属团体。在这一游戏的过程中，学员"归属"的需要得到放大体现，促进了人与人之间的交流和合作；"团队精神"的重要性得到极大体现，并使每个成员获得深刻体验，使得其在下面企业经营模拟过程中更加珍惜团队的力量。在最后一个情景之后，培训师让所有学员一起转向黑板的方向，然后让所有大树的左手（左侧树枝）举起，集中坐在教室中的某处位置，为一个团队；所有大树的右手（右侧树枝）集中坐在教室的另一个位置，为第二个团队，所有的小松鼠为第三个团队，至此，分组游戏进行完毕。

3. 温馨提示

为活跃课堂气氛，培训师可以让每种情景出现一次，再根据最后一次的情况按照上面方法将学生分成三个小组。

（二）梅花梅花朵朵开

1. 游戏程序

学生先以教师为中心围成一个大圆，教师可以按照需要喊出不同数字，学生则必须根据教师喊出的数字来形成新的组合，每一个组合的人数就是教师喊出的数字数。如教师喊"梅花梅花5朵开"，则学生必须快速地组成5人小组（每小组5个人），落单或人数不够的小组要接受惩罚，表演节目。教师需事先点好学生的人数，最后按照"人数的1/3或1/4"喊出"梅花梅花n朵开"之后，按照学生组成的小组将所有学生分成3个或4个小组。

2. 游戏目的

既可以锻炼学生的集体感、认同感，活跃课堂气氛，也可以作为分组游戏使用。

3. 温馨提示

为达到锻炼集体感、认同感的目的，教师可以多用几个数字，让学生多做几次分组，最后的时候只要按照学生总人数的1/3或1/4作为分组数字即可；教师最好在做游戏前先查清学生人数，便于对游戏的控制。

（三）决定组别

分组游戏结束后，每个小组派出一名学生从事先准备好的3个或4个小纸条中随机抽取一个，抽到"红"即为红组，以此类推。抽到"观"的是观察团成员。

如果学生人数超过35人，则可以分成四组，还可以用"创业基础"或"经营模拟"作为分组标准，让学生按座位及四字顺序说出对应的汉字，相同汉字的为一组；其中三组扮演"制造商"和"中间商"的角色，另一组的成员扮演"观察员"的角色。

将扮演观察员角色的小组成员再分成3小组，分别观察制造商和中间商的模拟经营行为，对其计划、生产、人员分工、销售以及记账等行为进行观察，课后总结时进行点评。

模拟经营目标介绍

见"教学目的"以及课前准备"活页挂纸1"的内容。

模拟经营规则介绍

遵循由大到小、由重要到不重要的原则，并按照时间的先后顺序展开。**先介绍模拟经营的环境，接着是模拟的角色，模拟经营使用的道具，最后介绍模拟经营的规则。**

（一）模拟经营的环境

三家企业都在一个较为封闭的小镇经营，这个小镇中有企业经营所必需的各种要素，如原材料的供应商，产品的收购及销售商，普通顾客（现金购买的顾客），赊销市场（销售后需要经过一段时间才能收回货款的客户，由于应收账款风险的存在，也可能永远收不回货款），银行，小镇居民。

（二）角色介绍

三家企业分别扮演帽子的生产商和中间商。蓝组和绿组扮演帽子的生产商，需要购进原材料并将其加工生产成标准帽子；红组扮演中间商，从蓝组和绿组处购进帽子并进行销售。

（三）模拟经营的道具

国际劳工组织开发的游戏道具，里面有生产经营需要的原材料，不同面额的模拟货币——500元、100元、50元、20元、10元和1元，有控制课堂进度使用的口哨，有用来确定风险水平的风险转盘以及骰子，还有其他必备的工具。

（四）模拟经营的规则

1. 企业周期示意图

企业模拟经营的时间为一个月，从第一周的周四开始到第五周的周五结束。严格按照企业周期示意图上教师标注的时间从事当天规定的活动。将企业周期示意图展示给学生并贴在教室前面白板的左上角，见图 a-2。

图 a-2 企业周期示意图

2. 小镇主要机构

企业通过钱进钱出的活动赚取利润，赢得更多可以支配的资金，除非特别指明，在模拟经营过程中均采用一手交钱一手交货形式。因此，在这个模拟经营的小镇中有一家银行，银行会在每个月的月初受理企业的借款申请，其他时间只负责资金的存入和取出；各企业为了资金的有效使用，可以按照资金使用目的将其进行区分，放到储蓄盒中。

本小镇还有一家原材料供应商——张纲批发店，生产厂商可以 40 元/张的价格从张纲批发店购得所需的原材料；张纲批发店同时开展回收原材料的业务，对于全新的原材料按 20 元/张的价格回收。

小镇有一家叫做李玉收购店的中间商人，他会根据对消费市场的预测，从生产商处购进标准帽子，然后进行销售，赚取差价。李玉每周最多从每家制造商处收购 3 顶标准帽子，对于质量合格的帽子按 90 元/顶的价格收购，质量不合格的帽子则当众销毁，分文不值。

介绍完小镇的主要服务角色后将道具放在教师使用的桌子上，见图 a-3。强调供应商、收购店、银行的角色都将由任课教师扮演，任课教师同时扮演现销市场和赊销市场的顾客(负责产品质量的最终检验)、仲裁机构(解决合同纠纷等)等经营过程中需要的不同角色。

图 a-3 小镇的主要机构

3. 供给和需求图

根据前面介绍的角色，和学生一起总结模拟经营过程中的供给方和需求方。对于制造商来说，他们的供应方是张纲批发店，原材料 40 元/张；需求方包括李玉(每周最多 3 顶帽子，质量合格的帽子 90 元/顶)、中间商以及赊销市场(数量不限，110 元/顶)。对于中间商来说，供应方是两家制造商，需求方包括市场和赊销市场(规则同制造商)。引出事先准备好的活页挂纸"供给和需求关系"，或者播放 ppt。

中间商每周会向市场销售多少顶帽子，每顶帽子的价格多少，是这个经营模拟想传递给学生的核心观点——"供给和需求"的关系。图 a-4 的中间有两行数字，上面的数字较小，为 1～18，下面的数字较大，为 82～140，它们分别说明什么呢？联系供给和需求的关系，可知，上面的数字是帽子的销售数量，下面是销售价格，销售数量增加的时候价格会下降。可是在销售数量部分，有个区间只写了 11，这是什么意思，可以请学生先行思考，最后总结时一起分享。中间商向市场销售的情况，销售数量以及价格就由图 a-4 来决定。

图上有一个贴上去的横条，横条上有 4 个数字，这四个数字代表模拟经营的周次，由于第一周没有产品的生产和销售，所以显示 2～5 周，可是数字的顺序不是"2、3、4、5"，而是"3、2、5、4"，这是为什么呢？请学生在模拟经营的过程中思考，最后总结的时候分享；关于横条的使用，中间商需先预计下一周市场的需求量，然后，将"红三角"放在相应的周上，并将箭头的方向指向销售数量，于是横条上方框处显示的对应数字就是帽子的售价。比如第三周预计市场销量 4 件，则将"红三角"贴在第三周上方，将箭头指向数字 4，方框中的数字 132 就是相应的价格。

中间商向制造商采购的数量、质量和价格，取决于双方谈判的结果。

图 a-4　供给和需求

4. 小镇其他活动

结合活页挂纸或者 ppt 给学生介绍小镇的其他活动，包括：第一，小镇发薪日是 17 日，并请同学们思考这意味着什么，总结时分享；第二，每家企业的储蓄是 100 元，银行对于储蓄不支付利息；每家企业在月初可向银行申请贷款 200 元，月息 25%，最后一周的周四还本付息 250 元，注意只有每月的月初银行受理该笔贷款；第三，三家企业都在租来的地方办公，每月每家企业要交 100 元的房租，房租会在最后一周的周二缴纳（27 日）。

5. 每日活动

按照周四到周一的时间顺序，结合活页挂纸或 ppt，介绍企业每日活动，让学生对初创期企业的生产经营活动及供给和需求有简单了解：

周四，第一周从银行取回企业的储蓄资金 100 元，取得经营贷款 200 元，月利率 25%，其他周的周四为收回欠款时间（强调赊销收入的回收期按照风险转盘的结果而定），最后一周的周四还本付息 250 元；

周五，各组制订计划，第一周的周五制订全月计划，其他周的周五制订下周计划，最后一周的周五结账；周五的活动有 4 项：各个企业制订计划，中间商宣告对市场需求数量和售价的预测，中间商和制造商就采购和销售的数量、质量及价格展开谈判，各个企业根据谈判结果调整计划。一定要按照上面所列的顺序开展周五的活动，便于学生通过计划、谈判等活动对企业生产经营有更深层次的了解。

周六，每家企业支付 110 元的工资和津贴。包括第一周的周六以及最后一周的周六。

周日，休息，所有人员沉默 10 秒钟。

周一，制造商购买原材料，从张纲批发店购买，强调买价和回收价。

周二，制造商生产标准帽子，引导学员一起练习做标准帽子——帽檐向外折 2 厘米，帽子的直径为 2 个手指粗细，见图 a-5，摔到地上不坏为质量合格，之后将帽子回收作废，强调质量不合格的帽子一律作废，分文不值。

因为企业在租来的厂房中生产，最后一周的周二需要支付 100 元房租。

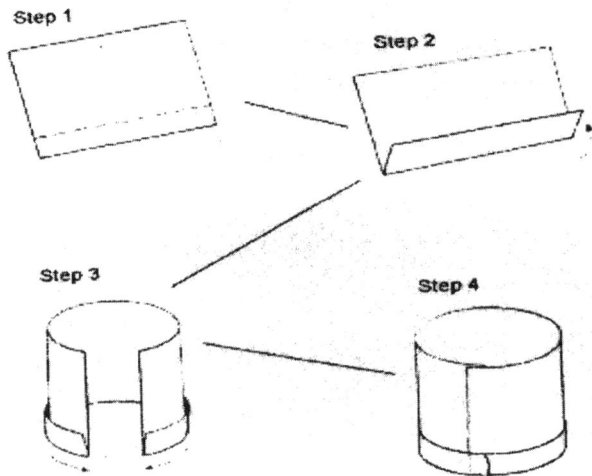

图 a-5　标准帽子生产示意图

周三，制造商销售帽子，中间商采购帽子。制造商销售的途径有 3 个，可以销售给李玉，每家企业每周最多可以卖给李玉 3 顶，每顶质量合格的帽子 90 元；可以销售给中间商，销售的质量、数量和价格取决于双方在上周五的谈判；可以销售给赊销市场，售价 110 元/顶，是否能够收回货款以及何时可以收回货款，取决于风险转盘对风险的界定，通过掷骰子的方式决定企业可能面临的风险情况，如果掷出的点数为 6 则重新投掷。

讲解完规则，给学员充分的提问时间。

模拟经营过程控制

每日的经营时间为 1～3 分钟，由教师用口哨声控制，同时将企业周期图中"今天"的图标贴在相应位置。

模拟经营从周四开始，先由学员组建企业，将几张书桌拼在一起，大家围成一圈；然后由各企业的代表从银行取回储蓄资金 100 元，借回经营所需资金 200 元——最好使用 50 元、20 元和 10 元的面值。

周五制订计划，第一周需要制订全月计划，给学生 20 分钟的时间，要求学生完成 3 件事情——给企业起名称、进行人员分工（总经理、生产部门、销售部门、质监部门、财务部门），做好全月计划（强调结束时需向老师上报 3 个数字：计划采购的原材料数量、计划销售产品的销售收入、计划的利润金额）；学员做计划期间，老师需要将企业周期图和现金收支明细表一式两份，并将储蓄盒分发到各组；若所有学员均未想到去做市场调查，如研究"供给和需求图"的情况，老师可予以暗示，如"根据什么制订计划"等；谈判人员可以由销售部门负责，需在开始经营之前确定，且不得随意调整。

将学生报上来的计划采购数量、销售收入和利润的资料填入"企业经营情况对照表"的计划栏，注意保密，不能让学生看到，因为企业的经营计划本来就是商业秘密。

周六，每周六教师从每家企业收取 110 元，相当于企业支付工资和津贴。

周日，周日开始前多提醒几遍周六马上结束了，让大家意识到周日的到来，强调"大家相互监督"，对未保持沉默小组进行罚款，将其奖给发现此行为的小组；一旦大家均不说话，则可以开始下一天的活动。

周一，制造商购买原材料。在第四周或第五周的周一，老师可以故意多给某家企业 1 份原材料或者几元钱，测试学生的诚信意识；可以故意给另一家制造商一份稍有破损（事先在原材料上剪去一个小角，但不至于影响使用）的原材料，测试学生的质检意识。

周二，制造商生产帽子。此时引导中间商增加对"供给和需求"计划的思考，询问中间商如何充分利用手中的资金获利，以便经营结束后总结。如果某一家制造商购买的原材料过多，可以适当缩短周二的生产时间，让其无法全面完成既定的生产任务，引出生产计划重要性的知识点。

周三，质量的监控：帽子外檐为2厘米，所以帽子应一样高；直径以老师的手指为准（因为教师代表终端市场）；以向地上摔不坏为合格；即便各家制造商的产品质量都不错，教师也可以故意在第三周或第四周摔坏中间商销向市场的帽子，引出中间商必须进行质检并区分不同制造商产品的知识点。

周四，问学员之间有无企业借款行为；或者赊销款项是否到归还时间；最后一周收回本息250元。

提醒学生将计划和实际执行情况记录在"企业周期示意图"中，财务人员需要登记"现金及经营情况台账"，并在月底结账，上报企业"实际采购数量""实际销售收入"以及"实际利润"三个指标。

温馨提示：

1. 学员的经营状况老师最好同时予以记录。

2. 最后一周的周五给学生20分钟时间结账，任务包括两方面内容：第一，算出企业实际的采购数量、销售收入及利润，将"现金及经营情况台账"上报给老师；第二，CEO引导全体成员讨论计划的执行情况，分析企业在模拟经营过程中的经验和教训，将其写在活页挂纸上，以便进行分享。

3. 三个企业在结账时，观察团成员对其观察到的现象进行总结，最好写在活页挂纸上，在三家企业CEO总结之后进行点评。

▶▶ 经营结果点评和总结

结账工作结束后，需要展开以下四方面工作：教师引导；企业的CEO进行总结；观察团成员进行总结；教师总结和分享。

（一）教师引导

将学生交来的"现金及经营情况台账"上的实际采购量、销售收入以及利润数字填入"企业经营情况对照表"的实际栏，先不公布，让学生估计哪家企业利润最高，测试学生对于自身经营状况及竞争对手的了解情况；然后公布实际结果，向优胜组发奖品。

（二）三个企业的 CEO 进行总结

最起码要分析如下内容：本组月计划和实际的完成情况，如有差异，请解释原因；在模拟经营的过程中本企业的经验或教训。

（三）观察团成员分享观察到的情况

观察企业的计划制订过程（及其合理性）、人员分工的方法（及其科学性）、生产和销售过程的状况、记账情况（能否及时结账、账簿处理是否正确），并总结企业的亮点或者值得借鉴的地方。

（四）教师点评和分享

点评和分享的内容至少包括以下方面：

1. 规则介绍时留下的三个"包袱"

首先对介绍规则时留下的三个"包袱"进行解读——"供给和需求"图上销量的区间、数字的顺序、17 日小镇发薪的经济意义。

销量区间说明尽管数量和价格是反方向变动，销量增加时售价下降，销量下降时售价上升，但并不意味着售价和销量反比例变动，在一定的销售量区间内，价格是具有黏性的，对销售量变动的敏感性不像其他区间那么强。图 a-4 中的"11"便揭示了这一现象。

因为小镇的发薪日是 17 日，17 日在模拟经营的第三周，这意味着小镇消费能力最强的时间在第四周，其次是第五周，在第三周发薪前的消费能力达到最低点；因此，第三周消费者最希望将产品的价格还到最低点，将第三周放在最左边，相同销量对应的售价最低；第四周的消费能力最强，所以位于最右边，销售量既定时的单价最高；第五周的消费能力仅次于第四周，位于第四周的左边；然后是第二周，位于第五周的左边。

2. 结合本环节的学习目标进行引导点评

（1）在标准帽子生产和销售的过程中，制造商和中间商谁占据优势？

鉴于标准帽子的生产和销售属于劳动密集型行业，产品的同质性高，核心竞争优势不明显，因此，制造商一般都会为了销售而打价格战，而中间商则可以根据其在零售环节销售中的独特性提高议价能力，比如电视机等家电的销售就是这种情况，这样的行业一般来说都是中间商在竞争中占据优势地位。

（2）企业计划的制订和执行

企业计划应根据市场调查来制订，制造商和中间商在制订企业计划时均应参照"供给和需求"图上对于市场需求和价格的预测，在对双方调查的基础上制订计划，并根据每周五谈判的结果及时调整计划。

（3）采购决策

中间商的采购计划应更好地结合"供给和需求"图中市场需求的预测，并结合小镇的消费周期合理制订。鉴于在第四周小镇的消费需求最为旺盛，中间商可以在第二周和第三周着手多采购一定数量的标准帽子，增加库存，保证第四周能有足够数量的产品以高价销售。而且因为中间商的直接成本比制造商低，中间商可以在前两周以比均衡价格稍高的价格采购产品。

（4）市场营销

市场营销工作对于制造商和中间商都非常重要，产品只有销售出去才能够给企业带来现金流入，形成企业的收入和利润。这就要求双方都能够研究明白"供给和需求"图中提供的信息，以便进行谈判时增加筹码；制造商在开展市场营销工作时要算准产品的成本，以便以高于成本的价格销售产品。

（5）存货管理

制造商可以在前两周有一定库存，以便在第四周能以较好的价格销售给中间商；中间商也应该合理规划存货水平，提前以低价购入产品备好存货，在第四周以高价销向市场。

（6）成本、利润核算和账簿登记

企业应该对发生的经济业务进行账务处理，在模拟经营中，将现金的收支情况、成本费用的发生和销售收入的实现情况登入"现金及经营情况台账"，以便合理计算成本。请关注，产品的成本不仅包括直接材料的成本40元，还包括人工成本、每周110元的工资和津贴，另外，资金的利息、房屋租金等都是企业总成本费用的一部分，制造商在进行谈判前需要对企业成本费用的构成有非常清晰的了解，才能确保谈判价格不至于低于每件产品的成本以及应该承担的费用金额，保证企业有一定利润。

根据台账计算的利润应该和储蓄盒中的现金（如果经营过程中没有向银行

存款的话)减去 100 元的企业储蓄资金之后的金额相符(如果经营过程中有向银行存款的行为,则再加上银行的存款金额)。

3. 针对不同角色有针对性地展开讨论

(1)销售情况

实际销售与计划销售收入相比情况如何? 为什么产生了差异?

知识点:理解供给和需求关系非常重要。只有产品有市场需求时,才有可能销售出去,在制订计划时应该以市场需求为依据。

(2)中间商的分析

中间商面对波动的需求如何制定销售战略?

在制定战略之前,他们是否在调查制造商的生产量?

如何与制造商谈判? 是否签订了合同,合同是否得到履行?

与制造商之间的沟通和合作是否有用?

中间商每周都获得最佳价格了吗? 是否充分利用了第四周的潜在优势? 为此准备存货了吗?

知识点:谈判和签订合同是中间商控制市场波动带来的不可预见后果的重要方式,有效谈判是企业取得最好经营效果的重要工具。

(3)制造商的分析

市场上存在哪些机会? 如何充分利用这些机会?

如何与中间商谈判,是否签订了合同,合同是否得到履行?

在制造商之间存在哪些有效的合作?

什么影响了企业业绩(赊销、产品质量)?

为什么一个制造商比另一个盈利更多?

知识点:与商业伙伴建立良好的合作关系能够改善企业状况,与供应商和客户的有效沟通是企业经营十分重要的工作;签订合同有助于使沟通具有法律依据而且更加有效。

(4)共同分析

谁承担风险,承担风险对业绩产生何种影响?

各组是否正确地进行记账,账簿对企业经营有哪些帮助?

做出价格决定是否考虑成本?

团队管理是否改善了企业经营业绩?

下个月哪些小组有资格获得银行贷款？为什么？

知识点：适当冒险有助于企业成长，但是做决策时一定要有充分的事实根据。设置科学的账簿系统有利于对企业经营状况和业绩掌握与分析，从而进行科学决策。

4. 其他情况

教师还可以结合企业经营过程中的表现就以下问题展开讨论：

质量风险的问题，针对经营过程中故意设计的圈套如破损的原材料或帽子质量不合格的问题，分析制造商和中间商的质量检验行为，强调质量检验的重要性。

诚信问题，就课程进行过程中设置的"包袱"——多给原材料或钱的行为，分析诚信的重要性。强调诚信的"金名片"作用。

合同及其法律意义。制造商之间以及制造商和中间商之间的资金借贷是否签订合同，中间商在从制造商处收购产品时是否签订合同，合同的执行情况，有无矛盾发生。在矛盾发生时老师需要扮演仲裁者的角色，进行斡旋调停。

团队分工及其职能的履行情况。团队有无合理分工，设置的职位是否合理，各个成员有无严格履行职责内的工作，完成自己应该完成的任务。

现金分配和企业合作的情况。每个企业开始有 300 元的现金，第一周的工资和津贴支付之后还剩 190 元，制造商可以买制造 4 顶帽子的原材料，然后每家制造商剩余 30 元。因为标准帽子的生产和销售单位利润很高，因此，制造商之间或者制造商和中间商之间应该就资金展开合作，相互拆借资金以便生产更多的帽子。最好的合作方式是中间商将资金轮流借给两家制造商，使得制造商和中间商共同发展，取得最大的收益。

▸▸ 课后思考

为制订一份合适的经营计划需要了解哪些信息？

为使企业经营获得成功需要采取什么措施？

在你的新企业中应该避免哪些问题？

在创办企业之前需要了解哪些情况？

知识点：研究和了解市场是企业取得成功的关键，市场规模、消费者状况以及所在行业的竞争情况等信息，有利于创业者进行合理定位，取得创业成功。

▸▸ 本章祝愿

希望大家通过企业经营模拟能够进一步调查和研究市场，更详细地了解和规避风险，做好充分的创业准备，尽早取得创业成功。

第三章　创业机会与创业风险

▸▸ 建议课时

6～8 课时。本章是本书需要掌握的知识点最多的章节，所以需要花较多的时间和学生一起探讨。

▸▸ 欢迎词

欢迎大家成功地坚持着我们的创业之旅，今天我们学习创业机会的分析与创业风险的管理。

▸▸ 教学目标

通过本部分教学，使学生了解创业机会及其识别要素，了解创业风险类型以及如何防范风险，了解由创业机会开发商业模式的过程，掌握商业模式设计的策略和技巧。

教学设计

（一）第一次课的教学设计

章节	内容	时间	授课方法	教具
创业者讲座	创业团队的组建与管理	40分钟	分享	ppt
学生提问	和讲座内容有关的问题	20分钟	交流	无
休息5分钟				
每周创意	生活中的创意	5分钟	学生分享	ppt或者道具，取决于学生的准备
上周内容回顾	上周课程内容	10分钟	学生讲授	ppt
第一节创业机会识别	创意与创业机会 创业机会的特征和分类	20分钟	讲授	ppt
视频	立体快巴	5分钟	播放视频	视频资料
第一节创业机会识别	创业机会的来源	20分钟	讲授	ppt
休息5分钟				
每周创业故事	创业故事：故事、启示	10分钟	学生讲授	ppt
上周项目展示	团队成员分工及原因	5分钟	学生展示	规划书、ppt
主题游戏	抓手指	3分钟	游戏	
第一节创业机会识别	创业机会识别的关键因素 创业机会识别的技巧	20分钟	讲授	ppt
第二节创业机会评价	有价值创业机会的特征 创业机会评价的技巧策略	20分钟	讲授	ppt
本课总结	本课内容现场复习测试	10分钟	现场测试	ppt

说明：不邀请嘉宾的教师，可以按照两节课设计，每节课90分钟。分别在两次课堂中设计课堂讨论环节，第一次讨论安排在视频之后，由学生在10分钟之内按照分组，讨论产生至少不少于10个创意，然后分小组发言，时间共计30分钟。

第二次讨论安排在第一节"创业机会识别"结束之后，让学生对上节课讨论产生的创意进行分析，选择1～2项团队创业项目，并陈述理由。时间控制在30分钟。

（二）第二次课的教学设计

章节	内容	时间	授课方法	教具
创业者讲座	创业素质及其培养	40分钟	分享	ppt
学生提问	和讲座内容有关的问题	20分钟	交流	无
休息5分钟				
每周创意	生活中的创意	5分钟	学生分享	ppt或者道具，取决于学生的准备
上周内容回顾	上周课程内容	10分钟	学生讲授	ppt
第三节创业风险识别	创业风险的构成与分类 创业风险的防范	25分钟	讲授	ppt
	创业者风险承担能力	10分钟	讲授	ppt
	风险承担能力测试	5分钟	测试	word
	基于风险的创业收益预测	5分钟	讲授	ppt
休息5分钟				
每周创业故事	创业故事：故事、启示	10分钟	学生讲授	ppt
上周项目展示	创业实践活动报告	5分钟	学生展示	规划书、ppt
第四节商业模式开发	商业模式的定义和本质 腾讯的商业模式分析	20分钟	讲授	ppt
视频	商业模式设计案例	8分钟	播放视频	视频资料
第四节商业模式开发	设计商业模式的思路方法 商业模式创新	20分钟	讲授	ppt
本章总结	本章内容现场复习测试	10分钟	现场测试	ppt

说明：不邀请嘉宾的教师，可以按照两节课设计，每节课90分钟。分别在两次课堂中设计课堂讨论环节，第一次讨论安排在"创业者风险承担能力"之前，由学生按照分组讨论团队创业项目面临的风险，然后分小组发言，时间共计30分钟。

第二次讨论安排在本章总结之前，让学生对团队创业项目的商业模式进行分析，然后分小组发言，并陈述理由。时间控制在 30 分钟。

⋅⋅ 每周创意——非创意不生活

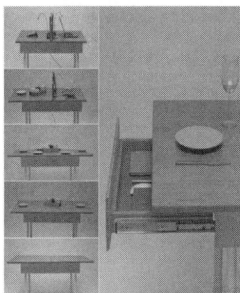
多变餐桌

隐藏的小家具

变身家具

多合一厨具

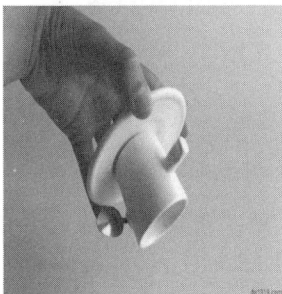
一体咖啡具

创意时钟

上周内容回顾

创业者讲座——创业素质及其培养

课程讲授

第一节 创业机会识别

引导提问

这些是什么？你猜得出吗？

上面左边的图案是一个小型音箱，只要转动甲壳虫的脖子就会自动在不同歌曲之间转换，或者调增调减音量；而按下它的头部则会暂停或者在音乐和收音机之间转换。

右边的图案则是一款声控台灯，只要你喊"熊猫阿宝"，它就会回答"主人请吩咐",你可以让它亮些或者暗些,也可以让它"开灯""关灯",它都会照做。各位觉得这两件产品有创意吗?

什么叫创意?是不是所有的创意都是创业机会呢?

一、创意与创业机会

(一)创意与创业机会的概念

创意的名词概念是指具有创业指向,同时具有创新性甚至原创性的想法;动词概念是指将问题或需求转化成逻辑性架构,让概念物象化或程序化的形成过程。

(二)创意的特征

具有潜力的创意应具备新颖性、真实性和价值性等特征。

1. 新颖性

新颖性可以是新的技术或新的解决方案,可以是差异化的解决办法,也可以是更好的措施。新颖性还意味着一定程度的领先性,可以加大模仿的难度。

如随着人们之间沟通的日益重要和计算机网络技术的发展,扎克伯格想到了 Facebook,王兴从美国退学归国创办了人人,马化腾开发出了微信;由于道路交通拥堵的状况日益严重,陕西西安开建悬挂公交,北京房山区可以采纳立体快巴的建议;对于早晚高峰拥堵的现状,北京朝阳区规划出一条潮汐车道。[①] 这些都是新颖的方案、想法或措施,都具有一定的领先性。

2. 真实性

真实性是指该创意能够开发出可以把握机会的产品或服务,而且市场上存

---

① 根据早晚交通流量的不同情况,对有条件的道路,试点开辟某一车道不同时段内车流行驶方向的变化。例如,通过车道灯的指示方向变化,控制主干道车道行驶方向,来调整车道数。左转车道很拥堵,但直行车道却车少畅通;交警轻点遥控器,不到一分钟,直行车道就变为左转车道,左转车龙就"消化"了,车道可随车流量随时变化。为保证朝阳区朝阳路的交通安全与畅通,自 2013 年 9 月 12 日起,朝阳路(京广桥至慈云寺桥)由东向西方向主路内侧车道设置为潮汐车道。每天 17 时至 20 时,潮汐车道禁止机动车由东向西方向行驶,准许机动车由西向东方向行驶。其余时段,潮汐车道只准机动车由东向西方向行驶。晚高峰朝阳路启用潮汐车道时,进城方向的机动车可绕行北侧的朝阳北路、朝阳公园南路,或南侧的建国路、通惠河北路通行。

在对产品或服务的真实需求，或可以找到让潜在消费者接受的产品或服务的方法。以上所说的创意，不仅具有新颖性，而且都可以开发出产品和服务，满足市场的真实需求。

历史上富有新颖性的创意还有很多，如 1955 年发明的超豪华烟斗（一次可以抽掉 1 盒香烟），1962 年发明的过海鞋子（后面有小螺旋桨，发明家已经证明这个鞋子可以漂浮过海，但此时已距轮船发明不止 100 年了），1953 年的弧线机关枪以及 1962 年的夜光轮胎（女士可以在夜晚借助发光的轮胎整理长袜和衣服），但是由于这些创意不存在真实的市场需求，而无法变成创业机会。

3. 价值性

价值特征是创意的根本，好的创意要能给消费者带来真正的价值，要经由市场检验。社交网络的创意给客户带来了超越空间交往的体验，解决交通拥堵的创意则减少了路途中消耗的时间，都在一定程度上为使用者创造了新价值。

（三）创业机会的概念

创业机会是具有商业价值的创意，是一种特殊的商业机会。创业机会是可以引入新产品、新服务、新原材料和新组织方式，并能以高于成本价出售的情况。创业机会一般更具有创新性甚至创造性。但是，创业机会与商业机会之间并不存在严格的界限。

（四）创业机会的特征

《21世纪创业》的作者杰夫里·第莫斯教授提出，**好的创业机会有以下四个特征：第一，它很能吸引顾客；第二，它能在你的商业环境中行得通；第三，它必须在"机会之窗"敞开期间被实施；**[①] **第四，必须有资源（人、财、物、信息、时间）和技能与之匹配。**

（五）创业机会的分类

创业机会按来源可以分为问题型机会、趋势型机会和组合型机会三种类型。

问题型机会指的是由现实中存在的未被解决的问题所引发的一类机会。问题型机会在人们的日常生活中和企业实践中大量存在，比如顾客的抱怨、大量的退货、无法买到称心如意的商品、服务质量差等，在对这些问题的解决中会存在价值或大或小的创业机会。

趋势型机会是在变化中看到未来的发展方向，预测到将来市场潜力的一类机会。趋势型机会一般出现在经济变革、政治变革、人口变化、社会制度变革、文化习俗变革等多个方面，一旦被人们认可，它产生的影响将是持久的，带来的利益也是巨大的。

组合型机会是将现有的两项或两项以上的技术、产品、服务等因素组合起来，实现新的用途和价值而获得的创业机会。

---

① "机会窗口"是一种隐喻，用以描述企业实际进入新市场的时间期限。创业者利用机会时，机会窗口必须是敞开的。一旦新产品市场建立起来，机会窗口就打开了。随着市场成长，企业进入市场并设法建立有利可图的定位。当达到某个时点，市场成熟，机会窗口也即被关闭。

课程视频：立体快巴

二、创业机会的来源

关于创业机会的来源，美国凯斯西储大学谢恩教授认为，创业机会主要产生于四种变革，分别是技术变革、政治和制度变革、社会和人口结构变革以及产业结构变革。德鲁克认为，创业机会来源于七个方面：意外之事，不协调，程序需要，产业和市场结构，人口变化，认知，意义和情绪上的变化，新知识。其实，四种变革恰好是创业机会的最主要来源，本书采纳谢恩教授的观点，对创业机会的来源进行论述。

（一）技术变革

技术变革可以使人们去做以前不可能做到的事情，或者更有效地去做以前只能用不太有效的方法去做的事情。随着科学技术的发展，越来越多过去不敢想象的东西都在慢慢实现。比如 3D 打印技术现在就可以打印人体的部分器官，像耳朵等外在器官已经在美国被成功地用 3D 打印机生产出来；而为了听到更完美的音乐效果，机器人乐队也出现在我们的生活当中，只要把旋律输入机器人的程序之中，任何时间、任何场合我们都可以听到具有完美音效的机器人乐队表演；克罗地亚则在 2013 年 6 月的一项新研究中证明，蜜蜂经过训练也能够成功探测地雷，使"扫雷"战线多了一群迷你精干的新战士。[①]

这一些创业机会均是随着社会科技的进步出现的，原来不曾想的或者一些无法解决的问题得到很好解决，不论是 3D 打印机打印人体器官的发明，机器人乐队的表演，还是扫雷蜜蜂的训练等，既很好地利用了高科技的力量，也在很大程度上帮助我们创造了新的价值。

（二）政治制度变革

政治制度变革革除了过去的禁区和障碍，或者将价值从经济因素的一部分转移到另一部分，或者创造了更大新价值。比如，环境保护和治理政策的出台

---

① 参见薛群：《克罗地亚新研究成功训练蜜蜂"扫雷"》，新华网，http：//news. xinhuanet. com/world/2013-06/13/c _ 116129493. htm。

使得焚烧秸秆对环境的污染问题得到全社会的重视，在不能焚烧的情况下秸秆的处理问题便进入了一些创业者的视野，于是秸秆罐头应运而生；又如随着专利保护制度的完善以及人们对周边环境的重视，很多环保企业诞生，其中，斯里兰卡的象粪纸成为一个不错的创意。

秸秆做成"罐头"卖[①]

河北广平县有玉米地16.6万亩，每年的玉米产量是5.9万吨。平均每1公斤玉米产生的秸秆是4公斤，这就意味每年有23万吨的玉米秸秆产生。每当玉米丰收时，这剩下的23万吨秸秆就成为最令人头疼的问题。这些秸秆对农民来说一点用也没有，基本全部焚烧。

曹爱民是跑运输的，一次偶然的机会，他听邯郸的朋友说，现在有种设备能把秸秆做成供奶牛吃的饲料，生产商都叫它秸秆罐头。曹爱民听后隐约感觉到自己也许发现了一个巨大的商机。

接下来的六个月时间里，曹爱民开始四处打听有关加工秸秆饲料的工厂，有时候还混进厂里看看设备。那时购买一套秸秆饲料加工的设备需要三四十万元，对他来说还真不是一笔小数目。曹爱民认识了在广平最早做秸秆饲料的郭进军，了解了饲料的整个制作过程和销售路径。

不久，曹爱民顺利地引进了生产设备，并开发了销售渠道，将秸秆变废为宝，投入到了秸秆罐头的生产中。

斯里兰卡的象粪纸[②]

斯里兰卡有一家"大象孤儿院"，孤儿院里收容了这个国家几百头走失的大象。众多大象的到来，给大象孤儿院带来了麻烦和难题，其中最头疼的事情便是每天堆积如山的大象粪便。

与大象孤儿院比邻而居的是一家造纸厂，这家造纸厂的原材料主要是挨家

---

① 参见《致富经》：《秸秆做成"罐头"卖》，CCTV-7，转引自新浪网，http：//news. sina. com. cn/s/2006-11-10/115511479191. shtml。

② 参见段华：《斯里兰卡的象粪纸》，中国林业新闻网，http：//www. greentimes. com/green/news/hqxc/ywcz/content/2008-12/04/content_23401. htm。

挨户收购得来的废纸和稻草。由于造纸原料的供应量不稳定，造纸厂常常出现"无米下锅"的窘境。

有一天，造纸厂的厂长正好碰到了大象孤儿院的负责人，这个正为大象粪便而苦恼的负责人半开玩笑地对厂长说，要是大象粪也能造纸就好喽。说者无心，听者有意，这句话让正为原料供应不足而发愁的厂长茅塞顿开。他二话没说，背了一筐象粪回到厂里，抱着试试看的态度让工人们加工一下，看看能不能造出纸来。

工人们把这些大象粪过滤清洗，粉碎打浆，筛浆脱水，再经压榨烘干和压光。结果大象粪经过全部制作程序后发生了脱胎换骨的变化——它们变成了光亮柔韧的白纸！

象粪造纸的成功让厂长看到了无限商机，他立刻决定把自己的造纸厂注册成为一个纸业公司，专门生产象粪纸。象粪纸的出现，不仅给大象孤儿院减轻了负担，为当地带来可观的经济收益，而且还为整个斯里兰卡赢得了殊荣。2006年，在荷兰举办的"世界挑战"大赛中，象粪纸以其人与自然和谐共处、有效利用和保护野生动物资源的超人创意一举夺冠。

如今，象粪纸已成为斯里兰卡人引以为荣的国宝，它们被斯里兰卡政府包装成精美的国礼，赠送给国外友人。象粪纸还远销到欧美和日本等国家，为这个国家赚取了大量的外汇。

世上本没有绝对无用的东西或失败的事物，只是利用的方式不同罢了。同一种事物，在不同人的眼里，或者在不同的际遇里，往往会有不同的价值，关键还是看你怎么去运作和经营。

（三）社会人口变革

社会人口变革，就是通过改变人们的偏好和创造以前并不存在的需求来创造机会。随着人们生活水平的提高，无论男女都更追求美丽漂亮，于是液体创可贴应运而生；而随着老龄化社会的到来，夕阳产品的生产和销售也成为了一块创业宝地。

大展宏图写未来，面膜创可贴获千万风险投资[①]

2009年，25岁的吴斌是武汉大学市场营销专业二年级的研究生，一次他无意中关注到医院对于创伤病人伤口的处理方法——国内传统的伤口疗法是干燥法，用棉纱布捆绑创伤面，换药时很不方便，会撕裂病人的创伤面；而且由于不是透明的，医护人员要频繁拉开纱布观察伤口。吴斌觉得这样既不利于病人伤口的愈合，也不方便医生对于创口的处理，于是便开始琢磨，看能不能找到一种更为理想的替代品。他和同学一合计便动起手来，组成了"纽绿特"创业团队。学校给了他们很大的支持，还成立了跨学科攻关小组。他们先后到各地进行了市场调研，取得了第一手资料。

终于，在老师的指导及团队成员的共同努力下，"纽绿特"面膜创可贴问世了。虽然产品在业界引起了不小的轰动，但毕竟是实验室产品，要想进入市场还有一段距离。生产线及所有设备费用大约需要500万元，吴斌和他的团队开始到各地推销他们的新发明，希望可以得到投资，然而他们先后跑了50多家企业，却没有一家愿意投资。

公司几乎濒临倒闭，但是面对这么好的项目，谁都不甘心放弃。团队成员一边筹钱一边不断完善技术。终于，江浙一个比较内行的老板为他们出资50万元，产品走出了实验室，取得"中试"成功。由于设备太贵，还有人员费用，尽管省委等部门先后伸出援手，但是由于硬件投入过多，公司再次陷入困境。这时，曾指导过他们参加"挑战杯"的一家上市公司老总看中了他们的产品，投资了1 000万元。不久，拥有齐全、独立生产设备和检测设备的生产线落成，产品顺利获得了医疗器械生产许可证。他们的产品同时在各大医院临床试验。

这种让病人和护士都将信将疑的产品，一个星期后得到了大家的一致认可。不但换药时减轻了病人的疼痛，也不需要医护人员再频繁地打开查看。临床试验的效果相当不错，一时订单不断，产品成功的打入了市场。

---

① 资料整理自 http://news.chinaventure.com.cn/2/20090408/22849.shtml。

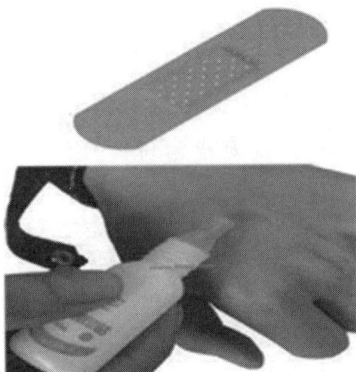

大家看到的上图左侧的人叫姜峰，是有名的足球运动员，在一次西安球迷的骚乱中太阳穴受伤流血，如果用右上图传统的创可贴疗伤会很难看，但是右下图的液体创可贴却可以很好解决这一问题，无色透明的液体创可贴可以完全和皮肤的颜色融为一体，同时提供隔离空气保护创面的作用，还利于伤口的自由呼吸，对于创面的愈合有不错的促进作用。

　　2013年2月27日上午，中国社会科学院发布《中国老龄事业发展报告(2013)》。蓝皮书指出，中国将迎来第一个老年人口增长高峰，2013年老年人口数量突破2亿大关。在2025年之前，老年人口将每年增长100万人。同时，劳动年龄人口进入负增长的历史拐点，劳动力供给格局开始发生转变。因此，基于为老年人服务的产品便有了很大的市场，老年代步车、多功能老年拐杖等，刚好适应社会人口发展潮流。下图的多功能拐杖具有LED手电筒、FM收音机、开关报警器等多种功能，对于空巢老人来说非常具有吸引力。

（四）产业结构变革

2013 年 7 月 18 日，美国底特律市根据美国《破产法》向美国联邦法院申请破产保护。一个曾经被公认为"汽车之城"的工业明星城市，开始从巅峰走向深渊。虽然从表面上看，压垮底特律的最后"一根稻草"是其背负的近 200 亿美元的债务，以及无望解决的财政赤字，但实质上，产业空心化、人口、社会问题等则是底特律走向崩溃的"垫脚石"，其申请破产最根本的原因在于产业发展问题。由于日系、欧系汽车的崛起，美国汽车产业竞争力下降，而底特律对汽车产业的依存度超过 80％。2008 年金融危机爆发，三大汽车制造商在底特律大裁员，产业往新兴市场国家转移。当汽车产业开始显现衰退时，底特律又未能实现可行的产业多样化和产业变革，所以难逃破产厄运。

产业结构变革，指因其他企业或为主体顾客提供产、或服务的企业消亡，或者企业吞并、互相合并等原因而引起变化，进而对行业中竞争状态的改变。由于汽车产业在过去的广泛发展，引发了全球各地的交通拥堵，于是针对交通拥堵的状况又兴起了很多富有创新性的产业，如服务产业的打车软件、制造产业的创新发明等都提供了不错的创业机会。面对交通拥堵带来的打车难问题，创业者们发明了很多打车软件，在北京，这些打车软件得到了官方的认可。2013 年 8 月 20 日，北京市交通委发布信息称，嘀嘀打车、摇摇招车、易达打车、移步叫车等打车软件今后统一改成"96106 嘀嘀打车""96106 移步叫车""96106 摇摇招车"和"96106 易达打车"，成为首批完成与统一电召平台对接的官方手机打车软件。同样面对交通拥堵带来的公共交通堵塞问题，2012 年 8 月西安市政府开始做悬挂公交的论证①，亮相于北京科普展的立体快巴当选为《时代周刊》年度最佳发明；② 而为解决私家车出行难的问题，英、美等国家已经研究生产出会飞的汽车，并且开始正式销售③，2010 年在美国的售价为 19.4 万美元，折合人民币 131 万元。

---

① 参见张蕾：《新型悬挂式公交有望现身西安》，载《三秦都市报》，http：//www. sanqindaily. com/News/20120823/204650. html。

② 参见《立体快巴当选〈时代〉周刊年度最佳发明》，闽南汽车网，http：//www. kiqia. com/bencandy. php？fid-3-id-5312-page-1. htm。

③ 参见黄博：《会飞的汽车美国正式开售、约合人民币 131 万》，http：//auto. qq. com/a/20100706/000222. htm；《英国发明首部会飞汽车 驾驶员有望摆脱塞车之苦》，人民网，http：//world. people. com. cn/GB/41218/6724333. html。

黄恺及其三国杀

"沉迷也是一种幸福"。这种沉迷，并非玩物丧志，而是给自己定下一个目标，全情投入，做自己喜欢做的事。——黄恺

与许多"80后"男生一样，黄恺从小就很喜欢玩游戏。但与同龄人不同的是，黄恺从不满足于遵循游戏的既有规则，而是对游戏进行改造，想方设法地在游戏中展现自己的想法，使其更具可玩性。小学四五年级时，他便自己手工绘制角色小纸牌，让周围的同学一起参与到游戏中。

初中时，黄恺迷上了漫画《游戏王》。这部由风靡一时的日本卡片游戏改编的漫画深深触动了他，于是他仿照着画了1 000多张卡片，奠定了他画画的功底。他自认为是一个"喜欢走神儿的人"。不管是在学校上课还是在家自习的时候，他都常常会不由自主地开始走神儿。一旦走神儿，他便习惯性地在纸上涂涂画画。父母渐渐地发现了黄恺在绘画方面的潜质，便找来当地最有名的老师教他。然而当绘画成为一门专业的课程时，他却又开始"走神儿""坐不住"。总共学了不到两个月，他便学烦了，父母也没再逼他。在他看来，"凡事如果没有可以挑战的目标，就没有动力"。

上了大学，选择了自己喜欢的游戏设计专业，黄恺一头扎进了游戏的海洋。"有这么一个专业，在当时的我看来简直是万幸，觉得找到了归宿。"为了学有所成，他买了一本又一本的画集，潜心研究。如今，仅仅是这些画册中的一小部分，就已经把他办公室的大书柜填得满满当当。为了接触到更先进的游戏设计理念和方法，他想尽了办法。没有钱，没有购买途径，他就自己用卡纸把国外游戏打印出来。

大二初次接触桌面游戏时，他一口气玩遍了国内能够见到的百余种桌游。大学四年，他做过上百款游戏。他还在床头放了小本子，一有灵感马上记录下来，这个习惯一直保持到现在。大二时，因为对上课内容不感兴趣，在"上课走神"时想到国外新的桌游形式，他脑海中闪出三国人物游戏的创意，立即奋

笔疾书，画下了至今受人追捧的"三国杀"第一张牌，成为一个大学还没毕业就创办公司的年轻老板。黄恺弱冠之年设计出"三国杀"，在北京高校引起不小的轰动。2008年，他和清华大学计算机专业博士杜彬合作，成立公司；游戏行业的"老"人黄今看到了三国杀的广阔发展前景，辞掉了厦门荣耀科技副总的高管职位，以200万元资金入股游卡桌游。

彪悍的人生从来不是复制别人，敢于创新才是成功的开始。——黄恺

▸▸ 项目展示

主题游戏——抓手指

规则：让全体学生伸出左手，掌心向下，伸出右手食指、指尖向上，每位学生将右手食指放在位于自己右侧学生伸出的左手掌掌心下面，教师喊"1、2、3"，当喊到3的时候，所有学生的右手食指快速抽回，左手则迅速抓住位于其下的左侧学生的右手食指。

操作：教师先是正常速度喊出"1、2、3"，每一声之间可以停顿3～5秒，第二次数数的时候一口气快速将"1、2、3"喊完，第三次1和2之间停顿3～5秒，2、3连续喊，第四次同第一次，统计第五次被抓住的人数。

接着让学生总结游戏的意义。

最后教师对游戏进行总结，最少可以总结到以下三点：第一，事件对于你是不是机会，首先你要能够识别它，看出该事件和其他事件对于你的不同意义；其次，你得能适时地去把它抓住，抓的太早了不是机会，太晚了同样也不再是机会。所谓"早别人半步是先驱、早别人一步可能就是先烈"说的就是这个道理；第三，经过重复练习之后，你会掌握其中的一些规律，包括识别、分析、利用机会的时机和手段等，从而比其他人更擅长去抓机会。

三、创业机会的识别

（一）影响机会识别的关键因素

影响机会识别的关键因素一般来说包括先前经验、认知因素、社会关系网络以及创造性四个方面。

1. 先前经验

先前经验也可以说是历史经验，**在特定产业中的先前经验有助于创业者识别机会**。在某个产业工作，个体可能识别出未被满足的利基市场，这个现象叫做"走廊原理"。某个人一旦投身于某产业创业，将比那些从产业外观察的人，更容易看到产业内的新机会。

腾讯公司正是在 QQ 运营经验的基础上，基于智能手机的普及和移动互联网的发展，克服了中国移动提供的飞信服务的局限，在 2011 年 1 月 21 日推出了一个为智能手机提供即时通讯服务的免费应用程序，支持跨通信运营商、跨操作系统平台，可以通过网络快速发送免费（需消耗少量网络流量）的语音短信、视频、图片和文字，同时，也可以使用通过共享流媒体内容的资料和基于位置的社交插件"摇一摇""漂流瓶""朋友圈""公众平台""语音记事本"等服务的软件。

2. 认知因素

机会识别可能是一项先天技能或一种认知过程。有些人认为，创业者有"第六感"，使他们能看到别人看不到的机会。多数创业者以这种观点看待自己，认为他们比别人更"警觉"。警觉很大程度上是一种习得性的技能；拥有某个领域更多知识的人，倾向于比其他人对该领域内的机会更警觉。例如，一位计算机工程师，就比一位律师对计算机产业内的机会和需求更警觉。

2013 年 9 月胡润财富榜揭晓，王健林以 1 350 亿元人民币身价第一次成为中国首富。10 月福布斯中国富豪榜公布，王健林以 860 亿元人民币净资产首次登上榜首。能做到这一点，应该说和王健林对于中国地产的准确定位和认知息息相关。王健林对中国权力的运行机制比较熟悉，18 年的军旅生涯以及转业后在国企工作的经历，同样让王健林深谙行业运作的规律。他对大政方针、行业趋势、发展热点，始终抱有远超普通中国商人的热情，他能够将企业发展和利润丰厚的地产行业挂钩，将地产发展和中国的城市化进程紧密相联，专注商业地产的开发，带领万达将势力范围拓展到北京、上海、深圳等 45 个城市，在全国建立了超过 60 座万达广场，造就了中国最大的商业地产企业帝国。同样，对未来文化消费行业高速发展的预判，使得他在 2012 年 9 月完成了对美国第二大院线公司 AMC 娱乐公司的并购，让万达集团同时拥有全球院线排名第二的 AMC 公司和亚洲排名第一的万达院线，成为全球规模、收入最大的电影院线运营商。

3. 社会关系网络

个人社会关系网络的深度和广度影响着机会识别。建立了大量社会与专家联系网络的人，比那些拥有少量网络的人更容易得到创业机会。一项对 65 家初创企业的调查发现，半数创业者报告说，他们通过社会联系得到了他们的商业创意。一项类似的研究，考察了独立创业者（独自识别出商业创意的创业者）与网络型创业者（通过社会联系识别创意的创业者）之间的差别，研究人员发现，网络型创业者比单独创业者识别出更多的机会，但他们不太可能将自己描述为特别警觉或有创造性的人。

2009 年年底，辞去央视公职的王利芬开始创业，2010 年 3 月，她所创办的优米网正式上线，到 2013 年 5 月，优米网拥有 100 万注册用户，15 万付费用户，优米网和王利芬的社交网站关注度超过 800 万人。之所以能取得如此突出的成绩，主要与优米网精准锁定高知、商务消费群，用户覆盖中国经济发达、创业活跃的地区有关，而达到上述目标的前提应该说和王利芬在央视 15 年的工作经历、工作过程中形成的广泛的社会关系网络不无相关。"在路上"系列视频能够顺利录制及在地方 120 多个电视台播出，同样和王利芬工作期间策划和主持的大量创业类节目、与参加节目嘉宾在互动过程中形成的良好私人关系、与其做记者以及主持人的工作经历有关。

4. 创造性

创造性有助于产生新奇或有用的创意。从某种程度上讲，机会识别是一个创造过程，是不断反复的创造性思维过程。在听到更多趣闻轶事的基础上，你会很容易看到创造性包含在许多产品、服务和业务的形成过程中。

毕业于哈佛大学的兰迪·怀斯先生发明的鸡用眼镜就是一个很好的靠创造性创业成功的案例。在自然界中，飞禽类常有以强凌弱、互相狠斗的现象，如果它们看到的景物呈红色，这种情况就会减少。鸡戴上玫瑰红的眼镜后，会变得特别温顺，如果镜片颜色呈消防车般的深红色，效果更佳，雌性下蛋较多，而且食量也小。于是，怀斯就开始研究生产鸡用眼镜，这种镜片的价格低廉，一对只需 15 美元到 20 美元，佩戴也十分简单，数秒之内即可装上，而且一经戴上，可使用一年，甚至在鸡的一生中不用替换，但是一只戴红色眼镜的母鸡喂养成本至少可节约 50 美元。截至 1989 年美国已有 10 万只鸡戴上了怀斯的红色隐形眼镜。①

（二）识别创业机会的行为技巧

创业者可以使用多种技术和方法识别创业机会，如对大样本数据或身边现象进行系统分析、对现实生活中存在的问题或顾客的抱怨分析以及通过创造等方法，都有助于创业者更好地识别创业机会。

1. 通过系统分析识别机会

多数机会都可以通过系统分析得到发现。人们可以从企业的宏观环境（政治、法律、技术、人口等）和微观环境（顾客、竞争对手、供应商等）的变化中发现机会。借助市场调研，从环境变化中发现机会，是机会发现的一般规律。

马云通过对产业链的系统分析，发现了销售过程中存在着极大的商机，因此在 2003 年成立个人电子商务网站淘宝，然后通过对结算环节的详细分析，发现网络支付中存在的商机，于是在 2004 年发布了在线支付系统——支付宝，作为第三方电子支付平台，通过"第三方担保交易模式"，解决了网络交易中的信用问题；2009 年，基于对网络交易中大数据情况的分析，成立了阿里云，打造以数据为中心的先进云计算服务平台；接着阿里巴巴又对支付宝使用过程中产生的大量资金溢余以及部分卖家临时的资金需求情况进行分析，推出针对卖家的短期贷款业务；2013 年又基于对传统金融保险业务的分析，以及对未来金融保险发展方向的预测，在 2013 年 2 月和 3 月分别成立了在线财产保险股份有限公司以及小微金融服务集团；继而通过对移动互联和中国快递行业现状的分析于同年 5 月份成立菜鸟网络科技有限公司，开始了阿里物流的业务运作。

2. 通过问题分析或顾客建议识别机会

问题分析从一开始就要找出个人或组织的需求和他们面临的问题，这些需

---

① 参见佚名：《给鸡戴隐形眼镜》，载《国外畜牧科技》，1989(6)。

求和问题可能很明确，也可能很含蓄。创业者可能识别它们，也可能忽略它们。问题分析可以首先问"什么才是最好的"。一个有效并有回报的解决方法对创业者来说是识别机会的基础。

李维斯的创始人李维斯就是一个非常善于发现问题并且预测可能出现的问题的人。淘金热盛行的时候，李维斯和很多淘金者一起去西部淘金，被大河挡住去路的李维斯想到了他的第一个生意——租船做摆渡，解决了面临的第一个问题，在淘金梦想的驱使下，没有人会在乎摆渡费用，于是生意很好；但是一段时间后，更多人开始做摆渡生意，李维斯的摆渡生意开始清淡。他决定放弃，并继续前往西部淘金。西部黄金不缺，但似乎自己无力与人争雄；西部缺水，可似乎没什么人能想到解决它。发现了存在的问题之后，他开始卖水，不久他卖水的生意便红红火火。慢慢地，也有人参与了他的新行业，再后来，同行的人已越来越多。他又开始分析可能会出现的问题，他发现来西部淘金的人，衣服极易磨破，同时又发现西部到处都有废弃的帐篷，于是他又有了一个绝妙的好主意——把那些废弃的帐篷收集起来，清洗干净，就这样，他缝成了世界上第一条牛仔裤！从此，他一发不可收拾，最终成为举世闻名的"牛仔大王"。

3. 通过创造获得机会

这种方法在新技术行业中最为常见，它可能始于明确的拟满足的市场需求，从而积极探索相应的新技术和新知识，也可能始于一项新技术发明，进而积极探索新技术的商业价值。通过创造获得机会比其他任何方式的难度都大，风险也更高。同时，如果能够成功，其回报也更大。这种情况下所产生的创新在人类所具有的重大影响的创新中，居于压倒性的主导地位。

苹果的创始人乔布斯正是依靠不断创新——从手机功能到外形的创新，才使得苹果公司走出低谷，并在 2012 年市值超过 5 000 亿美元，成为世界上最值钱的公司；乔布斯使得手机不仅仅是一个传统的通讯工具，而且成为我们生活中不可或缺的一个社交工具集合体，我们用它上网聊天、玩游戏、导航，等等。苹果手机的创新不仅为公司创造了价值，也为客户提供了更多乐趣。

第二节　创业机会评价

引导讨论

请阅读下面的案例，分析以下两个问题：

1. 默巴克的"硬币之星"是不是一个好的创业机会？
2. 一个好的创业机会应该具有哪些特征？

默巴克与"硬币之星"[①]

1989 年时，默巴克是美国斯坦福大学的一名普通学生。他学习成绩很好，每年都能拿到奖学金。他父母都是小职员，孩子又多，生活特别拮据。为了减轻父母的压力，默巴克利用闲暇时间承包了打扫学生公寓的工作。

第一次打扫学生公寓时，默巴克在墙脚、沙发缝、学生床铺下扫出了许多沾满灰尘的硬币，这些硬币有 1 美分、2 美分和 5 美分的，每间学生公寓里都有。默巴克将这些硬币还给同学们时，谁都没有表现出丝毫的热情："一把硬币装在钱包里，买不来多少东西，这些都是我们故意扔掉的。"

钱还有故意扔掉的？经历这件事情后，默巴克给财政部和央行写信，反映小额硬币被人白白扔掉的事情。财政部很快给默巴克回信说："每年有 310 亿美元的硬币在全国市场上流通，但其中的 105 亿美元正如你所反映的那样，被人随手扔在墙脚和沙发缝中睡大觉。"

105 亿美元！默巴克震惊了。这些硬币常常散落在沙发缝、地毯下、抽屉角落等地方，如果能使这些硬币流通起来，利润将多么可观啊！他从此开始收集关于硬币的资料，从资料中他知道，硬币的寿命长达 30 年，这期间流通的硬币市值约为 2 559 亿美元，其中仅美分就达 1 741 亿美元。如果能有效督促这些硬币不再躲在角落里睡大觉，让它们滚动起来，这样既能解决人们为手中硬币的出路而发愁的烦恼，又能为自己带来可观的利润，这可是一举两得的好

---

① 祥虎：《默巴克与"硬币之星"》，载《思维与智慧》，2012(11)。

事啊！默巴克开始着手准备起来。

1991 年，刚从斯坦福大学毕业的默巴克成立了自己的"硬币之星"公司，推出了自动换币机。顾客只要将手中的硬币投进机器，机器会自动点数，然后打出收条，写出硬币的面值总计。顾客凭收条到超市服务台领取现金。自动换币机收取约 9% 的手续费，所得利润公司与超市按比例分成。

默巴克的"硬币之星"很快声名远播。美国各地的超市纷纷同默巴克的公司联系，要求合作。5 年间，"硬币之星"公司在美国 8 900 家主要超市连锁店设立了 10 800 台自动换币机，并成为纳斯达克的上市公司。一文不名的穷小子默巴克一夜暴富，成了令人瞩目的亿万富翁，人们都称他是"一分钱垒起的亿万富翁"！

自 2012 年 11 月在北京街头出现以后，2013 年 12 月 5 日上午，北京硬币兑换自助服务网络已经初步建成，首批 42 台自助硬币兑换机全面"上岗"。①

一、有价值创业机会的基本特征

较好的创业机会一般具有以下几方面的特征：

(1)**有吸引力**。蒂蒙斯等人认为，好的机会需要有需求旺盛的市场和丰厚的利润，而且还容易赚钱。

(2)**持久性**。好的创业机会一般具有可持久开发的潜力，并且能够为企业带来持续的竞争优势。

(3)**及时性**。这些机会需要很快满足某项重大的需要或愿望，或者尽早帮助人们解决一些重大问题。

(4)**价值性**。机会应依附于为买者或终端用户创造或增加价值的产品、服务或业务。好的创意必须能为顾客带来价值和利益，所以，无论创业的形式表现为产品、服务还是业务，都必须能为顾客带来实实在在的价值。

对于创业者来说，关键在于如何能够从众多机会中寻找出真正有价值的创业机会，并采取快速行动来把握机会。

二、个人与创业机会的匹配

对任何人而言，有些机会只能看见，却不能为自己所把握。即使创业机会

---

① 参见网易新闻，http：//news. 163. com/13/1205/13/9FB8KM380001124J. html。

的价值潜力再大，如果自己缺乏相应的必备条件和因素，盲目行动带来的后果往往也可能是血本无归。因此，**对于创业机会是否适合自己的判断，至少需要从个人经验、社会网络、经济状况三个方面评价。**

（一）是否具有相应的个人经验

在个人经验层面，要考虑以前的工作和生活经验是否能够支撑后续开发创业机会所必需的知识和技能。此时，经验的广度和深度扮演着重要角色。个人的工作经验越广，对把握创业机会越有帮助。

周鸿祎在新入职员工大会上的讲话中说，他在方正、在雅虎工作的时候，除了完成本职工作，还做了很多公司不要求自己做的事情，就是为了努力地提高能力、经验和见识，这才使他之后有能力去做投资，做奇虎，做360。

（二）是否具有足够的社会网络资源

在社会网络层面，要考虑自己身边认识、熟悉的人能否支撑后续开发机会所必需的资源和其他因素。有研究已经证实，社会关系网络在创业活动中起到了重要的作用。社会关系网络越广，个体越容易发现创业机会，也更容易把握创业机会，实施创业活动。因为在创业过程中，社会关系网络不仅为创业者提供了信息、知识和资源，而且为创业者提供了必要的情感和心理支持，创业绝非易事，这些情感和心理支持是支撑创业者走向成功的关键因素。此时，需要对社会关系网络做出自我评价：有没有朋友愿意资助或借贷资金，可能性有多大；有没有朋友能带来生意，可能性有多大；有没有朋友能提供情感和心理支持，等等。

王利芬正是利用其在中央电视台做记者时积累的社会网络资源，才在开始创业时即能够得到各种需要的资源：她利用商界名人资源做节目，利用地方电视台资源做销售，利用在企业圈多年的人脉获得投资。同时，在情感和心理上得到了大量朋友的支持，如现在优米网上的一项重点内容——名人时间拍卖，便得到了史玉柱、俞敏洪等的大力支持。

（三）创业潜力是否高于机会成本

在经济状况层面，要重点考虑的是能否承受从事创业活动而带来的机会成本。大规模问卷调查发现，创业前的收入水平越高，个体越不倾向于放弃当前工作机会去创业，比如高职类院校毕业的学生会比本科毕业的学生创业率高，一般院校的学生要比名校学生创业率高，本科生又比研究生创业比例高；但是，一旦具有高机会成本的个体做出了创业选择，创业活动的价值和利润创造潜力也较那些创业前机会成本较低的创业者更高。

创业活动是创业者与创业机会的高度结合，一方面创业者识别并开发创业机会，另一方面创业机会也在选择创业者，只有创业者和创业机会之间存在着恰当的匹配关系时，创业活动才最可能发生，也更可能取得成功。

下面的创业故事就是创业者和创业机会相互匹配的一个成功案例。

"裂帛"：双风共奏霓裳曲 [①]

自 2006 年创业，靠小众细分路线在淘宝女装中声名鹊起，拥有 40% 的重复购买率，以 300% 的年增长速度发展，2011 年营收近亿元，2012 年计划销售 5 亿～6 亿元。这就是"裂帛"的故事，一个主要销售中国风女装的原创品牌和设计师品牌。

"裂帛"的创始人汤大风毕业于南京艺术学院服装设计专业、妹妹汤小风在无锡学习金融管理。姐妹二人常流连于云南、西藏等地区，那里的纯净、不被时代变迁所改变的文化与情感为她们日后的创业之路埋下了伏笔。那些古老的绣衣、鞋子上的细密的针脚里倾注了许多心血，保留了很多温度。大风说，那种原始的生命力打动了她。

2002 年，平面设计师起步的大风小风在北京开了一家平面设计公司。对于大风来说，这只是谋生手段。2005 年的时候，淘宝起步。异军突起的互联网电商给了她们一个实实在在的创业机会。大风姐妹以 1 000 元的创业资金，从贩卖服饰起家，在第二年即开创了服装设计品牌"裂帛"，源于台湾著名诗人简媜的《四月裂帛》，诗意而美丽。她们将少数民族的服装风格、包括繁复的绣花融入了现代服装。她们自己设计、买面料、打版、缝制、拍照、上传、定价、发货、处理售后问题，将自己对于生活的态度全部缝进衣衫，希望这一件件自己亲手设计制作的衣衫可以成为她们与世间沟通的一座桥梁。她们从买家的评论里了解她们的渴望，了解顾客希望改变自己、改变生活、而不敢踏出那一步的纠结，于是，裂帛服饰向她们提供了迈出改变自己的第一步。

---

① 参见晓强：《"裂帛"：双风共奏霓裳曲》，载《职业》，2012(10)。

令人着急的是，姐妹俩自己设计的服装根本无法满足需求，不少衣服还依赖于从云南等地进货，这些服饰尽管很漂亮，但货源并不稳定，热销的品种往往供不应求，不对路的品种又常常滞销积压。有心的顾客留言说"裂帛"还没有真正找到自己。

顾客的话深深触动了大风，因此，一个大胆的想法在她心头滋生。也正是这个大胆的想法让当初只有一个样板师、三四个工人的家庭式小作坊，变成了今天拥有几百名工人、1 300平方米厂房的特色服装生产企业。相比满街皆是同质化的欧美、日韩系服饰，大风小风的"裂帛"显得更加民族化，它承载着人们对色彩、自然、情感共通的热爱与表达，并分享内心生活的感动和喜悦，因此被誉为离客户心灵最近的品牌。

当然，"裂帛"的销售奇迹，是在网上不断展现的。2007年，中国网购市场开始攻城略地，在别的品牌轻装上阵，剑指营销时，"裂帛"下功夫做基础，从设计、打版，到制衣销售，前后数十个环节，环环相扣，以质取胜。为了应对客户的需求，"裂帛"购买了ERP系统，能在3天消化几百万件的制作量。

这一招，积攒了实力。2009年，淘宝力推品牌与品质转型，"裂帛"加入淘宝品牌，成为淘宝排名前十五的品牌女装；2010年，赢得五皇冠；2011年，赢得金皇冠……年营业额近亿元，顾客重复购买率达40%，年增长达300%。"裂帛"2012年的销售目标，是5亿~6亿元。

"裂帛"除了做生意外，也不忘做公益，从2007年开始，"裂帛"就成立了文化基金，资助有梦想的青年人，支援边远山区的孩子，只要有意义，"裂帛"就会尝试去做。

大风小风有自己的梦，希望未来将"裂帛"做成国内一线品牌，进而走向国际市场，成为叫得响的中国设计师品牌。

三、创业机会评价的技巧和策略

评价创业机会需要采取科学的方法。美国百森商学院的蒂蒙斯教授提出的创业机会评价基本框架是比较完善的创业机会评价指标体系。蒂蒙斯教授认为，创业者应该从行业和市场、经济因素、收获条件、竞争优势、管理团队、致命缺陷问题、个人标准、理想与现实的战略差异8个方面评价创业机会的价值潜力，并围绕这8个方面形成53项指标，见表3-1。

表 3-1 蒂蒙斯的创业机会评价框架

行业和市场	1. 市场容易识别，可以带来持续收入。
	2. 顾客可以接受产品或服务，愿意为此付费。
	3. 产品的附加价值高。
	4. 产品对市场的影响力高。
	5. 将要开发的产品生命长久。
	6. 项目所在的行业是新兴行业，竞争不完善。
	7. 市场规模大，销售潜力达到1千万元到10亿元。
	8. 市场成长率在30%～50%甚至更高。
	9. 现有厂商的生产能力几乎饱和。
	10. 在五年内能占据市场的领导地位，达到20%以上。
	11. 拥有低成本的供货商，具有成本优势。
经济因素	1. 达到盈亏平衡点所需要的时间在1.5～2年以下。
	2. 盈亏平衡点不会逐渐提高。
	3. 投资回报率在25%以上。
	4. 项目对资金的要求不是很大，能够获得融资。
	5. 销售额的年增长率高于15%。
	6. 有良好的现金流量，能占到销售额的20%～30%以上。
	7. 能获得持久的毛利，毛利率要达到40%以上。
	8. 能获得持久的税后利润，税后利润率要超过10%。
	9. 资产集中程度低。
	10. 运营资金不多，需求量是逐渐增加的。
	11. 研究开发工作对资金的要求不高。
收获条件	1. 项目能带来附加价值，具有较高的战略意义。
	2. 存在现有的或可预料的退出方式。
	3. 资本市场环境有利，可以实现资本的流动。

竞争优势	1. 固定成本和可变成本低。 2. 对成本、价格和销售的控制较高。 3. 已经获得或可以获得对专利所有权的保护。 4. 竞争对手尚未觉醒，竞争较弱。 5. 拥有专利或具有某种独占性。 6. 拥有发展良好的网络关系，容易获得合同。 7. 拥有杰出的关键人员和管理团队。
管理团队	1. 创业者团队是一个优秀管理者的组合。 2. 行业和技术经验达到了本行业内的最高水平。 3. 管理团队的正直廉洁程度能达到最高水准。 4. 管理团队知道自己缺乏哪方面的知识。
致命缺陷	1. 不存在任何致命缺陷问题。
个人标准	1. 个人目标与创业活动相符合。 2. 创业家可以做到在有限的风险下实现成功。 3. 创业家能接受薪水减少等损失。 4. 创业家渴望进行创业这种生活方式，而不只是为了赚大钱。 5. 创业家可以承受适当的风险。 6. 创业家在压力下状态依然良好。
理想与现实的战略差异	1. 理想与现实情况相吻合。 2. 管理团队已经是最好的。 3. 在客户服务管理方面有很好的服务理念。 4. 所创办的事业顺应时代潮流。 5. 所采取的技术具有突破性，不存在许多替代品或竞争对手。 6. 具备灵活的适应能力，能快速进行取舍。 7. 始终在寻找新的机会。 8. 定价与市场领先者几乎持平。 9. 能够获得销售渠道，或已经拥有现成的网络。 10. 能够允许失败。

马林斯认为，成功的企业至少由三个要素组成：市场、行业和企业家团队；[1] 刘常勇教授认为，创业机会评价主要围绕市场和回报两个层面展开。由此可见，**行业和市场、回报以及团队是进行创业机会评估的最主要因素**，下面分别予以说明。

（一）行业和市场

行业一般是指生产同类产品或具有相同工艺过程或提供同类劳动服务划分的经济活动类别。行业由出售者即生产者或劳务提供者构成。

市场是由一切具有特定需求和欲望，并且愿意和能够通过交换的方式来满足需求和欲望的顾客构成。

创业机会评价时首先要关注提供相同或类似产品或劳务的行业，包括其竞争情况、收获条件等，在行业的机会窗口打开期间进入才能获利；其次要关注消费的市场，只有市场足够大，才能够收回成本获取利润。创业者一定要能够清晰界定细分市场。

下面通过几个简单例子进行说明。俗话说，只有夕阳企业，没有夕阳行业。不管哪个行业的企业只要勇于创新，能够提供市场上需要的、适销对路的产品，都能够经营得非常成功。比如，提到化工行业和钢铁行业，大家一定会想到国家对于这两个行业的治理以及对这两个行业发展的限制，但是在这两个行业中依然有大量的创新型企业发展势态良好，江苏豪普钛业及苏嘉集团就是在所谓夕阳行业中创新经营的代表。[2]

位于无锡的江苏豪普钛业是专门生产钛白粉的一家化工类企业，记者在这里采访时看到，工厂的 100 多名工人在加班加点生产，和周围其他企业的限产、停产形成鲜明对比。

该公司总经理吕枫介绍，2009 年上半年，由于原材料价格上涨，公司还处于亏损状态，但下半年公司抓住原材料价格下降的机遇，进行差异化销售

---

① 参见［美］约翰·W.马林斯：《创业测试——企业家及经理人在制订商业计划前应该做些什么》，石建峰译，北京，中国人民大学出版社，2004。

② 周亮、郭奔胜、傅琰：《只有夕阳企业，没有夕阳行业》，新华网江苏频道，ht-tp：//www.js.xinhuanet.com/ccq/2008-12/05/content_15364335.htm。

和竞争，7月份以来实现了扭亏为盈，预计年产值可达到3亿元左右。

"现在一些地方政府都谈'化'色变，事实上化工类企业也有高新技术产业，比如我们生产的钛白粉大量用于各种工业类产品，神舟6号、7号飞船外面的涂层也使用钛白粉。我们公司环境保护和节能减排也做得非常好。国家应该淘汰小化工产业，类似于化工高新技术产业，国家还应该扶持。"吕枫说。

"产业结构调整和升级并不意味着不需要传统产业。"新华社经济形势小分队记者在基层调研时，很多企业家表达了这样的观点。

"产业升级不是产业清洗，永远没有夕阳行业，只有夕阳企业。"生产石油钢管的苏嘉集团董事长龚育才说，所谓落后产业、行业，不应该按产业、行业来定，应该按装备水平来定。我国每年几十万吨的石油钢管都在进口，比如塔里木油田用的钢管很大一部分都是进口的，因为那里开采条件艰苦，国产钢管达不到要求，我们完全有发展的空间。

苏嘉集团主要生产石油管道和耐火材料，其中40％出口到北美地区，由于产品附加值比较高，在2008年金融危机中受到的影响不大。"随着中央刺激内需政策效应的释放，明年（2010年，编者注）企业的日子会更好过一些。"龚育才说。

（二）经济因素／回报

创业的目的之一便是获取经济回报，因此，经济因素和投资回报也是评价创业机会时需要重点考虑的问题。创业者应尽可能在成本效益原则的指导下，在较短时间内，以较低成本获得较高的回报，下面的创业案例就是一个投资少收益高的项目。

90后大学生创业故事：剪纸一年，掘金30万[①]

一个年仅20岁的女大学生依靠磁性剪纸，不仅屡获金奖，还在其刚刚创业不到一年的时间里，掘得了高达30万元的人生第一桶金。

---

① 参见全国大学生创业服务网，http：//cy. ncss. org. cn/cydx/cydx/262265. shtml。

多姿多彩的磁性剪纸①

在杭州师范大学创业园里，1990 年出生的晋城女孩王子月，热情地向记者介绍起她的磁性剪纸。"磁性剪纸是个创意产业，任何东西都可以用剪纸表现出来，它提倡的是自己动手、自己创新，并在动手中获得巨大的乐趣。操作简单，任何人都可以轻松学会。而且成本低廉，便于使用和收藏，可以用作家居装饰、礼品赠送、广告促销……无论是作为节庆用品、旅游纪念品，还是艺术藏品等，都有很大的市场前景。"

一段如同做广告一样的介绍之后，思路清晰，伶牙俐齿的王子月告诉记者，磁性剪纸是她在晋城一中上学时就发明的专利产品，它使用的是环保材料，可以循环利用再生产。只要有铁的地方都能直接吸上去，灵巧便携。因为不容易剪断、撕破，它比普通剪纸上手快，能让人们在十分钟内就体验到剪纸的乐趣。

让王子月自豪的是，2009 年 6 月，还在杭州师范大学读一年级的她，就在不远的义乌创办了一家磁性剪纸文化创意公司。在不到一年的时间里，她的公司已经发展了十余家"飞点儿磁性剪纸"加盟商，只此一项的经济收入就 30 余万元。

90 后女孩的耀眼荣光

2007 年 10 月，王子月和父亲的磁性剪纸专利从海内外报名的近 3 000 项专利中脱颖而出，进入中央电视台《我爱发明》大赛的决赛现场，经过中国资产评估协会、中国发明协会等有关部门专家学者的严格评审，磁性剪纸项目因为其市场大、社会效益好及其良好的不可替代性等方面的优势，最终夺得了央视《我爱发明》大赛的首个最高奖——新金点子奖。这次得奖，再次鼓舞了王子月和父母将这项发明推向市场的信心。

2008 年，参加完高考，刚刚拿到杭州师范大学录取通知书的王子月，又惊喜地接到山西省文化厅的通知：因磁性剪纸将中国的传统剪纸文化与现代的

---

① 磁性剪纸采用了"剪纸用磁性纸"专利新材料替代了传统的纸张来制作剪纸，解决了普通剪纸容易变色、掉色的问题，并利用主动磁和被动磁相吸的原理，解决了普通剪纸展示不方便的问题。

科技元素巧妙融合在一起，符合北京奥运会"科技奥运"的理念，故选其代表山西在北京奥林匹克公园中国故事山西祥云小屋展示。奥运会期间，王子月和母亲一起来到北京，给世界各地的运动员和游客展示磁性剪纸艺术。她们设计的获奥运金牌的各国优秀运动员的磁性剪纸肖像，特别是菲尔普斯、梅西、杨威、廖辉、郭晶晶、张娟娟等偶像级的人物肖像剪纸成了抢手货。

王子月和母亲的出色表现获得了奥组委和国家文化部的表彰。而最重要的是，王子月从中外游客欣赏赞叹的目光中再一次看到了磁性剪纸蕴含着的巨大商机。她暗暗下决心，一定要把这一专利转换成创意文化产业，做大做强。

2008 年 9 月，王子月到校报到，成了杭州师范大学医药卫生管理学院医药营销专业的一名新生。之所以选择这所大学，是因为她听说这是一个提倡和支持大学生自主创业的学校，她所崇拜的"阿里巴巴"创始人马云就是从这里毕业的。另外一个原因是，杭州离义乌很近，能更方便地实现她的创业梦想。

在学校里，依托磁性剪纸等几项专利，王子月组建起了自己的"飞点儿"磁性剪纸创业团队，尽情地展现着自己的才华。2009 年 6 月，她在义乌注册了属于自己的公司——义乌市廿分红磁性剪纸有限公司。随后，又与同样抱有创业梦想的同学创立了磁性剪纸创意文化公司。2009 年 11 月 1 日，王子月带领她的磁性剪纸团队参加了以"励志、成才、就业、创业"为主题的浙江省大学生职业生涯规划大赛，与全省 85 所高校推选出的 300 余件作品同台竞技，激烈角逐，并最终荣获此次大赛的最高奖——"双十佳职业规划之星"。

2009 年 12 月 24 日，王子月的磁性剪纸文化创意公司摘得杭州经济技术开发区"大学生创业训练营暨创业大赛"头魁，领取了一万元创业资金。主办方还在杭州滨江区为王子月提供了免两年租金的写字间。

2009 年，在杭州师范大学举办的"师大荣光"大学生创业颁奖典礼上，王子月再获殊荣。

2010 年 1 月 20 日，杭州日报大学生创业就业俱乐部、高新区（滨江）大学生创业园主办的"相约在高新，创业在年少"杭州市大学生创业创意选拔大奖赛中，"磁性剪纸文化创意"团队，再次荣获金奖，并从主办方手中接过了一份贺岁大礼——5 000 元奖金和一份价值 1 万元的创业资助协议书。

2010 年 9 月 28 日，磁性剪纸获得了由共青团中央、中国科协、教育部、全国学联共同主办的第七届"挑战杯"决赛金奖。

杭州师范大学也被王子月团队的创业热情所感动，为了支持他们，学校专门提供了一个40平方米左右的免费店面。王子月将店面设计成"磁性剪纸板子店"，就像格子铺一样，他们在店里的墙面上提供100块板子，每块板子都是可以翻动的，学生出一部分租金就可以在板子上贴上自己动手制作的剪纸作品出售，而且每块板子都会对应一个网站，帮"租客"线上线下进行销售。一时间，磁性剪纸板子店生意极好，王子月还特意雇用了大一大二同学来店里做兼职。在坚持创业的同时，王子月还以优异的成绩获得学校的二等奖学金。

（三）创业团队

创业团队永远是创业中最核心的因素，是决定创业成败的关键，也是风险投资家最看重的因素。创业团队的评价是项目评价中最重要的因素之一。

我们来认识一下这个团队——瀚潮生态浮床净水项目团队，该团队曾在2010年教育部举办的首期创业大赛即"昆山杯"全国大学生优秀创业团队大赛中获得特等奖，拿到教育部和昆山市政府提供的一百万元创业支持资金。团队由中山大学2007级的五位学生创办，凭借着学校和各方的支持，在2010年2月顺利地建立起自己的公司，2011年5月17日，广州市瀚潮环保科技有限公司举行了简单而隆重的开业庆典仪式。[①]

公司依托中山大学先进的环境治理技术，立足于水体环境治理领域，致力解决水体严重污染、恶臭问题，以推动中国环保事业发展为己任。公司作为专业的水环境净化处理解决方案提供商，专注于为客户提供专业化、全方位的水环境净化服务，通过结合植物与微生物的净水机理，充分发挥自然生态净化力量，以达到高效的净化效果。公司以生态治水工程为主营业务，核心产品是瀚潮的生态净水系统，提供完整的水体环境治理工程服务，包括水体污染整治方案设计、水体净化工程施工以及水体后期维护服务等。服务对象包括了市政河涌整治及维护工程、园林景区湖泊净化及维护、湿地公园建设维护工程以及小区楼盘水体净化维护等。

---

① 参见《激情创业，放飞梦想——记"昆山杯"全国大学生优秀创业团队大赛特等奖团队公司开业庆典》，全国大学生创业服务网，http：//cy. ncss. org. cn/cydt/261472. shtml；黄昊鑫：《浅谈大学生创业》，中山大学创业服务网，http：//career. sysu. edu. cn/Management _ Notice/Public/ShowNoticeDetails. aspx？id＝266。

作为决赛阶段的评委之一，本书作者对这个团队的印象非常深刻，其中最主要的原因是其团队成员的构成以及项目能够带来的社会效益。首先，这个团队的性别比例比较合适（两个女生、三个男生）；其次，他们的专业配合很好，有学习管理的、有学习技术的；最后，他们的项目市场前景很好，作为净水系统的环保企业，社会上存在着很大的需求，环保行业也是国家大力支持发展的行业。他们拥有中山大学持有的专利技术，以及学校和技术发明人孙连鹏老师的授权证书，项目具有较强的可行性，既符合"昆山杯"注重对创业团队考核的要求，也符合蒂蒙斯以及其他学者对项目评价重点的要求。按照瀚潮环保科技有限公司总经理陈满谊的说法，"'昆山杯'主要考察创业团队的合作和能力，以及商业项目的策划。要求团队综合的素质和能力比较强，对商业运作有自己独特的思路，对市场有明确的认识"。而他们的团队"团聚凝结，专业互补，能力综合，而且有很坚定的创业心态，对项目很熟悉，所以能够打动评委"。

第三节　创业风险识别

▸▸ 每周创意

智能眼镜——谷歌眼镜

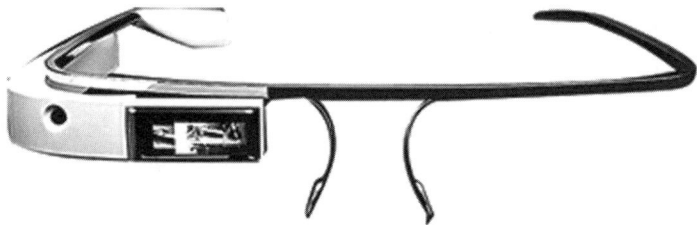

谷歌眼镜是一款"拓展现实"（Project Glass）眼镜，它具有和智能手机一样

的功能，可以通过声音控制拍照、视频通话和辨明方向，并可以上网冲浪、处理文字信息和电子邮件等。

它可以解决语言问题，实时信息采集，作为第三方的设备存在，可以不用掏手机即可接听电话！可以通过语音指令，随时使用 Photo Apps 照相，而不用像传统的拍照方式来获取图片；拥有导航功能，永远不用担心迷路；永远待命，可以随时连接到互联网，拍摄视频。

课程视频：谷歌眼镜

·· 上周内容回顾

·· 课程讲授

引导提问

我们今天坐在这里安全吗？

请大家各抒己见，并加以说明。同时听者接受启发，触发思考，形成思想。

通过学生对于安全的理解以及风险描述的内容，引出下面的引导语。

开篇语

在这世界上，除了死亡和税收以外，没有可以肯定的事。

——富兰克林

唯一不变的是变化本身。

——世界著名作家、大思想家斯宾塞·约翰逊

尽管风险是常态，绝对的安全是不存在的，尽管在大家的心里，创业者是喜欢冒险的，但是正如在第二章创业者特质里面所说，创业者一定是在对风险

进行合理界定、评估的情况下，谨慎地对待风险。所以，今天来学习风险的相关知识，包括风险的概念、分类、系统风险和非系统风险可能的防范途径、创业者风险能力的承担以及基于风险估计的创业者收益的预测。

一、风险的含义和分类

（一）风险的含义

风险（risk）的基本含义是损失的不确定性（uncertainty）。发生损失的可能性越大，风险越大。它可以用不同结果出现的概率来描述。结果可能是好的，也可能是坏的，坏结果出现的概率越大，风险就越大。

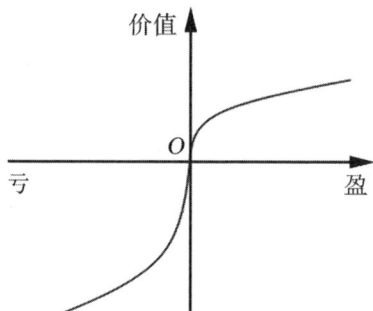

价值函数曲线

由价值函数曲线图可以看出，亏损阶段的价值线相比盈利阶段更加陡峭，说明人们对于损失的厌恶程度远比盈利时带来的兴奋大，由此，对于风险的定义，常常基于损失的角度。

当创业机会面临某种损失的可能性时，这种可能性及引起损失的状态便被称为机会风险。例如，创业机会常常面临政策不利变化带来的损失，技术转换失败带来的损失，团队成员分歧带来的损失等，这表明创业机会面临种种风险的存在。

（二）风险的构成

构成机会风险的主要要素包括风险因素、风险事件和风险损失三个方面。

1. 风险因素

风险因素是指能够引起或增加风险事件发生的机会或影响损失的严重程度的因素，是风险事件发生的潜在条件，一般又称为风险条件。创业风险因素从形态上可以分为人的因素和物的因素两个方面。物的因素属于有形的情况或状态，如技术的不确定性，经济条件恶化等；人的因素指道德、心理的情况和状态，如道德风险和心理风险等。

2. 风险事件

风险事件是风险因素综合作用的结果，是产生风险损失的原因，也是风险损失产生的媒介物。**创业风险事件是导致创业风险的可能性变成现实，以致引起损失后果的事件。**如技术的不确定性确实引起了产品研发的失败，经济条件的恶化最终导致了销售的下降等。

3. 风险损失

风险损失是指非故意的、非预期的、非计划的利益减少，这种减少可以用货币来衡量。风险损失包括直接损失和间接损失。**创业风险损失是指由于风险事件的出现给创业者或创业企业带来的能够用货币计量的经济损失。**如由于产品研发失败引起的由于无法及时将产品投放市场丧失的经济利益，销售下降导致的收入减少等。

风险因素引起风险事件，风险事件导致风险损失，三者之间密切相关，共同构成了风险存在与否的基本条件，见图 3-1。

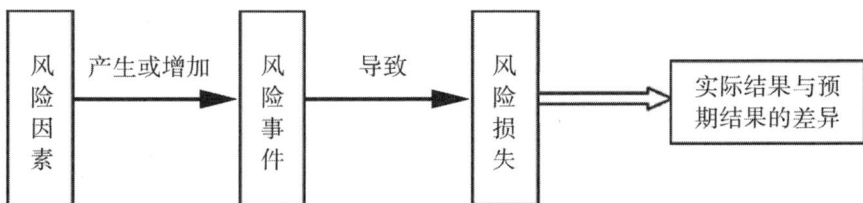

图 3-1　风险要素及其相互关系[①]

（三）风险的分类

1. 按风险来源主客观性的分类

按风险来源的主客观性划分，机会风险可分为主观风险和客观风险。主观创业风险，是指在创业阶段，由于创业者的身体与心理素质等主观方面的因素

———————————

① 　孙星：《风险管理》，4 页，北京，经济管理出版社，2007。

导致创业失败的可能性。客观创业风险，是指在创业阶段，由于客观因素导致创业失败的可能性，如市场变动、政策变化、竞争对手出现、创业资金缺乏等。

2. 按风险影响范围的分类

按风险影响程度的范围，机会风险可分为系统风险与非系统风险。**系统风险是源于创业者或创业企业之外的，由某种全局性因素引起的风险**，诸如商品市场风险、资本市场风险等，创业者或创业企业无法对其进行控制或施加影响；**非系统风险是源于创业者或创业企业本身的商业活动和财务活动而引发的风险**，如团队风险、技术风险和财务风险等，创业者可以通过一定的手段进行预防和分散。

3. 按照风险可控程度的分类

按照风险的可控程度，机会风险分为可控风险和不可控风险。可控风险是指在一定程度上可以控制或部分控制的风险，如财务风险、团队风险等；不可控风险是指创业者或创业企业无法左右或控制的风险，如上述的系统风险。

4. 按照创业过程的分类

按照风险在创业过程中的出现环节，机会风险可分为机会的识别与评估风险、团队组建风险、确定并获取创业资源风险、准备与撰写创业计划风险和创业企业管理风险。

机会的识别与评估风险是指在机会识别和评估过程中，由于信息量缺失、推理偏误、处理不当等各种主客观因素影响，使得创业面临方向选择和决策失误的风险；团队组建风险是指在团队组建过程中，由于团队成员选择不当或缺少合适的团队成员导致的风险；确定并获取创业资源风险指由于存在资源缺口，无法获得所需资源，或获得资源成本较高给创业活动带来的风险；准备与撰写创业计划风险，是指创业计划的准备与撰写过程中各种不确定因素的存在，或制订者自身能力的限制导致的创业风险；创业管理风险指由于管理方式、企业文化的选取与创建，导致发展战略的制定、组织、技术、营销等各方面管理中存在的风险。

5. 按风险内容表现形式的分类

按照创业风险内容的表现形式，可将机会风险分为机会选择风险、环境风险、人力资源风险、技术风险、市场风险、管理风险和财务风险等。

（1）机会选择风险指创业者由于选择创业而放弃自己原来从事的职业，所丧失的潜在晋升或发展机会的风险。

（2）环境风险指由于创业活动所处的社会、政治、经济、法律环境等变化或由于意外灾害导致创业者或企业蒙受损失的可能性。如战争、国际关系变化或有关国家政权更迭、政策改变，宏观经济环境发生大幅度波动或调整，法律法规的修改，或者创业相关事项得不到政府许可，合作者违反契约等给创业活动带来的风险。

聚齐网之败：一个"创二代"在富人游戏中的湮灭[①]

2010年6月7日正式上线的聚齐网，以本地消费互动平台为大口号，作为国内最贴心的信息互动网站之一，是国内在规模、品类上均占行业领先地位的本地生活消费、信息服务的电子商务平台。但上线3年之后的2013年8月2日，聚齐网官方网站宣布暂停服务。具体开通时间待定。

聚齐网由原58同城的COO耿云风创办，他早已耕耘本地生活服务多年，是这个行业里面不折不扣的老兵。耿云风创立的本地生活消费指南和《社区百事通》在2007年被58同城收购之前，总发行量已达到20万份。这份本地生活指南，包括综合服务、生活服务、餐饮、娱乐、美容、运动、健身、汽车、装修、培训等栏目，可谓包罗万象，让用户在家里打一个电话就可以解决问题。"社区分类信息"除了罗列区域内吃喝玩乐的各种信息，还附有详细的消费地图，可以让读者更加直观地了解相关内容。可以说，耿绝对是本地生活领域的老兵，而在加入58之后又担任这个本地生活服务网站的首席运营官，他在这个领域积累了丰富的经验。因此，聚齐网创办之后更能够"接地气"，设计出适合消费者需求的商业模式，通过在品类上做减法（只做餐饮），保持合理的人员规模，创业初期的口碑营销，捡拾"美团点评"等团购网站的尾单，简化的审核程序和较高的转化率等特点，使得聚齐网在未获得任何融资的情况下坚持3年之久，坚持到了"24券"和"团宝"之后。[②]

---

① 王静静：《聚齐网之败》，http://www.chinaz.com/start/2013/0808/312565.shtml。

② 24券于2013年3月被不收礼网并购成为不收礼网的子公司；团宝网于2010年3月上线，于2013年6月关闭。

聚齐的败因分析：

第一，"捡拾尾单"战略导致投诉较高。没有大商家对于团购网站来说会极大影响其营业额，对小商家没有筛选的限制虽然可以得到商家资源，但服务质量无法把控，用户最终选择"用脚投票"。

第二，品种单一使运营被动。餐饮的毛利率远低于酒店旅游等品类，后期聚齐虽然在品类上发力做了酒店，但为时已晚；另外，团购用户的需求多样，每天都是餐饮单子导致聚齐运营策略被动，无法满足用户的不同需求，导致客户的忠诚度降低。

第三，错失了创办团购网站的最佳时机。聚齐网成立于2010年6月7日，从成立时间来看已经错过了第一波大型团购网站抢占市场的先机。①

第四，未适应移动互联网环境。随着移动互联网的兴起，移动端的购买已经成为团购新的重要的购买方式，对于美团点评这些资金雄厚的团购网站而言，他们有足够的资金与技术能力去推广自己的移动端，而对于聚齐这样的中小团购网站就会陷入一个进退维谷的地步 —— 做，没有资源推广，不做白白流失用户。而用户流失越严重，现金流就会越不好，一旦发生商家"挤兑"，这种寅吃卯粮的商业模式破产也就不奇怪了。

第五，赶上电商和网络寒冬的到来。上面的这些问题实际上也可能是聚齐们的无奈，作为一个在这个领域多年创业的老兵，耿不可能没有认识到这些问题，只是恰逢电商资本寒冬和这个泡沫破灭的时代，可能即使清楚该怎么做了，但是资本和时间根本就没有给他机会。面对已经融到资并且建立了强运营壁垒的竞争对手，聚齐在如此多的窘境之下，既得不到商家对服务的认可，又因为商家反向不愿意给出好单子和好的服务而让用户远离，失败就成为必然。而这一场战争的差距证明了虽然烧钱不是万能的，但资金实力在这个富人游戏中依然是很重要的入场券。

（3）人力资源风险是指由于人的因素对创业活动的开展产生的不良影响或偏离经营目标的潜在可能性。创业者自身的素质和能力有限，创业团队成员的知识和技能水平不匹配，管理过程中用人不当，关键员工离职等因素，是人力资源风险的主要诱因。

---

① 大众点评成立于2003年4月，糯米网成立于2004年，24券成立于2009年。

化妆品创业者失败反思：能犯的错误都犯了[①]

1992年，余涛在老家（湖北）钟祥帮亲戚站柜台，从此踏入化妆品零售行业。三年后，他拿出7 500元积蓄及父母给他结婚用的4 000元，又贷款1万元，开了家30平方米的小化妆品店。生意顺风顺水地做到2002年，余涛不仅扩大了店面，他代理的多个品牌一年创下两三百万元的销售额，在湖北省内排名数一数二。

创业路上一帆风顺，余涛被成功冲昏了头脑，开始盲目扩张。他先在钟祥开了一家电脑店，接着又成立了一家宽带公司，随后又在武汉开公司，代理美容院产品，同时化妆品店也在不断扩张。到2004年，他在钟祥、京山、荆门开了3家化妆品直营店，荆门地区的乡镇加盟店扩张到43家（所有的加盟店都用统一的门店招牌，所有加盟店的货物都由余涛供货，不收加盟费）。"我没买房子车子，赚的钱又投进新的生意里。"余涛称，经历了一阵快速扩张后，到2006年，他的经营陷入困境，代理公司、宽带公司、电脑店相继关闭，半年内两家直营店和43家乡镇店也接连关门，亏损将近300万元，仅剩下钟祥的化妆品店。

反思：能犯的错误都犯了

那段时间，有一两个月，我没有出家门，也什么事情都没做，只是待在家里面反思自己。我突然发觉，我把一个人在创业的过程之中能犯的错误都犯了，我要是不失败都很难。

仔细的反思自己，自己的生意之所以从当初很红火的一年能赚100多万元，到最终所有加盟店不再要我供货，我的所谓加盟形同虚设，我至少了犯了以下几个致命错误：

第一，商业模式或者说经营方向一开始就错了。我自己这么多年化妆品经营的经验本来已经证明了我是可以做好化妆品这个生意的，但是，最终我却没能做成，就是因为一开始就不该做所谓加盟，因为我对加盟不懂，根本没法控

[①] 参见《余涛：一个化妆品老板的漫漫互联网路》，创业网，http://www.cyone.com. cn/Article/Article_23380.html。

制这些所谓的打着我的品牌旗号的店面，我以为可以靠供货挣钱，没收加盟费，结果，所谓的这个加盟模式根本就走不通，我到现在都后悔，当初应该做直营。

第二，低估了人性。我那个时候很轻易地相信人，那些我的大大小小的几十家加盟店的老板，我太容易对他们信任了，没想到他们会背叛我，偷偷地去卖别人家的货物，结果我的竞争对手偷偷地用一个更低的折扣让他们卖货，很快他们就背叛了我的体系。

第三，步子迈的太快，导致管理混乱。我们当时用很快的速度做加盟，一下子开到了43家店，但是相应配套的这些东西没有做到位，根本就没有团队管理的概念，只知道快点赚钱往前冲，忽视了做团队管理与建设，身边后来提拔的管理者或者财务人员都是从我下面店面上来的，但是他们已经不能在经营思路上给我提建议了。

第四，我自己的问题，兴趣太广泛了，我现在能领悟"一次只做一件事情"这句话了。我在做化妆品生意的时候，还陆续做了很多其他项目，不只占用了我的资金，而且极大分散了我的精力。

第五，不太懂供应链和货物管理。当时下面的加盟店的需求我理解得不清楚，搞不清楚自己需要备多少货物，结果导致了我大量的库存，这也成为我生意失败的核心点之一。

第六，一直都是单干，没有好的合伙人。也跟我们那个时候没有所谓的合伙人这个概念有关，那个时候就知道自己要赚钱，不知道需要做团队这些，虽然早在20世纪90年代以前我就自己掏钱去读了MBA。

第七，也是我认为的最重要的一点，那个时候自己创业做事情，还是凭着小聪明在做事，觉得用户像傻子。举个例子，那个时候我们带着促销队去帮下面的产品做促销的时候，我们当时有两个选择给客户推荐的话，比如一个国际知名的玉兰油，它的利润会低一点，另外一个不知名的品牌价格低一点，但是利润会高很多，我们就不会想着跟用户去推荐玉兰油这个好产品，所以那个时候根本就不想着有回头客用户来体验这些，结果这样子做下来，这些店一个个回头客都没有了。还有就是诚信这个东西，真的以前是没有领悟到，觉得这个东西就是一个大道理，没什么。就觉得人人都能领悟，但是没有几个人可以真正做到这点的。

后记：2007 年 1 月，余涛开始筹建中国美容化妆品网，9 月正式上线运营，2012 年成立公司，网站改名有功网。目前，该网站论坛已有接近 11 万名会员，其中化妆品店老板占到七成，发帖数共达 68 万余条。很多店老板一边开店，一边在论坛聊生意上的事，相互分享店铺经营之道，小到宣传单的设计，大到店铺制度、人员管理、财务、行业未来发展等。"行业网站有几家，但真正能把论坛做火的，仅我一个。"余涛并不讳言，这是源于他站在中小化妆品店老板一边。

2013 年 4 月，他和几名助手筹备了两个月，举办了 2013 年中国化妆品专营店大会（湖北站），聚集了湖北 A 类店 130 多家，全程由厂商合作，因合作及赞助品牌经精心挑选，行业上游品牌和专营店的对接相对精准，现场签约异常火爆，有一款产品在湖北销售达 70 万元。这场活动，通过收赞助费及抽成，余涛共赚了 30 万元。此外，他在网站发起的针对化妆品店老板的团购，一个星期赚了 6 万元。

爱多 VCD 之败因分析①

2000 年 4 月，胡志标以空头支票诈骗的罪名，由汕头一家公司举报被捕。2003 年 6 月，胡志标被中山法院以"票据诈骗罪、挪用资金罪、虚报注册资金罪"三罪并罚，判处有期徒刑 20 年。

胡志标出身贫寒。1995 年的一天，胡志标在一家小饭馆里听到有人谈论一个叫做"数字压缩芯片"的技术，据说可以用来放影碟。胡志标的命运从此发生转变。1995 年 7 月 20 日，26 岁的胡志标和他从小玩到大的好朋友陈天南注册成立了广东爱多电器有限公司。胡志标和陈天南当时各入股公司的本金只有 2 000 元。

胡志标是一个经营的天才，他主打市场的手段便是广告，他所有的智慧和

---

① 改编自百度百科：《爱多 VCD》，题目为作者根据文本需要添加，相关信息未经证实，http：//baike. baidu. com/link? url＝umyvGMQU1UOor0o9kD2IFCJF6UXlkw0tmuURmoCuGDclySHFE-IZgQCtwY0hgcrwO9JiEXJeG9VqdE1yj62 _ jq；百度百科：《胡志标》，http：//baike. baidu. com/link? url＝QhRTSBc-pwwwGgsDa-HlOP9b-kOw9dgRH4Xic8sWxa4C5ZtP3Q1bzLH4qUBCwQPinBXto87-ozVN8CGVl9HJK.

创意也都体现在广告上。1995年10月，胡志标将公司的钱，除了留下买原材料的，其余全部投入到广告中，买下体育新闻前的5秒标版，这也是中央电视台的第一条VCD广告，并使爱多的名声在全国迅速打响。1996年11月，爱多以8 200万元人民币获得了中央电视台广告招标电子类的第一名，而据说其时爱多全部的资产也只有6 000多万元。1996年，随着爱多的崛起，国内在一夜间冒出了上百家VCD制造工厂，于是，爱多突然宣布大降价，将VCD的价格首次拉下2 000元；1997年11月，爱多又以2.1亿元的出价获得了中央电视台第四届广告招标的"标王"，全国轰动。同年，爱多的销售额从前一年的2亿元一跃骤增至16亿元，赫然出现在中国电子50强的排行榜上。

1998年因资金问题，胡志标未经爱多另外两大股东的同意，挪用爱多集团巨额资金以及上游零部件的材料款和下游代理商的订货款，私下成立中山市爱多数字视频设备有限公司、中山市爱多音响设备有限公司、广东爱多音像有限公司，并进行了虚假注册。这些行为很快引起陈天南的强烈反感。陈天南先是1999年4月在《羊城晚报》上发"律师声明"，后又与益隆村联合起来进行逼宫，胡志标被迫从广东爱多电器公司董事长和总经理的职位上"下野"。但富有戏剧性的是，在将胡志标拉下马来以后，陈天南和益隆村却因不懂经营，同时迫于经销商的强大压力，仅仅过了20多天，他们又将胡志标扶上马。经此一役，爱多元气大伤。最主要的是，坏了爱多的声誉，伤了经销商的信心。爱多从此风光不再。

败因分析

第一，不重制度重经验。胡志标没有受过现代企业管理方面的教育，也不重视企业的制度建设。由于他通过一系列别出心裁的策划活动带动了爱多飞速成长，于是就依赖于通过各种各样的策划来推进企业发展。但因为缺乏制度层面的保障，使得企业的运营变得越来越混乱。胡志标后来说过："公司后期管理非常混乱，大部分的广告费都交给总代理去操作，到底有多少落到了实处，也不太清楚，因为大家都是凭发票报销。"曾有爱多内部人士透露，在管理混乱的时候，爱多员工吃回扣的现象很严重，甚至有人把货款私用或携款潜逃也多有发生；而且危机发生后"爱多"有近两个亿的原材料库存竟然因为不配套，生产不出产品。

第二，企业制度不完善。虽然爱多是胡志标和陈天南各出2 000元资金设立的企业，但占45%股权的陈天南却始终没有参与爱多的任何经营行为，而且正是陈天南的"律师声明"使爱多陷入了危机。如果企业一开始有明确的公司章程，合理界定各自的权利和义务，可能会免于后来出现的危机。

第三，任人唯亲不唯贤。在爱多，胡志标就起用家族的人掌握财务大权，而其他的高级管理者却不具备相关的权限。一般来说，家族成员的忠诚度相对要高，尤其当企业面临困境的时候所表现出来的凝聚力无人可比。但需要注意的是起用家族的人，应安排与其能力相当的位置，否则就容易导致家族内部人"成事不足，败事有余"。

第四，决策机制不科学。一个企业在发展中会面临很多复杂的事情，这些事情不是一个人就能考虑好的，这时就必须要寻求一种好的决策机制，来防范个人凭经验做决策的不足。决策过程不够理性，缺乏科学的决策机制，靠拍脑袋做决策，往往很容易引发企业危机。对多数企业来说，经营决策的非理性体现在企业的发展战略和方向上，爱多失败就与此相关。爱多后期的很多策划就是犯了这种毛病。胡志标喜欢即兴决策，而不去认真研究分析实际情况，就匆匆实施一些大的经营计划，结果往往使企业陷入困境。

第五，市场变化反应慢。"爱多"从一开始就走了一条粗放型的发展之路，一方面与企业领导人个人的素质有关，另一方面是由于企业发展太快，很多管理方面的事情跟不上。大家更多的着眼点是要开拓市场、塑造品牌，即大把花钱做推广，甚至不惜巨资做"标王"。在行业竞争不够激烈、行业利润率比较高的情况下，这种模式短期内能够取得很好的效果，但是当行业变得竞争激烈、利润率下降的时候，这样的模式就只能毁掉自己的资金链。

第六，人才价值得不到体现。"爱多"花巨资引进了国内外最优秀的企业经理人，管理应该没有什么问题。但现实问题是如何让大部分的职业经理人充分发挥才华。"爱多"后期，胡志标的妻子亲自掌管财务大权，直到危机爆发时最高层的职业经理人仍然不清楚自己公司的财务状况，也没有办法采取相应的行为，可以说是家族式管理造成了一定的离心力。

这实际上是中国很多私营企业面临的共同问题：信任。老板与职业经理人之间不能相互信任，不能形成坚固的团队。

后记：2006年1月20日，原广东爱多电器有限公司创始人、总经理胡志标由于在狱中表现良好，提前获得假释，开始酝酿东山再起。2006 年 7 月，"彩宴"公司成立，生产和销售节能灯；2008 年 4 月，胡志标创办广州市乐潮家电有限公司，主营专业 B2C 网站——"我耶"电器商城网。

（4）技术风险，是指由于技术方面的因素及其变化的不确定性而导致创业失败的可能性。技术成果的不确定性，技术前景、技术寿命的不确定性、技术效果的不确定性、技术成果转化的不确定性等都会带来技术风险。

20 世纪 70 年代，杜邦公司曾对一种称之为 Corfam 的皮革替代品进行产品开发并上市销售。预测和试穿的成功，使杜邦公司决策层非常乐观，他们希望 Corfam 不仅能一帆风顺上市，而且能像公司曾经发明的尼龙一样，成为世界性的畅销商品，引发鞋面用料的革命，再现杜邦公司的辉煌！然而最终的结果却大大出乎人们的意料之外。Corfam 的产品开发亏损了近 1 亿美元，成为杜邦公司历史上罕见的一次失败。

（5）市场风险，是指由于市场情况的不确定性导致创业者或创业企业损失的可能性。市场风险包括产品市场风险和资本市场风险两大类。市场供给和需求的变化、市场接受时间的不确定、市场价格变化、市场战略失误等原因会给创业活动带来一定的市场风险。

世界著名的贝尔实验室在 20 世纪 50 年代就推出了图像电话，但经过 20 年，才开始了商业应用。

1959 年，IBM 公司预测施乐 914 复印机在 10 年内仅能销售 5 000 台，从而拒绝了与研制该产品的哈罗德公司的技术合作，然而复印技术被人们迅速采用，改名为施乐公司的哈罗德公司 10 年内销售了 20 万台施乐 914，成为一个举世闻名的大公司。

万燕 VCD 的衰败之路①

1992 年 4 月，美国国际广播电视技术展览会在美国拉斯维加斯举办。这是当时世界上规模最大的电视技术博览会。时任安徽现代集团总经理的姜万勐

---

① 于国安整理：《"万燕"开创 VCD 市场的成败》，载《创新科技》，2006（2）；百度百科：《江门市万燕电子有限公司》，http：//baike. baidu. com/link? url=-9ZKDoxQaqcfyHXbp6rlbvVmSXLf13P _ eOIBmrWTGV1Fe-x1a-rpw5Lz8etlYkOkA3yceuzcVIO-Mg5BB-dIH _ 。

带着自己的同事赴美观展。

展览会上，美国 C—CUBE 公司展出的一项不起眼的 MPEG（图像解压缩）技术引起了姜万勐的兴趣，他凭直觉立刻想到，用这一技术可以把图像和声音同时存储在一张小光盘上。此后，姜万勐先后出资 57 万美元，于 1993 年 9 月，将 MPEG 技术成功地应用到音像视听产品上，研制出一种物美价廉的视听产品——VCD。同年 12 月，他又与美籍华人孙燕生（时为 C—CUBE 公司董事长）共同投资 1 700 万美元成立了万燕公司，各取了姜万勐、孙燕生名字中的一个字作为公司名称：安徽省万燕电子系统有限公司。

在 1993 年安徽现代电视技术研究所的 VCD 可行性报告中，有这样的一段描述：这是本世纪末消费类电子领域里，中国可能领先的唯一机会。为此，姜万勐进行了一系列的市场调查，得到了一组数据：1993 年中国市场上组合音响的销售量是 142 万台，录像机的销售量是 170 余万台，LD 影碟机 100 万台，CD 激光唱机 160 余万台。当时的 LD 光盘是四五百元一张，而 VCD 机的光盘价格却只有它的 10% 左右，因此可以预测，VCD 机每年的销售量将会达到 200 万台左右。

中国的老百姓到了 1994 年年底才逐渐认识 VCD。在这一年，万燕生产了几万台 VCD 机，每台定价 4 250 元左右。不仅如此，姜万勐还要开发碟片，总不能让老百姓买了枪而没子弹。为此，他又向 11 家音像出版社购买了版权，推出了 97 种卡拉 OK 碟片。在最初成立不到一年的时间里，"万燕"倾其所有，开创了一个市场，确立了一个响当当的品牌，并形成了一整套成型的技术，独霸于 VCD 天下。

可以说，万燕的初创是成功的，也是辉煌的。但是，万燕也给自己酿下一杯苦酒。令姜万勐感到伤心的是，万燕推出的第一批 1 000 台 VCD 机，几乎都被国内外家电公司买去做了样机，成为解剖的对象。

1994 年，万燕开始批量生产 VCD，但初期由于片源不配套，使 VCD 在市场发展上停滞了很长一段时间。

1996 年开始到 1997 年，中国的 VCD 市场每年以数倍的规模增长。从 1995 年的 60 万台猛增至 1996 年 600 多万台，1997 年销售达到 1 000 万台。只用了短短 5 年，VCD 影碟机累计销售已有 5 000 万台，并催生了爱多、步步高、新科等国内响当当的品牌。但"万燕"却在这个产业中，从"先驱"成为"先烈"，其市场份额从 100％跌到 2％，也就在这一年，"万燕"被同省的美菱集团重组，成为美菱万燕公司。

万燕衰败的原因

第一，先期投入资金、后期匮乏。在资金上，"万燕"在前期研究开发的投入是 1 600 万美元，当时，中国老百姓对 VCD 的认识几乎为零，为开发市场，"万燕"又投入了 2 000 万元，由于前期投入太多，"万燕"已难堪重负，资金的短缺使得"万燕"寸步难行。

第二，对市场价格的预期错误。1994 年普通上班族的年收入不过五六千元，而一台 VCD 的定价就有 4 200 多元，差不多是普通居民一年的收入。对于市场能够接受的价格的高估，使得万燕一开始生产的 VCD 多被其他生产厂家买走，培养了大批潜在的竞争对手。

第三，进入市场太早。万燕公司 1992 年 12 月成立，但 1994 年年底市场才初步认识 VCD 产品，1996 年至 1997 年 VCD 市场才高速增长，但是，进入过早的万燕，只是做了 VCD 市场的培育者，没能够成为市场的收获者，所以，"早一步是先烈，早半步是先驱"的说法不无道理。

第四，市场营销没有经验。尽管万燕在 VCD 市场的开拓上做了很多工作，但起步阶段的"万燕"市场营销经验不足，没有重视产品的市场运作。资金主要沉淀于技术开发和市场开拓阶段，与"爱多"等品牌花巨资投放广告制造声势相比，"万燕"的市场营销显得力不从心，未成声势，市场份额被蚕食殆尽，最后落得为他人作嫁衣裳。

后记： 1998 年，在历经多种挫折后，"万燕"人卧薪尝胆，寻找时机，立志东山再起，广东亿安集团与安徽万燕电子公司达成转让协议，"万燕"实现北燕南飞，落户江门，成为"广东万燕集团"；同年，香港景发集团又与广东万燕达成全面合作协议，成立"江门锐能万燕电子产品公司"，万燕进入锐能万燕时代。2001 年 4 月，万燕批量生产全功能、全制式、全兼容的 DVD影碟机，从而在一直相对沉寂的国内 DVD 市场掀起波澜，产量超过国内业界的任何一家企业。2001 年，万燕与美国硅谷的卓然（ZORAN）公司合作建立深圳数字产品技术开发中心，已经在 VCD 和 DVD 的芯片开发上取得突破性进展。

（6）管理风险，是指管理运作过程中因信息不对称、管理不善、判断失误等影响管理水平形成的风险。管理风险可能由管理者素质低下、缺乏诚信，权力分配不合理、不规范的家族式管理或决策失误等引起。

王永昌：败在用人[①]

在山西榆次，有个鼎泽洲环保产业有限公司，生产砖块成型机，在当地很有名。公司董事长叫王永昌。1999年，王永昌为公司招来了一个能人，叫郭瑛。郭瑛以前经历丰富，能说会道，很得王永昌欢心。郭瑛确实也很能干，能吃苦，会来事，在任鼎泽洲销售部经理的时候，很快就将鼎泽洲的产品推广到了全国。王永昌很庆幸自己慧眼识人，不但将自己的轿车让给了郭瑛坐，而且还替他买了一套大房子。另外，除了拿销售提成，在王永昌的坚持下，公司还将郭瑛的年薪提高到了10万元，这在相对贫困的山西，简直是天价。但是郭瑛并不买这个账。羽翼丰满之后的郭瑛离开鼎泽洲后，立刻注册了"东方天宇环保科技有限公司"，生产的产品除了名称有所改变，几乎就是鼎泽洲产品的翻版。在郭瑛公司的冲击下，失去了独占技术，又几乎失去了所有客户资源的鼎泽洲一败涂地。一筹莫展的王永昌不得不向公安局报案。2002年1月25日，郭瑛以涉嫌侵犯他人商业机密罪被捕。郭瑛得到了惩罚，王永昌和鼎泽洲也付出了沉重的代价。

一个连环创业者的自白[②]

孙江涛，钱袋网（北京）信息技术有限公司董事。在手机支付和电子金融领域具有其独到的见解和丰富的经验，2010年被评选为中关村"高端领军人才"。曾任科利华软件集团多媒体事业部开发中心总经理，北京时代杰诚信息科技有限公司CEO，中华网无线行政总裁。2004年创办北京神州付科技有限公司，任CEO。2008年创办钱袋宝，任董事。以下是孙江涛在一次会议上的自白。

---

① 参见《王永昌：败在用人》，载《名人传记·财富人物》，2009(2)。

② 杜甜甜：《一个连环创业者的自白》，大学生创业网，http://www.studentboss.com/html/news/2013-08-22/136876.htm。

我是一个连续的创业者，从2001年开始到现在已经有十多年。很多嘉宾都讲在创业的过程中，我们有哪些需要具体了解和掌握的知识，而我主要想跟大家分享一下，我这十几年的创业路上遇到的挫折和失败，希望这些失败的教训能对大家有一些帮助。

第一个教训，创始人之间的失衡。2000年，我创立了一家叫易特网联的公司。我们当时主要有四个创业合作者，其中我拥有30％的股权，运营总监有30％，技术总监有20％，还有一个圈子里的朋友有20％的股权，日常经营这个公司的主要是我们三个人。现在看来，这种结构其实是有问题的，有时候他们两个人意见一致，就会把我给孤立了。

长此以往，不管遇到什么问题，相互合作的感情中间可能会出现裂痕。而且大家会去平衡相互的关系，这个时候再去想创业者内部之间的关系，就会耗费很大的精力。这个公司做了有2年时间，规模在不断扩大，员工从3个人扩张到30人，一年销售额也有二三百万元了。但是这个公司是没赚什么钱的，并且我们三个人也经常吵架，最后就散伙了，庆幸的是兄弟感情没有散掉。

第二个教训，项目和人员的失衡。对外承接项目为易特网联的核心，而这会带来很多弊端。比如说，我现在突然接到几个大客户，这个时候研发的力量就会明显跟不上，着急地去招聘很多开发人员。有的时候对我们甲方客户的服务又没有得到满意的评价，这个项目做完之后，下一个项目又不知道什么时候来，而你需要花很多钱去养这些开发人员。如果项目和人员两者之间出现不平衡，公司就会陷入一个现金流很紧张的状态。所以，尽量不要去做项目型的公司，而是要做运营型的公司。

第三个教训，市场份额和利润的失衡。我们神州付创立了神州行充值卡等在线支付的商业模式，是网上游戏网卡的分销，一年也有几千万的销售额，曾经近3年的时间拥有100％的市场份额，所以我们就做得很舒服，毛利也很高。做到2007年和2008年的时候，我们这个商业模式被快钱学会了。但这个时候我们的反应变得迟钝了，快钱一进入就用价格战抢我们的客户，有一些小的客户被抢走了我们也没有太在意。

突然有一次，快钱拿到我们大客户的时候，快钱就觉得原来这个商业模式是那么好赚钱，于是他们就投入了大量精力，而我们的市场份额很快就下降了。快钱的市场份额在提升过程中又给我们带来了一个更大的麻烦，我们的第二个、第三个竞争对手开始出现了。

现在回顾我们在2007年和2008年造成失误的时候，就是在竞争对手切入我们核心业务领域的时候，我们太固步自封了。我们自以为有能力维护住客户，可是竞争对手用最简单的方式就抢走了我们的客户。当我们反应过来的时候，已经失去了最好的时机。我们现在依然是这个市场最大份额的占有者，但对这个市场目前没有绝对控制的力量。

另外，在增加产品线的时候，太过草率地去做决定。当快钱抢走我们大客户的时候，我们花了几个小时的讨论就决定去做银行卡支付，以防范快钱对市场的抢夺。现在回顾起来，这个决定做得太草率了，因为我们的核心竞争力并不在于银行卡支付。做了这个决策以后，我们要投入很多的人力、财力和精力去做这个事情。而当时我们正确的决定应该是要把服务细节做得更完善一些。

我认为，作为初创型的创业者，当竞争对手进入你经营的领域的时候，你一定要注意市场份额与利润的平衡，要做好选择。

第四个教训，贪多和贪大。2008年开始创立钱袋网时，我们就把自己定义为中国移动支付的小中市场的领先者。之后，我们发现移动支付市场空间非常大，机会非常多，我们就不停地去增加产品线，最多的时候，把现在第三方支付公司的产品线全都做了。当时，整个公司300多员工被分摊到大概六七条产品线上，每个产品线的人可能也就20人到30人，但是大的竞争对手却有上千员工在做这么多产品线。

后来我发现，把300个员工聚焦在一件事两件事的时候，无论从研发和服务都有很大的优势，所以我们就砍掉了很多产品线。目前，我们的移动支付就聚焦在一个细微的市场中，就是为小微商户去解决问题。但这个探索过程，我们大概付出了两三千万元投资成本和两年多的时间成本。

所以，初创企业在产品线上一定不要贪多和贪大，要聚集精力做一件事情。

关于初创公司的股权结构，尚伦律师事务所的建议是：2人创业，应避免50%：50%的股权比例；3人创业最好避免33%：33%：34%的股权比例配置；若是2名以上股东的公司，创业者要拥有绝对的控股权，持股比例须达到2/3，如50%：30%：20%，或者60%：30%：10%。

(7)财务风险是创业者或创业企业在理财活动中存在的风险。对创业所需资金估计不足、难以及时筹措创业资金、创业企业财务结构不合理、融资不当、现金流管理不力等可能会使创业企业丧失偿债能力、导致预期收益下降，形成一定的财务风险。

百信鞋业神话缘何破灭[①]

2003 年 5 月 25 日，被武汉警方网上通缉的百信鞋业老板李忠文因公司遗留问题前往长沙，被一名遭他诈骗 50 多万元货款的武汉鞋商认出，随即李忠文在解放路一家茶楼落入法网。李忠文的被捕，宣告百信鞋业曾经创造的神话彻底画上了句号。

澡堂子里发展起来的鞋王

17 岁时，温州人李忠文到天津做学徒，学习做鞋。由于勤恳、头脑灵活，除学了一身做鞋的好手艺外，他还将鞋业的生产经营、市场营销弄了个门儿清。1994 年，羽翼渐丰的李忠文辞别原来的老板，借了 4 000 元钱，和哥哥两人在天津设立了一家鞋业专卖店。通过半买半赊的方式解决了货源，并将所有的鞋廉价销售，生意一下就红火起来。第一年，他那个只有 420 平方米的鞋店就为他带来了 400 多万元的收入。到 1996 年，李忠文和哥哥在天津已经拥有 4 家鞋店，每家单店面积都在四五百平方米，生意都不错。后来，年轻气盛的他毅然关闭了刚开不久的 4 家店，重新租了 5 家上千平方米左右的大型门面。同时亮出"百信鞋业"的品牌，打出了"平民化，低成本，低价位"的旗号，推出"鞋业超市"的概念。之后又把总部搬到北京，梦想着有一天能把百信鞋业做成全国最大的鞋业连锁企业。

从 1997 年起到 2000 年，短短的 4 年时间里，"百信鞋业"在全国 40 多个城市开了 80 家连锁店，旗下拥有了 2.8 万名员工，总资产达到 30 多亿元。李忠文的鞋店，大的单店面积超过 1 万平方米，小的也有 1 000 多平方米，显得大气、气势非凡。这时候的李忠文已经不仅仅是个亿万富翁，而是成为了社会名流，被人誉为"中国鞋王"。

---

① 曾朝晖、王逸凡：《百信鞋业神话缘何破灭》，中国工业报新闻网，http：//www.cinn.cn/mp/158074.shtml。

诚信危机

但就在百信表面上顺风顺水发展的时候，灾难也在慢慢逼近。首当其冲的便是诚信危机。随着李忠文的信心爆棚，短时间内一下开出几十家店，而且单店面积越来越大，最大的超过1万平方米。这些店铺占压了大量资金，使百信的资金始终处于极度紧缺的状态，于是开始对供货商失信，结款的期限越来越长；另外，百信鞋业过于注重低价而导致劣质的商品流入市场，给消费者造成不良印象，百信鞋业也从最初深受老百姓欢迎的"平民化"鞋店变成了"麻烦"鞋店；2000年，武汉市国税局在对"百信"调查中发现，百信鞋业武汉连锁店通过隐瞒销售、使用自印发票、现金结算货款等手段，有意偷逃税款17.6万元。

管理危机

而且随着"百信"在短时间内的急剧膨胀，老板自身的知识积累和知识结构跟不上企业的发展，内部的人才机制又迟迟没有建立，管理上的混乱就不可避免。在2000年，百信鞋业盛极将衰之时，李忠文引进人才和请咨询公司就花费上千万元。其中，为了聘得一名总经理，就许以300万元的年薪。但非常可惜的是，在什么事自己说了算的李忠文面前，这些人才基本上都得不到信任和放权，以至徒有职位。

百信低层次的"家族"管理模式也是企业崩溃的一个重要原因。百信的财务由文化水平很低的李妻掌管，由于缺乏科学的资金运作，造成货物大量积压。替李忠文打理全国各地几十家店铺的也大多是他的亲戚朋友。不少亲戚朋友乘其一时分身乏术，公然地、大规模地损公肥私、化公为私，使企业利益受到极大损害。

到2001年10月，百信巨额货款没有返还。苦苦支撑了近10个月后，李忠文终于撑不下去了，百信鞋业连锁店在全国范围内迅速崩溃。在留下一大堆空头支票以后，李忠文溜之大吉。2003年5月，李忠文因涉嫌票据诈骗罪在长沙被捕，百信神话终于未能继续。

（四）风险管理

机会风险管理的基本程序一般包括风险识别、风险评估和风险应对三个阶段。

1. 风险识别

风险识别是创业人员对创业过程中可能发生的风险进行感知和预测的过程。首先，风险识别应根据风险分类，全面观察创业过程，从风险产生的原因入手，将引起风险的因素分解成简单的、容易识别的基本单元，找出影响预期目标实现的各种风险。创业者可以采用绘制创业流程图、制作风险清单、建立风险档案、头脑风暴、市场需求调查、分解分析等方法进行风险识别。

2. 风险评估

风险评估包括风险估计和风险评价。

风险估计是通过对所有不确定性和风险要素的充分、系统而有条理的考虑，确定创业过程中各种风险发生的可能性以及发生之后的损失程度。风险估计主要是对风险事件发生的可能性大小，可能的结果范围和危害程度，预期发生的时间，风险因素所产生的风险事件发生概率的可能性四个方面进行估计。创业者在进行风险估计时应充分考虑风险因素及其影响，对潜在损失和最大损失做出估计。

风险评价是针对风险估计的结果，应用各种风险评价技术来判定风险影响大小、危害程度高低的过程。风险评价可以采用定量的方法，如敏感性分析、决策树分析、影像图分析等，也可以采用定性分析的方法，如专家调查法、层次分析法等。创业者应针对不同的风险选用不同的方法进行评价，并客观对待评价结果，做好风险预警工作。

3. 风险应对

风险应对是创业者在风险评估的基础上，选择最佳的风险管理技术，采取及时有效的方法进行防范和控制，用最经济合理的方法来综合处理风险，以实现最大安全保障的一种科学管理方法。

（1）风险应对方法

常用的风险应对方法有风险避免、风险自留、风险预防、风险抑制和风险转嫁等。

风险避免是指设法回避损失发生的可能性，从根本上消除特定的风险单位或中途放弃某些既有的风险单位。这种方法是一种消极的风险管理方法，通常当某种特定风险所致损失的频率或者损失的幅度相当高时，或者采用其他方法管理风险不符合成本效益原则时才会采用。

风险自留是创业者自我承担风险损失的一种方法。风险自留常常在风险所致的损失概率和幅度较低、损失短期内可以预测，以及最大损失不影响创业活动的正常进行时采用。

风险预防是指在风险损失发生前为消除或减少可能引发损失的各种因素而采取的处理风险的具体措施，其目的在于通过消除或减少风险因素而达到降低损失发生概率的目的。风险预防通常在损失的频率高且损失的幅度低时使用。

风险抑制是指在损失发生时或在损失发生后为缩小损失幅度而采取的各种应对措施。损失抑制常常在损失幅度高且风险又无法避免或转嫁的情况下采用，如损失发生后的自救和损失处理等。

风险转嫁是指创业者为避免承担风险损失，有意识地将损失或与损失有关的财务后果转嫁给他人去承担的一种风险管理方法。具体来说，创业者可采用保险转嫁、转让转嫁和合同转嫁等方式。

（2）风险应对策略

创业者或创业企业需要根据对风险评估的结果和具体的评估环境选择合适的风险应对方法，采用科学的风险应对策略。如对于损失金额小的风险采取风险自留的方式，对于那些出现概率大、损失金额高的风险采用风险转嫁的方式等。

风险应对策略矩阵如图 3-2：

	高频率	低频率
高程度	风险避免 风险抑制 风险转嫁	风险避免 风险抑制
低程度	风险避免 风险预防	风险自留

图 3-2　风险应对策略矩阵图

二、系统风险防范的可能途径

系统风险是由某种全局性的共同因素引起的，创业者或新创企业本身控制不了或无法施加影响，并难以采取有效方法消除的风险，因此，**系统风险也称为"不可分散风险"。一般来说，环境风险、市场风险等属于系统风险。**

对于系统风险，创业者或创业企业应设法规避，从以下三方面做好风险的防范：

（一）谨慎分析

创业者应对其所处的创业环境进行深入了解、谨慎分析。目前，我国在社会和文化规范、政策、创业教育、税收等方面，为大学生创业提供了更为宽松的环境。创业者首先应对创业环境进行正确的认识和了解，采用"层次分析法"等方法对创业环境进行合理评估，通过层层细化、逐级分析，来熟悉创业的宏观环境、行业环境、地区环境等，以求准确深入地解释创业过程中可能遇到的系统风险。

其中宏观分析可以从 PEST 四个方面进行，分析创业项目在当前的政治、经济、社会和科技环境下是否行得通；中观方面从 FORCE 入手，对新竞争对手的入侵，替代品的威胁，买方议价能力，卖方议价能力以及现存竞争者之间的竞争展开分析，了解创业项目的竞争能力；微观方面借助 SWOT 分析法，深入了解外部环境中的机会和威胁，以及创业项目的优劣势。

（二）正确预测

创业风险中，有些是可以预测，有些是不可预测的。创业者应尽可能运用所学知识和所掌握的资源，采用科学的方法来对那些能够预测的风险进行深入分析，通过和团队成员探讨、请教外部专家等方法来预测创业环境的可能变化，以及变化会对创业企业带来的影响，尽量对创业的系统风险做到心中有数，制定相应的应对策略。

（三）合理应对

由于系统风险的不可分散性，创业者只能根据以上两步骤对系统风险的分析和预测来制定合理的应对措施，巧妙规避并尽可能降低系统风险发生对创业者自身或创业企业的不利影响。如预测到市场利率将要上升，可尽量筹集长期资金，预测到未来经济低迷则尽可能持有较多现金等。

三、非系统风险防范的可能途径

非系统风险是由特定创业者或创业企业自身因素引起的，只对该创业者或创业企业产生影响的风险。因此，创业者和新创企业可以在某种程度上对其进

行控制，并通过一定的手段予以预防和分散。

（一）机会选择风险的防范

机会选择风险是一种潜在风险，是由于选择创业失去其他发展机会所可能丧失的最大收益。因此，创业者在创业准备之初就应该对创业的风险和收益进行全面衡量，将创业目标和目前的职业收益进行比较，结合当下的创业环境、自己的生涯规划进行权衡分析。如果认为创业时机已经成熟，刚好又有一个绝佳的商业机会可以转化为创业项目，而且该项目还可以和自己的生涯规划相吻合，那么就要狠下决心，立即着手创业。否则就不要急于创业，而是先就业或者继续从事目前的工作，边工作边认真观察，学习所在公司各层领导的工作方法和技巧，并用心学习所在公司开拓市场的技巧，以及公司老总管理公司的技巧等；同时学会利用自己的工作机会建立良好的关系网络，待时机成熟再开始创业。

（二）人力资源风险的防范

人力资源是创业活动中最重要的资源，由此产生的风险对创业企业来说往往也是致命的风险，所以一定要予以充分关注。首先，创业者应不断充实自己，持续提高个人素质，使自己的知识和能力与创业活动相匹配；其次，通过沟通、协调、激励、奖惩、评价、目标设定等多种手段管理团队，并在创业团队发展的不同阶段确定相应的管理内容，科学合理地对成员进行绩效评价；最后，招聘那些具有良好职业道德和团队合作意识的，拥有与岗位相匹配技能的员工，通过在合同中明确权利义务关系和适当授权，以及通畅的人力资源管理系统，使关键员工的工作管理与非工作管理相结合。

（三）技术风险的防范

技术创新能够给拥有者带来丰厚的回报，但掌控不好也可能会使创业者颗粒无收。因此，创业者一定要通过加强自身能力建设或建立创新联盟等方式减少技术风险发生的可能性。首先，应加强对技术创新方案的可行性论证，减少技术开发与技术选择的盲目性，并通过建立灵敏的技术信息预警系统，及时预防技术风险；其次，可通过组建技术联合开发体或建立创新联盟等方式来分散技术创新的风险；再次，提高创业企业技术系统的活力，降低技术风险发生的可能性；最后，高度重视专利申请、技术标准申请等保护性措施的采用，通过法律手段减少损失出现的可能性。

（四）管理风险防范

通过提高管理者的素质，改变管理和决策方式可以有效应对创业企业的管理风险。具体来说，主要可以采取以下措施：首先，应努力提高核心创业成员的素质，树立其诚信意识和市场经济观念，并以此为基础搞好领导层的自身建设，建立能够适应企业不同发展阶段变革的组织机构；其次，实行民主决策与集权管理的统一，将企业的执行权合理分配，避免不规范的家族式管理影响创业企业发展；最后，明确决策目标，完善决策机制，减少决策失误。

（五）财务风险防范

筹资困难和资本结构不合理是很多创业企业明显的财务特征和主要财务风险的来源。有效规避财务风险要求做到以下几点：首先，创业者要对创业所需资金进行合理估计，避免筹资不足影响创业企业的健康成长和后续发展；其次，要学会建立和经营创业者自身和创业企业的信用，提高获得资金的机率；再次，创业者或团队一定要学会在企业的长远发展和目前利益之间进行权衡，设置合理的财务结构，从恰当的渠道获得资金；最后，管好创业企业的现金流，避免现金断流带来财务拮据甚至破产清算的局面。

四、创业者风险承担能力的估计

创业者在进行风险识别过程中，不但要确定其决定接受的风险程度，还要对其实际能承受风险的能力进行评估，以采取合理的风险管理方法，减少创业过程中的不确定性。

创业者风险承担能力是指创业者所能承受的最大风险。这个概念有两层意思：第一，创业者能够承受的总风险的大小？在层出不穷的创业风险面前，创业者能否不违背创业的初衷？第二，一旦创业风险变成实际的亏损，是否会极大影响创业者的情绪和生活水平？

创业者风险承担能力与创业者的个人能力、家庭情况、工作情况、收入情况等息息相关。对风险承担能力的估计可以从以下四个方面进行：

（一）计算特定时间段所要承担的风险

从创意到商业构思，再到创业企业的建立，不同阶段的创业风险大小会有所不同；一般来说，创业初期项目面临的市场风险和技术风险较高；发展一定阶段后可能更多表现为团队风险和财务风险。创业者首先要能够根据风险的来源及其对创业活动的影响程度，采用前述的层次分析法等方法估计出在不同时间段可能要承受的总的风险。

（二）计算可用于承担风险的资金

一般来说创业者的年龄和家庭状况会对创业者用于承担风险的资金有所影响。刚毕业的大学生因为很少有创业资金的积累，其用于承担风险的资金较少；同样，家庭比较困难的创业者会更多考虑到家庭基本生活对资金的需求，拥有较少的家庭支持，其用于承担风险的资金一般会较低。正常情况下，用于承担风险的资金数量和创业者的风险承担能力呈正相关关系。

（三）从其他渠道取得收入的能力

从其他渠道取得收入的能力越强，创业失败对创业者的情绪和生活水平的影响就越小，创业者能够用来偿还创业失败所引致债务的能力就越强（采用公司制作为企业法律形式的创业活动除外，因为公司制企业是有限责任，只以创业者投入企业的资金为限对公司债务承担责任），其风险承担能力也就越强。因此，从其他渠道取得收入的能力和创业者的风险承担能力也呈正相关关系。

很多创业者尤其是高科技创业者在创业早期时，都会有一边研发一边干私活贴补项目的经历。北京金沙江创业投资基金的董事总经理丁健在一个节目中说，他和田溯宁在创办亚信时就是这样一个过程，首先将 3 万～4 万美金的年薪，降到每月 3 百～4 百美金，降低自己的生活标准，而且还要不断从外面接一些高科技项目贴补公司。因此，他建议学生要做好心理准备，给自己留一段起飞的时间，留一段跑道，然后再起飞。比如，先找个工作，熟悉环境，了解周围，获得基本收入，思考商业模式。

（四）危机管理的经验

创业者的危机管理能力会影响到创业风险发生时采取的风险抑制措施的效果，从而影响到损失的大小。危机管理能力越强，风险因素导致风险事件发生并进而可能形成风险损失时，创业者越能及时采取有效的风险防范措施对损失状况进行抑制，避免损失的进一步扩大，减少损失所产生的危害。所以，创业者的危机管理经验越丰富，其风险承担能力就越强，二者也呈正相关关系。

面对复星投资的宁波建龙项目被央视曝光的被动局面，郭广昌果断采取了两条应对措施——聘请著名国际会计师事务所安永对复星集团(包括非上市部分)进行全面的财务审计，把有关的报告提供给利益关系人；对战略进行调整，提出适度的多元化，但要坚决贯彻经营的专业化，同时请权威的发展研究中心对复星集团的竞争力做出评估。郭广昌把这一场风波看成是对复星的"体检"：检查民营企业的心态是否健康，体质是否健康。事实证明复星集团经受住了宏观调控的考验，顺利渡过危机。①

自我测试

请根据下面的题目，进行风险承受态度和承受能力测试。回答"是"和"否"即可。

A. 风险承受态度测试

(1)你能够接受赔钱吗？

(2)在压力之下，你是否仍然能够表现较好？

(3)你性格是否乐观，可以免于过度忧虑？

(4)你对于自己的决定是否从来都很有信心？

(5)在意外损失出现时，你能否控制住自己的情绪？

(6)你去看魔术表演，魔术师邀请观众上台表演，你会立刻上台吗？

(7)某大公司想邀请你任职部门主管，薪金比现在多20％，但你对这个行业一无所知，你愿意接受这个职务吗？

B. 风险承受能力测试

(1)你父母都是工薪阶层吗？

(2)你家庭的月收入为中等以上水平吗？

(3)爸妈为你购买疾病及养老保险了吗？

(4)你父母或亲友中有经商的吗？

(5)一旦你创业失败或者丧失了主要经济来源，你依然能够体面地生活吗？

(6)你有需要归还的较大数额的借款吗？

请统计你的答案中"是"的个数。

---

① 李小宁：《团队不散生意就能长久》，载《环球商业评论》，2007(7)。

A 是态度测试：如果你的答案超过 5 个都是"是"的话，那么说明你属于激进型，如果经营得当，你将成为非凡的商界成功者。不过，这个测试只能告诉你自己属于哪一类人。要成为真正合格的商人，最关键的因素，还是在于自己对风险的承受能力，和 B 的测试结果相结合。

B 是能力测试：如果你的测试答案全部为"是"，那就说明你是一个抵抗风险能力极强的人。假若你的性格也是激进型的，可以说你有较强的风险承受能力，如果能够利用好风险背后的商业机会，你会获得创业成功。相反，倘若你的答案大部分都是"否"，而你又是一个激进的人，那么创业对于你而言可能需要再次慎重考虑一下。

五、基于风险估计的创业收益预测

按照风险报酬均衡的原则，创业者所冒的风险越大，其所获得的收益应该越高。当创业者按照上述步骤对系统风险和非系统风险的规避和防范有所安排和考虑，对自己的风险承担能力有所了解之后，创业者还应该能够合理地对创业收益进行预测，以便将其和所冒的风险相匹配，进行创业的风险收益决策。如果预计的创业收益能够弥补创业风险，并给创业者带来一定报酬，则可以开始创业活动，通过建立适当的商业模式，将创业机会变成赢利的创业项目；否则，则放弃创业活动。

基于风险估计的创业收益预测可以采用以下步骤。

（一）预测不同情况下的收入、成本状况

创业者要首先根据各种风险发生的概率情况对预期可能形成的收入和成本状况进行估计，进而分析其对收益的影响，来估计不同情况下的收益状况，确定收益变化的范围及其概率。如可以根据对未来宏观经济变化的预期，就经济繁荣、一般和衰退三种情况来预测其对创业过程中产品或服务的销售数量、单价、单位成本等的影响，进而就能预测可能的销售收入及总成本的情况。创业者如果有能力的话，可以对未来经济环境的变化做出更多可能的预测，而不仅限于以上三种情况。

（二）计算风险收益的预期值

创业者需要按照第一步中估计的各种收益发生的概率及对应的收益情况，

计算收益的预期值。

预期收益＝预期收入－预期成本

其中：

预期收入＝$\sum_{i=1}^{n} V_i P_i$，V_i 是不同情况下产品或服务的销售量，P_i 是不同情况下的销售单价。

预期成本＝预期的变动成本＋预期的固定成本[①]＝$\sum_{i=1}^{n} V_i C_i + F$，$V_i$ 的含义同上面公式的解释，C_i 是不同情况下的单位变动成本，F 是固定成本总额。

（三）计算影响收益变化的各个因素的临界值

影响收益变化的各因素的临界值是假定其他因素不变的情况下，令预期收益等于零，计算各个因素的极大值或极小值。如可以计算预期收益为零时的最低单价，最小销售量，或者最大的单位变动成本，或最大的固定成本总额。一般来说，和收益同向变化的销售量、单价等因素要计算其极小值，成本因素则计算其极大值。

（四）分析最大风险的收益和创业者风险承担能力的匹配性

通过对影响收益的各因素临界值的计算，创业者可以对各种因素不利变化的极端情况有较为充分的了解，对其可能面临的最大风险予以合理估计，并将其和自己可以接受的最大风险程度以及风险承担能力相权衡，进行科学决策。

▶▶ 每周创业故事

香飘飘：一杯奶茶如何卖到 24 亿元？

蒋建琪出生在湖州南浔，自小听得最多的，就是"生意"两个字，这直接导

---

① 变动成本是在一定的业务量和时间范围内其成本总额随业务量变动呈正比例变动的成本，如产品消耗的直接材料成本等；固定成本是在一定的业务量和时间范围内其成本总额不随业务量变动发生变动的成本，如房屋租金、创业者的薪酬等。

致他在大专毕业分配到上海铁路局后的极度不适。就在此时，学食品专业的亲弟弟在南浔建了一个食品厂，蒋建琪便隔三差五地跑回老家帮忙。食品厂主营糕点，一个春节下来就挣了一万多元钱，这是蒋建琪人生中最开心的时刻之一，用他的话说，即便现在每天挣一百万元都没有当年那么开心。厂子办到第二年，弟弟因为别的打算准备放弃，于是，蒋建琪辞职回家，接手了食品厂，这家食品厂就是香飘飘食品有限公司的前身，湖州老顽童食品有限公司。

诞生

2003 年，一个难题让蒋建琪和公司副总裁蔡建锋感到焦虑：彼时的老顽童年销售额几千万元，但明显遇见了不可能突破的天花板：主打产品棒棒冰是典型的淡旺季产品，一到冬天便急速下滑，并且很有可能成为一种过渡性产品。

企业迫切需要切入新的领域，而当时唯一确定的方向，是做一种能喝的产品。

2004 年的一天，蒋建琪在街头看到一家奶茶店，人们排着长队购买珍珠奶茶。经验告诉他：一个地方只要排长队就一定存在供需失衡，就一定有创新的可能、商机的存在。

蒋建琪突发奇想：为什么不把街头的奶茶方便化、品牌化呢？于是，蒋建琪请来杭州市科技农业研究所帮助研发配方，请设计公司设计包装，大约半年以后，产品试制成功。他给产品确定了一个新的名字：香飘飘。

香飘飘上市之前，只选择了温州、湖州、无锡、苏州四个城市试销，每个城市只选取中学、大学、标准超市，每个销售点公司都安排人员跟踪，继而再将结果画成图表。半年的测试结果令人满意——这是一个有潜力的产品。抛开硬性的数字曲线，单凭自己眼睛看到的，都让蒋建琪兴奋不已。

以学生为引爆点

2005 年，蒋建琪决定：香飘飘要着手准备打仗了。他将能够迅速引爆杯装奶茶流行趋势的人群定位为学生。选择学校及其周边商场超市试销，并根据不同试销点所在的位置，将其方圆十几公里内的大中小学地址全部打印出来，然后再邮寄给试销点。

照此办法，逐一推进，香飘飘先后以杭州、郑州、南京、北京等几个有辐射力的大中城市为中心，做深做透，继而再向周边城市辐射，借势成事，水到渠成。在 2005 年于济南举办的全国糖酒订货会上，香飘飘正式向全国招商。此前，经销商们从未见过杯装奶茶，亲口品尝后兴奋不已，现场签单者络绎不绝。数月后，全国各地的订单纷纷向湖州聚集，香飘飘当年的账面资金，迅速攀升至 5 000 万元。

广告轰炸

地面部队在加速推进的时候，空中的广告轰炸依旧采用聚焦的策略。当年，资金实力尚不雄厚的香飘飘，砸下 3 000 万元，且只砸湖南卫视。香飘飘成了奶茶行业第一个做广告的。由此，其销售额从 2005 年的数千万元一下跃升至 2006 年的 4.8 亿元，一年时间，放量速度之快，让蒋建琪自己都觉得意外。2006 年下半年，喜之郎旗下的优乐美，立顿旗下的立顿奶茶、大好大旗下的香约奶茶相继杀入杯装奶茶市场……一时间，全国冒出了几十家奶茶品牌。2008 年，香飘飘的销售收入接近 10 亿元，优乐美的销量也不断上涨，至 2009 年上半年，与香飘飘已经非常接近了。

"剐肉"式改革

2009 年下半年，蒋建琪开始深刻反思，同时也密集拜访了国内众多营销管理机构，他企图给自己的企业寻找到一张药方，同样也为自己接下来的商业生涯寻找一个答案。

聚焦，专注，从多元化中抽身，这是蒋建琪得到的答案。于是，蒋建琪痛下决心，砍掉了盈利丰厚的花生项目和房地产项目及新投资的年糕项目，将全部身家押在奶茶上，开始强调自己的行业开创者地位。"杯装奶茶的开创者，香飘飘一年卖出 N 亿杯，杯子连起来可绕地球 N 个圈。"——这则全国人民似乎都听过的广告由此而来。

除了广告，在产品上，香飘飘也开始不断与对手进行区分。香飘飘奶茶的杯子比起竞争品要更大一些，用纸也更考究，突出量足、实惠的特点；甚至于吸管，其他品牌是随便一折然后放入杯子，香飘飘则特别定制了双节组合式吸管，平时是短短的两节，使用时轻轻一插即可变长……2009 年年底，面对通货膨胀导致的原材料涨价，香飘飘毅然决定率先涨价，并且依靠其良好的口感，纯正的味道，稳定了销量。一场惊心动魄的价格战打下来，2010 年，香飘飘奶茶销量突破 10 亿杯，销售额过 20 亿元。进入 2011 年，香飘飘销量持续增长，与竞争对手的距离再度拉开，行业第一品牌的地位得以保住。

对于香飘飘这种依靠单一品类制敌的企业，其优势在于五指合拳，不留退路，劣势则在于行业本身的市场容量。2012 年香飘飘销售额 24 亿元，未来能否突破 50 亿甚至 100 亿元的行业天花板，则取决于企业能否在未来几年内搭建起平台战略。

上周项目展示——项目来源及选择理由

第四节　商业模式开发

一、商业模式的含义和本质

商业模式以价值创造为核心，描述了企业如何创造价值、传递价值和获取价值的基本原理。[①]**商业模式就是一个企业如何赚钱的故事，商业模式是创业者开发有效创意的重要环节，是新企业盈利的核心逻辑。**新企业只有开发出有效的商业模式，才会激发足够多的顾客、供应商等参与合作，创建成功的新企业才更具有可行性。

商业模式的这一逻辑性主要表现在层层递进的三个方面，见图 3-3。

价值发现 ➡ 价值匹配 ➡ 价值获取

图 3-3　商业模式的逻辑

---

① 参见［瑞士］亚力山大·奥斯特瓦德、［比利时］伊夫·皮尼厄：《商业模式新生代》，王帅等译，北京，机械工业出版社，2011。

价值发现：明确价值创造的来源。这是对机会识别的延伸。创业者在对创新产品和技术识别的基础上，进一步明确和细化顾客价值所在，确定价值命题。价值发现是商业模式开发的关键环节。

价值匹配：明确合作伙伴，实现价值创造。新企业不可能拥有满足顾客需要的所有资源和能力，即便新企业愿意亲自去打造和构建需要的所有能力，也常常面临很大的成本和风险。因此，为了获得先发优势并最大限度地控制机会开发的风险，几乎所有的新企业都要与其他企业形成合作关系，以使其商业模式有效运作。

价值获取：制定竞争策略，占有创新价值。这是价值创造的目标，是新企业能够生存下来并获取竞争优势的关键，因此是有效商业模式的核心逻辑之一。许多创业企业是新技术或新产品的开拓者，但却不是创新利益的占有者。[1] 这种现象发生的根本原因在于这些企业忽视了对创新价值的获取。

以上都是属于与设计商业模式相关的问题。曾师从德鲁克和迈克尔·波特并担任过《哈佛商业评论》杂志副主编的玛格丽塔女士，对商业模式有很多关注和独到见解，她认为，商业模式要回答的一些基本问题包括：**顾客是谁？顾客价值为何？企业如何从所在的经营领域获利？以及企业能够以适当成本提供价值的经济逻辑是什么？**

现场调查——关于沟通的需要

沟通是人类集体活动的基础，是人类存在的前提，也是生活和工作中必不可少的一项技巧。下面就日常沟通的需要做一项简单的调查，请填写下面的表格。在第二行你的选择下而划"√"，在第三行相应填写你能想到的沟通工具，最后写出开发该工具的公司名称。

---

[1]　David Teece. "Profiting From Technological Innovation." Research Policy. 1986 (15)：285-305.

	即时	可滞后	纯文字	可语音	大众化	可个性	纯沟通	可分享	平台内	跨平台	工具内	可互传	纯沟通	可娱乐	需付费	可免费	纯沟通	可交易
需要																		
工具																		

通过上述表格的调查可以发现，腾讯公司正是抓住了大家的沟通心理，推出了免费的即时通讯工具微信，并以此为基础增加了很多收费功能，为大家交流提供了便利，为公司盈利奠定了基础。

·· 创业案例

腾讯公司的商业模式

截至 2013 年 9 月 3 日收盘，腾讯股价报收 379.8 港元。以此计算，腾讯市值突破 7 000 亿港元，粗粗计算，相当于 5 600 亿元人民币。作为一个成功的互联网公司，腾讯股价作了最好的注脚：当前股价较上市之初已经上涨了 100 多倍。A 股市场能超过 5 600 亿元人民币市值的公司，已经屈指可数，截至 2013 年 9 月 2 日的数据显示，只有中国石油、工商银行、建设银行、农业银行、中国银行 5 家公司能够达到。更形象一点说，腾讯的市值，已经相当于两个中国平安、两个民生银行、3.5 个贵州茅台、5 个万科、10 个中国南车的市值。在其注册有 35 万款应用的开放平台上，游戏类应用占所产生收益的绝大部分。而上市公司中，已有不少将目光瞄上了这一金矿……腾讯控股 10 年间上涨了 100 多倍。①

腾讯公司成立于 1998 年 11 月，是日前中国最大的互联网综合服务提供商之一，也是中国服务用户最多的互联网企业之一。成立十多年以来，腾讯一直秉承"一切以用户价值为依归"的经营理念，始终处于稳健发展的状态。2004 年 6 月 16 日，腾讯公司在香港联交所主板公开上市。

腾讯科技商业模式的特点是以 IM 为核心依托，以 QQ 为平台，低成本地扩张至互联网增值服务、移动及通信增值服务和网络广告。这种商业模式对应的原理是平台经济学。有庞大的 QQ 用户做支持，腾讯的扩张路上几乎是撒豆成兵。

通过互联网服务提升人类生活品质是腾讯公司的使命。目前，腾讯把为用户提供"一站式在线生活服务"作为战略目标，提供即时通讯业务、网络媒体、无线和固网增值业务、互动娱乐业务、互联网增值业务、电子商务和广告业务七大业务体系，并初步形成了"一站式"在线生活的战略布局。通过即时通信 QQ、腾讯网（QQ. com）、腾讯游戏、QQ 空间、无线门户、搜狗、拍拍、财付通等中国领先的网络平台，腾讯打造了中国最大的网络社区，满足互联网用

---

① 参见金融界，http：//stock. jrj. com. cn/hotstock/2013/09/04114015787461-c. shtml。

户沟通、资讯、娱乐和电子商务等方面的需求。腾讯的 QQ、QQ.com、QQ 游戏以及拍拍网等网络平台，分别形成了规模巨大的网络社区。在满足用户信息传递与知识获取的需求方面，有 QQ.com 门户、QQ 即时通讯工具、QQ 邮箱以及搜狗；满足用户群体交流和资源共享方面，腾讯推出的个人博客空间与访问量极大的论坛、聊天室、QQ 群相互协同；在满足用户个性展示和娱乐服务方面，腾讯拥有非常成功的虚拟形象产品 QQ 秀、QQ 宠物、QQ 游戏和 QQ 音乐/Radio/Live(音乐/电台/电视直播)等产品，另外对手机用户提供彩铃、彩信等无线增值业务；在满足用户的交易需求方面，专门为腾讯用户所设计开发的 C2C 电子商务平台拍拍网已经上线，并和整个社区平台无缝整合。

从腾讯公布的 2013 年第二季度财报可以看出，其上半年的总收入为人民币 2 793 亿元，比去年同期增长 38.4%。其中增长最明显的为电子商务交易业务，腾讯上半年电子商务交易收入为人民币 411 亿元，比去年同期增长 155.47%；此外，其空间的用户不断增加，为其互联网增值服务收入的提高起到了不小的作用。2013 年 9 月，腾讯以 4.48 亿美元战略入股搜狗，并将旗下的搜索和 QQ 输入法并入搜狗现有的业务中，从而持有新搜狗 36.5% 的股份。

二、商业模式和商业战略的关系

商业模式侧重于创造顾客价值的基础架构和系统，本质上在于回应"企业提供什么"以及"如何提供"这两个基本问题；而战略则侧重于回应环境变化和竞争，进而通过恰当的企业行为选择来赢得优势。

对于创业企业而言，商业模式在很大程度上决定了其成长潜能，战略则是将潜能转变为现实的重要手段，商业模式和战略之间是互补关系而不是相互替代的，在既定商业模式基础上选择恰当战略更有助于发挥其商业模式所蕴含的成长潜能。商业模式是衔接战略制定与战略实施的中介平台，战略制定以商业模式建构为基础，战略实施建立在商业模式运行和改进的基础之上。创业团队的首要任务就是设计与在位企业不同的商业模式，在此基础上制定恰当的战略选择。

商业模式以价值创造为核心，战略是对所创造价值的保护机制，落脚于对外部环境或竞争的回应。商业模式是企业创造价值的基础架构和体系，而战略则是在此架构基础上，在环境和竞争约束条件下以效率最大化为目标的行为与活动选择。商业模式在很大程度上可能影响着创业企业的赢利能力，但其与创业企业绩效之间并非简单的直接作用关系，可能嵌入到战略选择中，并作用于创业企业绩效。

三、设计商业模式的思路和方法

如何为具有可行性的技术创意设计一套既切实可行，又具有独特竞争优势的商业模式，是所有创业者在创建企业前都必须做的一项工作。因此，在对商业模式的内涵具有一定了解的基础上，我们有必要学习如何具体去设计它。瑞士的亚历山大·奥斯特瓦德和比利时的伊夫·皮尼厄写了一本名叫《商业模式新生代》的书，将商业模式的设计变成了简洁易懂的可视化版式，以绘图形式将其比喻成了一个个商业模式画布，要求创业者在设计商业模式时，要将画布中的每一个部分厘清，同时还举了很多例子来讲解商业模式设计的过程。其设计的商业模式画布有 4 个方面和 9 个构造块，见图 3-4 和图 3-5。

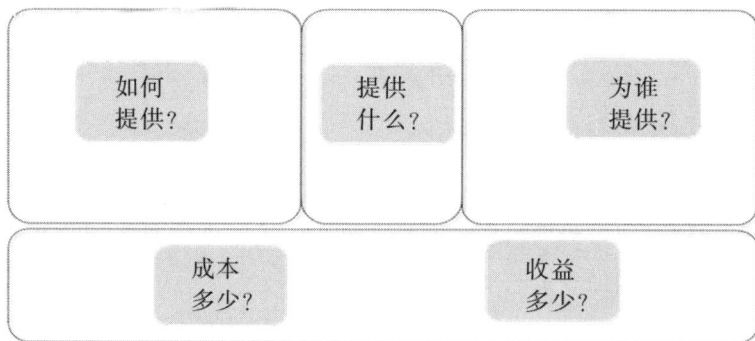

图 3-4　商业模式画布 1

设计商业模式时要考虑的四个方面为：客户、提供的产品和服务、基础设施和财务。

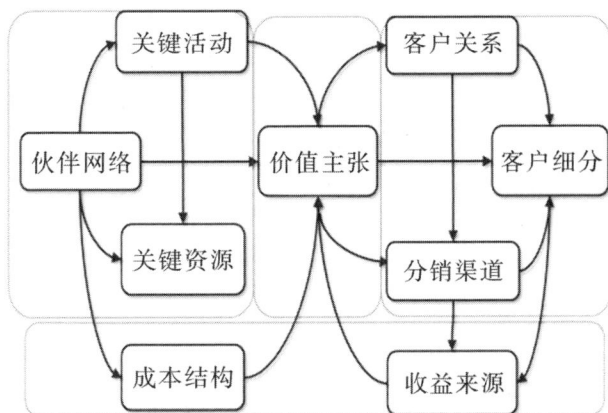

图 3-5　商业模式画布 2

商业模式的 9 个构造块分别包括以下内容：

构造块 1：客户细分

我们正在为谁创造价值？谁是我们最重要的客户？

构造块 2：价值主张

我们该向客户传递什么样的价值？我们正在帮助客户解决哪一类难题？

我们正在满足哪些客户需求？我们正在提供给客户细分群体哪些系列的产品和服务？

构造块 3：分销渠道

通过哪些渠道可以接触客户的细分群体？如何接触他们？如何整合渠道？

哪些渠道最有效？哪些渠道成本效益最好？如何把我们的渠道与客户的例行程序进行整合？

构造块 4：客户关系

每个客户细分群体希望企业与之建立和保持何种关系？

哪些关系已经建立了？这些关系成本如何？如何把它们与商业模式的其余部分进行整合？

构造块 5：收益来源

什么样的价值能让客户愿意付费？他们现在付费买什么？

他们是如何支付费用的？他们更愿意如何支付费用？每个收入来源占总收

益的比例是多少？

构造块 6：关键资源

我们的价值主张需要什么样的关键资源？我们的分销渠道需要什么样的关键资源？

构造块 7：关键活动

我们的价值主张需要什么样的关键活动？我们的分销渠道需要什么样的关键活动？

构造块 8：合作伙伴

谁是我们的重要伙伴？谁是我们的重要供应商？

我们正在从伙伴那里获得哪些核心资源？合作伙伴都执行哪些关键活动？

构造块 9：成本结构

什么是我们商业模式中最重要的固有成本？

哪些核心资源花费最多？哪些关键业务花费最多？

设计商业模式并不一定必须要回答上述所有问题，但顾客价值、分销渠道、顾客关系、收入及成本结构等问题一般是需要考虑的。 下面以快捷酒店为例做简单的分析。20 世纪 90 年代，法国的雅高酒店集团旗下有一级方程式酒店品牌，属于经济旅馆范畴。为了提升竞争力，公司对酒店的经营做了认真调查研究，其中一个核心的问题是人们为什么选择经济旅馆？调查发现，主要有10 个方面的因素，分别是：饮食、建筑美感、大堂、房间大小、服务员的水平、房间设备和舒适度、床的质量、卫生、房间的安静程度、价格，当然这些也是人们选择星级酒店所考虑的主要因素，但选择经济旅馆时最为关心的是几个晚上的安静睡眠和价格。既然如此，其他因素就没那么重要，自然也不必要加大投资，结果一级方程式酒店被改造，房间变小了，服务员减少了，取消了大堂，代之以简单便捷的接待，不提供早餐了，房间的床变大了，床垫变得舒适了……顾客不关心的地方减，顾客关心的地方增，结果是成本降低了，顾客用接近一星的价格享受到了超过二星的服务，生意很快红火起来。这样的改变不仅改变了一级方程式酒店，更改变了人们长期以来对酒店的固定认识，快捷酒店这种经营模式很快兴起。近年来，快捷酒店快速向连锁方向发展，集中采购，发展自我品牌，不断降低成本，提高质量。

下面按照商业模式的 9 个构造块分析腾讯的商业模式设计。

1. **价值主张**：为用户提供"一站式在线生活服务"。通过腾讯，用户能够展现自己个性的一面；腾讯大量的娱乐内容，使用户能够在娱乐中打发时间以及交友；大量的新闻类内容源也是用户群获取知识以及了解信息的一个重要渠道；另外腾讯的在线商城能够满足用户群体的在线生活渴求。

2. **客户细分**：腾讯的典型用户群体是年轻且追求时尚的用户，他们有向别人展示自我以及自我娱乐的需求。

3. **客户关系**：独特的网络社区，极具吸引力的创新增值业务，使腾讯拥有大批忠诚的客户，并与客户保持了稳定关系。截至 2012 年 12 月 31 日，QQ 即时通信的活跃账户数达到 7.982 亿，最高同时在线账户数达到 1.764 亿。

4. **分销渠道**：1999 年腾讯实行了免费注册战略以及以客户为中心的企业战略，将软件挂在网上供大家免费下载，并解决了信息只能保存在单机上的问题。此后推出了更多的贴心服务。

5. **关键资源**：庞大而活跃的用户群是腾讯业务的成功要素之一，腾讯不但为腾讯的用户提供可透过即时通信及其他增值服务而互相交流的庞大社区，在保留现有用户的同时亦可吸引新用户加入。另外，强大的研发实力和高效的管理团队也是腾讯成功的关键资源。

6. **关键活动**：稳定的基础服务（需要做到能够接纳海量用户的同时在线），在服务受到影响时候的有损服务（如 QQ 秀坏了不能影响 QQ 正常聊天），备份容灾机制（在出现机器损坏的时候要保证数据业务的安全性和一致性，保证用户在腾讯的线上生活不受影响），内容的快速反应和技术储备，开发新特性，模仿并创新。

7. **伙伴关系**：运营类内容，需要上游供应商提供，例如媒体或者音乐类的业务；联合运营游戏既带动整个产业链的发展，也为腾讯节约宝贵的研发时间，快速占领市场；电子商务和网络广告则需要和更多实体企业相互配合。

8. **收益来源**：增值服务、网络广告、电子商务交易以及其他。各种收入的资料见表 3-2。

表 3-2　腾讯公司上半年收入来源　　　　　　　　单位：亿元

	增值服务	网络广告	电子商务交易	其他
2013	214	21.5	41.1	2.5
2012	170	14.2	16.1	1.3

其中，增值服务的营业收入主要来源于 QQ 空间、QQ 秀、QQ 会员、QQ 音乐以及 QQ 宠物等，通过不同颜色的"钻"、会员服务和付费道具等，腾讯构建出一个基于价格区分的"特权体系"，并且与旗下各个产品和平台实现无缝对接。

腾讯互联网增值服务（imeigu.com）	QQ 空间	黄钻：10 元/月 道具：按条收费 物品：2~15Q 币	QQ 空间装扮、道具指定时间内免费使用，部分内容可自定义等
	QQ 秀	红钻：10 元/月 物品：1~5Q 币/个	指定时间内任意使用于装扮虚拟形象物品等
	QQ 会员	月费：10 元/月 年费：120 元/年	QQ 名称标红、QQ 等级加速、创建超大人数的 QQ 群及线下优惠等
	QQ 音乐	绿钻：10 元/月	QQ 空间背景音乐免费使用，MP3 下载等
	QQ 宠物	粉钻：10 元/月	虚拟宠物的视频及日用品享受套餐优惠等

资料来源：热腾网，http://reteng.qq.com/info/11141.html。

9. 成本结构：见表 3-3。

表 3-3　腾讯公司上半年成本结构　　　　　　　　单位：亿元

	雇员及福利开支	内容成本及代理费	销售成本	移动及电信收费宽频及服务器托管费	推广及广告	租金、折旧、摊销差旅、其他
2013	50	40.5	37.4	20.2	14.5	30.8
2012	36	31.4	15.2	15.9	6.6	23

其中，雇员及福利开支的构成如表 3-4 所示。

表 3-4　腾讯公司上半年雇员及福利开支　　　　　　单位：亿元

	研发支出	雇员福利	折旧	其他
2013	24.4	19.9	2.58	3.12
2012	19.8	16.2	2.17	−2.17

资料来源：腾讯公司业绩报告，http：//www. tencent. com/zh-cn/content/ir/rp/2013/attachments/201301. pdf。

四、商业模式创新的逻辑与方法

（一）商业模式开发的逻辑

商业模式创新的主线是为了更好地为顾客创造价值。因此，无论是产品或服务的创新、顾客界面的创新，或者是将这些元素进行组合创新，都要以顾客价值的创造为主线。战略创新领域经典的价值网络分析方法，可以帮助人们较为清晰地梳理出商业模式创新的逻辑。企业的价值网络主要包括企业、客户、竞争者、供应商、互补者五种角色，如图 3-6 所示：

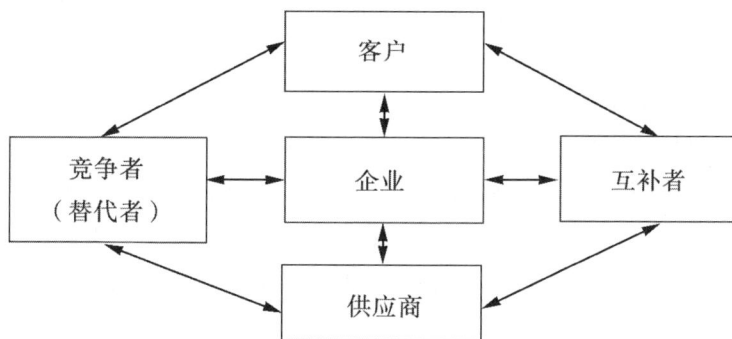

图 3-6　价值网络

围绕对企业价值网络的分析，商业模式创新可以通过多种途径来实现，比如：

开发互补或替代产品。商业模式创新可以从寻求已有产品互补者的角度来实现，比如 iPod 和 iTunes 就是整合互补产品的例子。相互替代的产品可以满足同一群顾客的同一种需求，因此从顾客的基本需求出发，可以找到突破市场边界的途径。例如，圆珠笔和钢笔彼此相互替代。

关注顾客的顾客。如果能够解决购买方向他们的顾客转移价值过程中存在的问题，也可以帮助企业扩大市场空间。例如：胰岛素制造商 Novo Nordisk 在 1989 年推出了 NovoLet，这是一种一次性的预先装满胰岛素的注射笔，它带有剂量控制系统，使用起来更方便、简单。1999 年，他们又推出了 Innovo，这是一个整合的、带有电子记忆功能的注射管系统。Innovo 通过内置的记忆系统来管理胰岛素的注射，并且可以显示本次剂量、上一次剂量和已经使用的时间，这些信息对于降低患者的风险，避免错过注射很有帮助。

整合供应链或总体替代。企业还可以通过整合供应链，或成为供应链的服务商，以及总体替代（替代所有替代产品）的方式进行商业模式开发。

（二）商业模式开发的方法

确定了商业模式创新的逻辑，接下来企业面临的任务就是如何选择合适的方法来实现商业模式创新，对此奥斯特瓦德提出的商业模式创新循环模型（图3-7）给出了较为清晰的阐释。

奥斯特瓦德提出的商业模式创新循环包含四个阶段：环境分析—商业模式创新—组织规划—商业模式执行。

环境分析：商业模式创新的第一步是建立一个包含不同知识结构的商业模式创新团队，这个团队的成员应该来自业务、流程、技术、客户关系、设计、研发、人力资源等部门。通过讨论，让团队成员就商业模式的环境达成共识，然后规划商业模式框架。

商业模式创新：在既定的商业模式框架下，设计团队可以开始设计商业模式原型。在这个过程中可以借鉴其他领域的成功模式，或者将某些成功模式移植到自己所在的产业领域，甚至尝试发明或创造全新的商业模式。

组织设计：在确定合适的商业模式组合基础上，企业应该思考怎样才能将商业模式分解为业务单元和具体流程，即完成组织设计的工作。同时规划用于支持商业模式执行的基础信息系统，然后需要选择合适的人来执行。

商业模式执行：最后是将设计好的模式付诸实践的阶段，在有了外部和内部保证之后，商业模式就可以具体实施了。实施阶段是最具挑战性的阶段，也是经常被忽视的阶段。

最后需要指出的是，商业模式创新是个不断循环的过程，即使这个商业模式已经取得了成功，在对商业模式进行评估以后，还需要重新开始对环境展开分析。

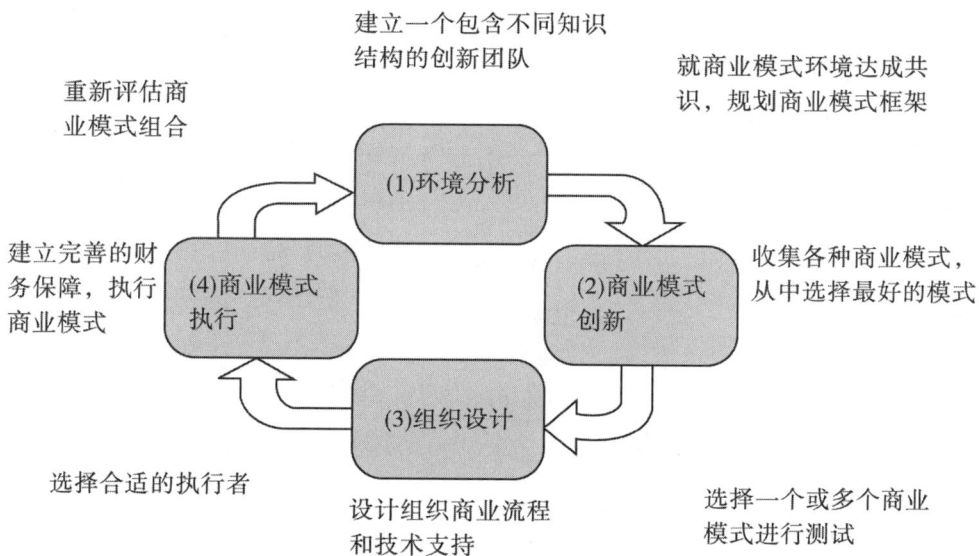

图 3-7 商业模式创新循环模型

课程视频：李振勇教授商业模式设计

课堂讨论

项目推演

针对团队创业项目，设计适合项目的商业模式。

每组分享时间 5 分钟，其他团队提问。

·› 课程测试

总结测试，和学生一起回顾本次课程的内容，或者让学生回答下面的问题。

1. 按照创业风险内容的表现形式，可将机会风险分为机会选择风险、环境风险、<u>人力资源风险</u>、<u>技术风险</u>、<u>市场风险</u>、<u>管理风险</u>和财务风险等。

2. 机会风险管理的基本程序一般包括风险识别、风险评估和<u>风险应对</u>三个阶段。

3. 风险应对策略主要有：

	高频率	低频率
高程度	<u>风险避免</u> <u>风险抑制</u> <u>风险转嫁</u>	风险避免 风险抑制
低程度	风险避免 风险预防	<u>风险自留</u>

4. 对于系统风险，创业者或创业企业应设法规避，并从哪三个方面做好风险的防范？

谨慎分析，正确预测，合理应对。

5. 对风险承担能力的估计可以从哪四个方面进行？

计算特定时间段所要承担的风险，计算可用于承担风险的资金，从其他渠道取得收入的能力，危机管理的经验。

6. 基于风险估计的创业收益预测通常分为哪四步？

预测不同情况下的收入、成本状况，计算风险收益的预期值，计算影响收益变化的各个因素的临界值，分析最大风险的收益和创业者风险承担能力的匹配性。

7. 基于风险估计的创业收益预测的决策原则是什么？

如果预计的创业收益能够弥补创业风险，并给创业者带来一定报酬，则可以开始创业活动，通过建立适当的商业模式，将创业机会变成盈利的创业项目。

8. 商业模式以<u>价值创造</u>为核心，描述了企业如何创造价值、传递价值和

<u>获取价值的基本原理。</u>

9. 商业模式设计的四个方面和九个构造块是什么？

客户：客户细分、分销渠道、客户关系。

提供的产品和服务：价值主张。

基础设施：关键资源、关键活动、伙伴网络。

财务：收益来源、成本结构。

10. 商业模式创新包括哪四个步骤？

环境设计、商业模式创新、组织设计、商业模式执行。

‣ 课后思考

团队项目运营需要什么样的创业资源？

‣ 本章祝愿

智者创造机会，强者利用机会，弱者等待机会。

祝大家把握创业机会，管理创业风险，精彩创业人生。

‣ 本章推荐书目

［美］迈克尔·塞勒：《移动浪潮》，邹韬译，北京，中信出版社，2013。

［美］安德森：《长尾理论》，乔江涛译，北京，中信出版社，2006。

［瑞士］亚历山大·奥斯特瓦德、［比利时］伊夫·皮尼厄：《商业模式新生代》，王帅、毛心宇、严威译，北京，机械工业出版社，2012。

‣ 本章推荐电影

《哆啦 A 梦》

第四章　创业资源

▶▶ 建议课时

6～8课时。本章是本书需要掌握的知识点第二多的章节，而且本章的内容相对于其他章节来说，专业性较强，对于非经济管理类的学生理解上较有难度。因此，需要花较多时间和学生一起探讨。

▶▶ 欢迎词

我们的创业列车又驶入了新的一站，欢迎各位来到"创业资源"的课堂！

▶▶ 教学目标

通过本部分教学，使学生了解创业过程中的资源需求和资源获取方法，特别是创造性整合资源的途径，认识创业资金筹募渠道和风险，掌握创业资源管理的技巧和策略。

教学设计

（一）第一次课的教学设计

章节	内容	时间	授课方法	教具
创业者讲座	创业机会的发现与识别	40分钟	分享	ppt
学生提问	和讲座内容有关的问题	20分钟	交流	无
休息5分钟				
每周创意	生活中的创意	5分钟	学生分享	ppt或者道具，取决于学生准备
上周内容回顾	上周课程内容	10分钟	学生讲授	ppt
第一节 创业资源概述	内涵与分类 与商业资源的异同 不同资源在创业中的作用	20分钟	讲授	ppt
主题游戏	整合力练习	5分钟	游戏	游戏道具
第一节 创业资源概述	影响创业资源获取的因素 创业资源获取的途径技能	20分钟	讲授	ppt
休息5分钟				
每周创业故事	创业故事：故事、启示	10分钟	学生讲授	ppt
上周项目展示	团队成员分工及原因	5分钟	学生展示	规划书、ppt
第三节 创业资源管理	不同类型资源的开发 人脉资源开发	5分钟	讲授	ppt
视频	人脉资源开发	5分钟	视频	汉能投资陈宏
第三节 创业资源管理	不同类型资源的开发 有限资源的创造性利用 创业资源开发的推进方法	30分钟	讲授	ppt
本课总结	本章内容现场复习测试	5分钟	现场测试	ppt

说明：不邀请嘉宾的教师，可以按照两节课设计，每节课 90 分钟。分别在两次课堂中设计课堂讨论环节，第一次讨论安排在整合力练习之后，由学生在 15 分钟之内按照分组，讨论团队项目所需要的创业资源，然后分小组发言，时间共计 30 分钟。

第二次讨论安排在课程结束之前，让学生针对项目需要的创业资源，讨论获取资源的方式，并陈述理由。时间控制在 30 分钟。

（二）第二次课的教学设计

章节	内容	时间	授课方法	教具
创业者讲座	创业风险及防范	40 分钟	分享	ppt
学生提问	和讲座内容有关的问题	20 分钟	交流	无
休息 5 分钟				
每周创意	生活中的创意	5 分钟	学生分享	ppt 或者道具，取决于学生的准备
上周内容回顾	上周课程内容	10 分钟	学生讲授	ppt
第二节 创业融资	创业融资的重要性 创业融资过程 创业所需资金的测算	20 分钟	讲授	ppt
	创业资金计算	20 分钟	案例分析	word
	案例点评	5 分钟	讲授	ppt
休息 5 分钟				
每周创业故事	创业故事：故事、启示	10 分钟	学生讲授	ppt
上周项目展示	创业实践活动报告	5 分钟	学生展示	规划书、ppt
引导案例	Bizooki 的融资渠道	5 分钟	头脑风暴	word 案例、黑白板
第二节 创业融资	创业融资渠道：私人资本	5 分钟	讲授	ppt
	视频：天使投资如何选项目	2 分钟	视频	投资人靳海涛
	创业融资渠道：其他资金	18 分钟	讲授	ppt
	创业融资的策略选择	10 分钟	讲授	ppt
本章总结	本章内容现场复习测试	5 分钟	现场测试	ppt

说明：不邀请嘉宾的教师，可以按照两节课设计，每节课 90 分钟。第一次课可以延长讨论的时间以及案例点评的时间。

第二次将讨论安排在创业融资渠道讲完之后，让学生计算团队项目所需的资金数量，然后分小组发言，并陈述理由。时间控制在 30 分钟。

每周创意

生活中的创意

鲨鱼杯

镜子180

空气显示触摸屏

戒指时钟

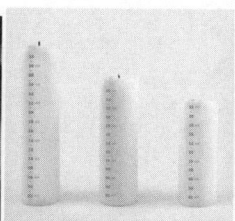

时间蜡烛

可溶解日历茶包

求婚书

狗狗拖把

用热咖啡给 iPhone 充电

▸▸ 上周内容回顾

▸▸ 创业者讲座——创业风险及防范

▸▸ 课程讲授

第一节　创业资源概述

如果撇开资源去开拓机会，即使最好的机会也难以塑造创业者。

——马克·J. 多林格

从知名创业大师多林格的话可以看出，资源在创业过程中有着举足轻重的作用。要取得创业成功，创业者就一定要善于获取、整合和使用与创业项目有关的资源。

一、创业资源的内涵与种类

（一）创业资源的内涵

资源就是任何主体在向社会提供产品或服务的过程中，所拥有或所能支配的有助于实现自己目标的各种要素以及要素的组合。**创业资源是企业创立以及成长过程中所需要的各种生产要素和支撑条件，是新创企业在创造价值过程中所需要的特定资产，包括有形资源与无形资源。**

（二）创业资源的种类

根据资源基础理论，常用的创业资源可以有如下分类：

1. 创业资源按性质分类

创业资源按性质可以分为人力资源、财务资源、物质资源、技术资源和组织资源五种。

人力资源。人力资源不仅包括创业者及创业团队的知识、训练和经验等，也包括团队成员的专业智慧、判断力、视野和愿景，甚至创业者本身的人际关系网络。

财务资源。财务资源主要是指货币资源。

物质资源。物质资源是创业和企业经营所需要的有形资源，如建筑物、设施、机器和办公设备、原材料等。一些自然资源如矿山、森林等有时也会成为新创企业的物质资源。

技术资源。技术资源包括关键技术、制造流程、作业系统、专用生产设备等。通常，技术资源包含三个层次：一是根据自然科学和生产实践经验而发展成的各种工艺流程、加工方法、劳动技能和诀窍等；二是将这些流程、方法、技能和诀窍等付诸实施的相应的生产工具和其他物资设备；三是适应现代劳动分工和生产规模等要求的对生产系统中所有资源进行有效组织和管理的知识、经验和方法。

组织资源。组织资源一般指企业的正式管理系统，包括企业的组织结构、作业流程、工作规范、信息沟通、决策体系、质量系统以及正式或非正式的计划活动等，有时候组织资源也可以表现为个人的技能或能力。

2. 创业资源按存在形态分类

创业资源按其存在的形态可以分为有形资源和无形资源。

有形资源是具有物质形态的、价值可用货币度量的资源，如组织赖以存在的自然资源以及建筑物、机器设备、原材料、产品、资金等。

无形资源是具有非物质形态的，价值难以用货币精确度量的资源，如信息资源、关系资源、权力资源以及企业的信誉、形象等。无形资源往往是撬动有形资源、使有形资源更好发挥作用的重要手段。

3. 创业资源按参与程度分类

按照资源要素对创业过程的参与程度，创业资源可以分为直接资源和间接资源。

直接资源是直接参与企业战略规划的资源要素。如财务资源、管理资源、市场资源、人才资源、科技资源等。

间接资源是不直接参与创业战略制定和执行的资源。如政策资源、信息资源等，它们对于创业的影响更多是提供便利和支持，对于创业战略的规划起一种间接作用。

4. 创业资源按重要性分类

创业资源按照其对企业核心竞争力影响的重要性，分为核心资源与非核心资源。

核心资源主要包括技术和人力资源。这些资源涉及新创企业有别于其他企业的核心竞争力，是创业机会识别、筛选和运用三大阶段的主线。非核心资源主要包括资金、场地和环境资源。这些资源是新创企业成功创办和持续经营的基本资源。

5. 创业资源按来源分类

创业资源按来源可分为内部资源和外部资源。

内部资源是创业者或创业团队自身所拥有的可用于创业的资源；外部资源来自外部机会的发现，是创业者从外部获取的各种资源。内部资源的拥有状况（特别是技术和人力资源）会影响外部资源的获得和运用。

（三）战略性资源

战略性资源是能够建立竞争优势的资源，是与普通资源相对应的资源。资源基础理论认为当企业拥有并且利用具备以下特征的资源和能力时，企业就可以建立持久的竞争优势。

1. 稀缺性

资源的稀缺性是在供求不平衡的状态下产生的，供应不足就意味着稀缺。如果一种资源不能被竞争对手广泛获取，那它就是稀缺资源。如我国由于近些年经济持续较快增长，对能源和原材料资源产生了巨大的市场需求，使得原材料和能源变得稀缺。创业中可以被视作稀缺的资源主要有：有优势的地段，被看作卓越领导者的管理人员，以及对独特物质资源的控制。实际上，某些行业的准入资格往往也属于稀缺性资源。

2. 价值性

从管理学的角度讲，当某种资源能够帮助新创企业提高其战略实施效果和效率时，它就是有价值的。在新创企业运作过程中，有价值的资源具有非常重要的作用，有助于创业者更好利用环境中的机遇，使环境中的威胁最小化。战略资源"有价值"的特点意在提示创业者要注重挖掘资源价值，从价值创造的角度分析资源，而不是一味地追求资源占用的数量。有价值的资源和能力包括财产、装备、人员以及诸如营销、融资和会计上的独特技能等，由于这些资源的普遍存在性，因此，战略性资源要有价值，还需要同时具备其他某些特点。

3. 不可替代性

如果某种资源不能被其他资源所替代，即不能以类似方式或不同的方式进行替代，则该资源具有不可替代性。由于大多数资源之间都具有相互替代的关系，如计算机信息系统对管理者工作的替代，机器设备对一般劳动者劳动的替代等，因此，拥有不可替代的资源对新创企业持久竞争力的形成和保持具有非常重要的意义。

4. 难以复制性

有些稀缺资源在某些价位上可能会变得不再稀缺，或者由于价位过高会使该资源的优势消耗殆尽。如果某种资源难以模仿，或者竞争者需要付出极大代价才能复制，则这种资源便具有难以复制的特性。多林格（Dollinger）认为，由于新创企业都是在独特的历史条件下创办的，创业者的能力和其创业背景、个人特质紧密相关，因此，伴随组织诞生的那些初始资源就具有一定的独特性而难以复制；另外，由于企业运用资源的能力和企业持续竞争优势之间的关系错综复杂，即使亲身参与创业与成长过程的人员也很难清晰地陈述其中关键的成功因素，其他人更是难以进行复制或模仿；最后，由于管理者、顾客和供应商之间复杂的社会关系，以及新创企业形成的独特的组织文化，使得在特定社会网络关系中诞生的企业的人力资源、声誉资源或组织资源难以被模仿或复制。

创业者在获取这些资源的时候要强调前瞻性和动态性。创业者若能先行一步获取战略性资源，加以培养和部署，就会获得一定程度的竞争优势；若能保护好这些资源并很好地保持资源的上述品质，则将具备长久的竞争优势；即使新创企业成立时只具备其中一些特征，也会具备短期或较小的竞争优势。所以，创业者要建立新创企业的持续竞争优势，就需要控制、整合和充分利用战略资源。

二、创业资源与一般商业资源的异同

创业资源与一般商业资源既有相同点，也有一定差别。

创业资源是商业资源，但不是所有的商业资源都是创业资源，因为只有创业者可以利用的资源才是创业资源。比如，一座无人开采的价值巨大的矿山是一种商业资源，但该矿山不一定是创业资源。因为创业活动多数具有轻资产、小团队的特征，一般人没有能力通过开发一座价值连城的矿山开始创业。

创业资源更多表现为无形资源，一般商业资源则更多表现为有形资源。

创业资源的独特性更强，创业者的个人能力和社会网络资源是其中最为关键的资源；一般商业资源中，规范的管理和制度则是企业取得成功的基础资源。

三、社会资本、资金、技术及专业人才在创业中的作用

创业资源的筹集和运用是创业成功的关键，社会资本、资金、技术和专业人才则在创业过程中起着非常重要的作用。

（一）社会资本在创业中的作用

社会资本是基于人际和社会关系网络形成的资源。这种资源可以是人力资源的一部分，或者说是特殊的人力资源。"社会联系较多者创业的个人成本较低"是一个公认的事实。社会资本能使创业者有机会接触大量的外部资源，有助于通过网络关系降低潜在的风险，加强合作者之间的信任和信誉。

来自中国的调查数据显示，社会交往面广、交往对象趋于多样化、与高社会地位个体之间关系密切的创业者，更容易发现创新性更强的创业机会。[①]

（二）资金在创业中的作用

资金不仅是企业生产经营过程的起点，更是企业生存发展的基础。据国外文献记载，倒闭破产的企业中有 85% 是盈利情况非常好的企业，这些企业倒闭的主要原因是由于资金链的断裂。企业可能不会由于经营亏损而破产清算，却常常会因为资金断流而倒闭。资金对企业，尤其是初创期的企业来说有着至关重要的地位。

（三）技术在创业中的作用

技术资源是新创企业存在和发展的基石，是生产活动和生产秩序稳定的根

---

① 张玉利、杨俊、任兵：《社会资本、先前经验与创业机会——一个交互效应模型及其启示》，载《管理世界》，2008(7)。

本，包括关键技术、制造流程、作业系统、专用生产设备等。企业只有不断开发新技术、新产品，建立充裕的技术储备和产品储备，才能在市场竞争中立于不败之地。在创业初期，创业资金需求基本满足的情况下，创业技术是最关键的资源。

由凯文(Kevin)创办的 Instagram 公司，在收购前的历史只有不到两年时间，员工不到 20 人，而且他们首先发布的 iOS 版本，直到 2012 年 4 月才登陆 Android(安卓)平台，但是，在两年的时间内 Instagram 却从无到有到迅速增长至 3 000 万用户，并且在 2012 年 4 月以 10 亿美元的价格被全球第一的社交网络 Facebook 收购。这不得不说是一个传奇，也是技术在高科技企业重要性的一个很好例证。

另一个相似的例子是英国 17 岁少年尼克的故事，尼克制作的一个"超级摘要"(Summly)的应用程序 APP，是一款在 iOS 上运行的新闻阅读类应用，Summly 利用自然语义方面的算法，可将新闻内容提炼为不足 400 词的摘要文章，上线后深受欢迎，跻身 2012 年最佳 iPhone 应用之列，在 2013 年 3 月 25 日，以 3 000 万美元的价格卖给雅虎之前，它的下载量已达近 100 万次。

(四)专业人才在创业中的作用

人是创业活动的主体，在创业活动中起着决定性作用。创业者及创业团队的知识、训练和经验等是成功创业最为核心的资源，"一流团队比一流项目更重要"已成为一个不争的事实。因此，高素质人才的获取和开发，是新创企业可持续成长的关键，特别是高科技新创企业，专业人才资源更为重要。

主题游戏

1. 轻柔按摩

学员面对面站成两排，前排的学员先向后转，由后排的学员帮其按摩肩部并轻捶后背；然后两排学员集体向后转，做同样的动作。

教师总结：创业者在创业之初不可能拥有创业所需要的所有资源，也不需要拥有创业所需要的所有资源，只要能够借力，整合到足够的资源为企业所用就好。

2. 整合力练习

下面有 4 组 12 个圆环，每一组的 3 个圆环是套在一起的一串。

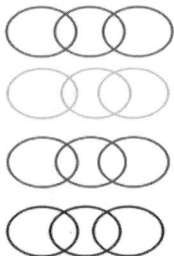

定义：每打开一个环计3分，每扣上一个环计2分。

问题：在总分值不超过15分的情况下能否将所有的圆环连成一个大圆环。

答案如下：

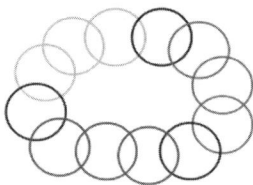

将任何一组圆环全部打开，例如将黑色一组的圆环全部打开，计9分；然后按照图示的方向分别将其他组别的圆环扣上，共扣上三个计6分，合计15分。

教师总结：创业需要不同的资源，比如人、财、物等，创业者需要做的就是用最低的成本整合满足企业生存及发展的各种资源。

四、影响创业资源获取的因素

资源获取是在确认并识别资源的基础上，得到所需资源并使之为创业服务的过程。创业资源的获取对于创业成功非常重要。资源获取不仅决定着能否把创业设想转化为行动，而且决定着企业这一契约组织的形成方式。影响创业资源获取的因素有创业导向、商业创意的价值、资源配置方式、创业者管理能力和社会网络等。

（一）创业导向

创业导向是一种态度或意愿，这种态度或意愿会导致一系列创业行为。创业导向会通过促进机会的识别和开发，进而促进对资源的获取。因此，**创业者要注重创业导向的培育和实施，充分关注创业者特质、组织文化和组织激励等**

影响创业导向形成的重要因素，采取有效的方式获取资源，并在资源的动态获取、整合和利用过程中，注意区分不同资源，充分发挥知识资源的促进作用。

（二）商业创意的价值

创业的关键在于商业创意。**商业创意为资源获取提供了杠杆**，但获取资源还有赖于创意的价值被资源所有者认同的程度。换言之，只有被资源所有者认同的、有价值的商业创意，才有助于降低创业者获取资源的难度。

提到有商业价值的创意，不得不提一下中国的茶饮料；提到中国的茶饮料，很多人会想到统一、康师傅、雀巢等企业，但很少有人会想到"旭日升"，下面就是关于旭日升的故事。

旭日升的冰暖两重天①

在 20 世纪 90 年代的中国饮料发展史上，"旭日升"是不可或缺的一页。河北旭日集团的前身为冀州市供销社，20 世纪 90 年代初期，供销社独辟蹊径，在中国的传统饮料"茶"上做文章，率先推出"冰茶"概念。

发展

1993 年，河北冀州供销社改名为旭日集团。1994 年，旭日集团投入 3 000 万元用于冰茶的生产和上市，并很快获得了数百万元的市场回报。创业初期，旭日集团派出上百名冀州员工，奔赴全国 29 个省、市、自治区的各大城市，通过地毯式布点，密集型销售，建立起 48 个旭日营销公司、200 多个营销分公司，连接起无以计数的批发商和零售商，形成遍地开花的"旭日升"营销网络。一夜之间，独占了中国茶饮料市场鳌头。1995 年，旭日升冰茶销量达到 5 000 万元。1996 年，这个数值骤然升至 5 个亿，翻了 10 倍。在市场销售最高峰的 1998 年，旭日升的销售额达到 30 亿元。有分析人士指出，旭日升的成功是因为它选择了一个百姓熟悉而市场或缺的切入点，并且创造了一个全新的"冰茶"概念。1999 年，旭日集团确定"冰茶"为旭日集团商品特有名称，并将其在国家工商局注册，将自己创造出来的概念以商标作壁垒"独家垄断"。在当时看来，旭日升有了这个商标，终于可以高枕无忧了。

---

① 百度百科，题目为作者根据需要所添加。

迟暮

旭日升的巨大成功引来众多竞争对手的跟风。在康师傅、统一、可口可乐、娃哈哈等一群"冰红茶""冰绿茶"的围追堵截中，"冰茶"的独家生意很快就被对手模仿，旭日升创造出来的概念日渐释稀、弱化。2001年，旭日升的市场份额迅速从最初的70％跌至30％，市场销售额也从高峰时的30亿元降到不足20亿元。当产品先入者的优势逐渐被减弱，甚至荡然无存之时，管理上的问题也就随之暴露，尤其是产销规模的迅速扩张，显得公司的制度和人才保障越来越滞后。据熟悉旭日集团的人士介绍，旭日升在销售渠道建设时，不论是进入哪一个城市，不论是什么职位，集团都无一例外地从冀州派遣本地人马，但是相应的制度规范却没有建立起来，总部与网点之间只有激励机制，而没有约束机制。

后续： 2011年年初汇源集团购得旭日升164枚商标，在国家奥体中心召开发布会，旭日升商标证、知识版权证由国家工商总局商标局颁发给衡水汇源食品饮料有限公司。此外河北中社公司申请注册的旭日升30类、43类商标和新旭日升32类商标全部由河北中社新旭食品科技有限公司独家享有其知识产权。

（三）资源的配置方式

由于资源的异质性、效用的多维性和知识的分散性，人们对于同样资源往往具有不同的效用期望，有些期望难以依靠市场交换得到满足，因此，如果通过资源配置方式创新，能够开发出新的效用，使之更好地满足资源所有者的期望，创业者就有可能从资源所有者手中获得资源使用权，以开展生产经营活动。

农具博物馆就是很好地通过资源配置方式创新获得成功的案例。

农具博物馆[①]

2003年，山西省长治市张庄村农民王金红从村党支部书记的位子上退下来之后，他把别人扔在地窖里、塞在门楼上的农具收拢起来，一件一件擦抹干净，贴上标签，编号入座，依序排列，自己筹集资金办起一个农具博物馆，前

---

① 王占禹：《农民创办农具博物馆》，新华网山西频道，http：//www. sx. xinhuanet. com/lyrx/2009-05/09/content_16476633. htm。

后收藏并展出农具 10 余种共 268 件。

张庄农具博物馆其实就建在王金红自家的小院里。小院里架起一个棚子，地上摆着错落有致的农具，墙上也是排列整齐的农具，空中悬挂着各式各样的农具，种类繁多，琳琅满目。那些农具中间，还点缀着用水泥堆捏、用石头雕琢、用金属打造、用木头制作的一些人物和禽兽模型，既古朴厚重，又充满生气，使你享受到一种既淳朴又高雅的农业文化。

漫步于王金红创办的农具博物馆，你会觉得自己游历于中国农耕文化悠悠历史的长河中，感悟到中国农民的聪颖智慧和无穷的创造，从心底里喷发出对劳动者的崇敬和感激之情。

截至 2009 年 5 月份，已有 14 个国家的客人来农具博物馆参观考察过；博物馆仅 2009 年前 5 个月就接待了 300 多位参观者，其中还有英国一个电视台的记者。

（四）创业者的管理能力

创业者的管理能力是企业软实力的主要表现，管理能力越高，获取资源的可能性越大。创业者的管理能力可以从其沟通能力、激励能力、行政管理能力、学习能力和协调能力等多方面予以衡量。创业者通过管理能力获取必要资源的同时，能为企业创造良好的发展环境。

（五）社会网络

社会网络是机构之间及人与人之间比较持久的、稳定的多种关系结合而成的网络关系。由于创业资源广泛存在于各种资源所有者手中，这些所有者又处于一定的社会网络之中，而且人们对于商业活动的认识和参与，客观上会受到自己所处网络及在网络中地位的影响，所以，社会网络对于创业资源的获取具有重要意义。**不同的社会网络和网络地位，为人们之间的沟通协作提供了不同渠道。**在社会网络中处于优势地位的创业者，具有较好的社会关系依托，可以有选择地了解不同对象的效用需求，有针对性地对不同对象传递商业创意的不同方面，有目的地获取不同资源所有者的理解和信任，最终成功地从不同网络成员那里获取所需资源，为自己进行资源配置方式创新提供基础。

充分利用社会网络帮助创业成功的例子很多，这儿有一个朋友的例子。有一个农业大学毕业的学生去当村官，为帮助一方农民致富，该村官就想利用自已的专业知识做些什么，于是就张罗着栽培平菇。在他的劝说下，有几家农户同意和他一起栽培。为解决平菇大棚所需的资金问题，他们将项目提交到YBC当地的办公室，通过审核后，YBC给了他们免息贷款的资金支持；资金问题解决了，平菇如何才能更好地实现销售呢？他们又找到了YBC的指导教师，在导师的指导下，在平菇开始采摘之后，他们将平菇菌盖大小比较均匀和菌柄长短整齐的平菇采摘装盒，以大学生创业为特色和突破进行宣传，起到了意想不到的效果和很不错的销售业绩，当年就取得了不小的收益。后来，更多的村民开始和村官一起栽培平菇，有了产量，就有了采购商自动上村收购，解决了后续的销售问题。

另外，创业者的资源辨识能力和外部社会环境等也会对创业资源的获取产生一定影响。例如，在创业教育开始较早，创业文化浓厚的美国，创业者获得创业资源就相对容易；我国由于国家和各级政府层面对于创业的高度重视和大力支持，创业者获取创业资源也较原来有了很大改变，创业相对容易了很多。

五、创业资源获取的途径与技能

（一）创业资源获取的途径

获取创业资源的途径分为市场途径和非市场途径两大类。**当创业所需要的资源有活跃的市场，或者有类似的可比资源进行交易时，可以采用市场交易的途径；其他情况下则可以采用非市场交易的途径。**

1. 通过市场交易途径获取资源

通过市场途径获取资源的方式包括购买和联盟。

购买是指利用财务资源通过市场购入的方式获取外部资源。主要包括购买厂房、设备等物质资源，购买专利和技术，聘请有经验的员工及通过外部融资获取资金等。需要注意的是，诸如知识，尤其是隐性知识等资源虽然可能会附着在非知识资源之上，通过购买物质资源（如机器设备等）得到，但很难通过市场直接购买，因此，需要新创企业通过非市场途径去开发或积累。

联盟是指通过联合其他组织，对一些难以或无法自己开发的资源实行共同开发。这种方式不仅可汲取显性知识资源，还可汲取隐性知识资源。但联盟的前提是联盟双方的资源和能力互补且有共同的利益，而且能够对资源的价值及其使用达成共识。

西安蓝晶生物通过技术联盟方式不仅保证了技术的先进性，而且降低了研发成本。

西安蓝晶生物科技有限公司的技术开发[①]

生物专业毕业的王亚宏敏感地意识到生物领域将在未来成为新兴行业，通过对专业的了解和市场调查，王亚宏把眼光聚焦在多肽合成上。于是，王亚宏倾尽所有积蓄开始创业，经过几年筹划，2004 年，蓝晶生物科技——这个致力于多肽系列产品合成方法和制备工艺等的技术引进、吸收和创新的高科技企业诞生了。几年打磨之后，从申请专利到资金到位，王亚宏完成了公司的初步框架。公司的产品由于成本低、质量好，在高校和科研单位受到广泛的好评。

但是，做多肽合成的研发，需要一些昂贵的实验设备，这对于蓝晶生物科技这样的初创企业来说，实在难以企及。没有好的实验设备，小公司怎么搞研发？王亚宏想到要整合社会各种资源。"高科技企业的发展必须把科研开发放在首位。"王亚宏说。于是，公司与西安多个高校共同建立实验室，使用高校实验室的仪器资源来共同从事科研开发，既节省了研发成本，也有利于新产品更快更好地推出。

其实，与高校合作并不仅限于在仪器的使用上，更主要是在人力资源和技术领域的有效开发。高校拥有众多的专业人才，包括一些权威博导，他们在技术研发上具有一定的前瞻性和实践性，王亚宏经常抽空与他们探讨科研上的问题。虽然王亚宏对有些深奥的问题并不太懂，但他一定会记在心上，回家之后查阅资料，彻夜研读，深入理解问题，等下次再和教授们探讨时就会受益匪浅，而教授们也容易得到新的启发。这样，通过分享将人脉资源有效整合产生的巨大生产能量，给蓝晶生物带来了企业高速健康发展的机遇。

2. 通过非市场途径获取资源

非市场途径获取资源的方式主要有资源吸引和资源积累等。

资源吸引指发挥无形资源的杠杆作用，利用新创企业的商业计划、通过对创业前景的描述、利用创业团队的声誉等来获得或吸引物质资源(厂房、设备)、技术资源(专利、技术)、资金和人力资源(有经验的员工)。

---

① 孙嘉：《资源整合：站在巨人肩上创业》，载《科技创业》，2008(6)。

资源积累指利用现有资源在企业内部通过培育形成所需资源。主要包括自建企业的厂房、设备，在企业内部开发新技术，通过培训来增加员工的技能和知识，通过企业自我积累获取资金等。

海信的"中国芯"就是通过资源积累方式获取资源的较好例证。

海信中国"信芯"破壳而出①

2005 年 7 月 2 日，当装有"信芯"的彩电在青岛海信破壳而出时，中国彩电产业掀开了一个新的篇章。它被称为中国民族彩电第一芯。在"中国制造"广泛进入国际市场却遭遇越来越多技术壁垒的今天，"信芯"在核心技术上的突破可谓"壮举"。"信芯"完全采用自主设计，拥有全部自主知识产权。目前，"信芯"设计已经达到了 SOC 级的超大规模集成电路设计水平——采用国际先进的 0.18 微米制程，采用 CMOS 制造工艺，内部集成了近 200 万个逻辑门、700多万个晶体管。而包括 9 项发明专利在内的 30 多项技术专利，充分表明"信芯"在国际芯片界的技术水准。

中国"信芯"自主开发成功，集中反映了海信的创新能力与整体竞争力。

人们忘不了 1999 年的那一幕：海信集团董事长周厚健召集了一次内部专题会议，把当时海信技术中心的负责人夏晓东与一批做电视电路开发的人召集到一起，讨论的话题只有一个，"我们现在涉足芯片可能性怎么样？"包括战嘉瑾在内的技术人员的回答是，只要企业能够投入，只要能给出时间，按照海信技术人员的素质，芯片是可以开发成功的。

随后海信成立了集成电路项目筹备组，2000 年，上海的"专用集成电路设计所"加盟海信集团技术中心，海信将"信芯"的研发基地设在了上海。数字电视常用的核心芯片主要有三种：接收与解调芯片、解码芯片以及数字视频处理芯片。其中数字视频处理芯片不仅在开发设计上最见功夫，也是最有开发意义、分量最重的一款芯片。海信确定的芯片核心技术突破口恰恰选择了这一款。

这群平均年龄只有 28 岁的年轻人，都有着一颗攻克技术难关的执着心。大家充分利用上海相对优越的行业环境，贪婪地汲取相关知识，迅速成长为一

---

① 参见《海信中国"信芯"破壳而出》，中国质检网，http://www.cqn.com.cn/news/zgzlwlx/49491.html。

支优秀的芯片设计团队。密布着艰辛和寂寞的开发之路持续了四年多,沿着这条并不平坦的创新之路一步一步地走了下来,他们体味着一点点胜利的喜悦。2002 年年底,他们终于完成了包括从算法到电路的全部液晶显示器电路的 FP-GA 实现项目。这是在集成电路设计上的一个重大事件。

2003 年,他们以已经完成的项目为基础,开始了数字视频处理器的正式产品级芯片的开发。这项工作一直持续了两年多时间,直到 2004 年 11 月 27 日,完成 MPW 流片,获得成功;两周后,该芯片即成功地应用在支持 1080P 高清显示格式的电视机上,其效果达到同类芯片的国际先进水平;2005 年 2 月 12 日,采用该芯片的整机,完成可靠性加速试验;2005 年 3 月 1 日,完成工程批芯片生产,3 月 7 日完成工程批样片整机应用验证工作。

从 2005 年 2 月开始,该芯片反复数次进行装机的工程批生产和验证,并与国际同类产品进行严格的比较试验。结果显示,运用该芯片的电视整机产品与采用国际先进芯片的电视相比,技术性能毫不逊色。

为了充分表达此次自主创新的胜利带给中国企业和中国工业的意义,该芯片被命名为"HIVIEW 信芯"。

正像用心脏比喻芯片在电子信息产业甚至国家经济中的重要性一样,海信自主研发的芯片已经完全可以替代国际同类芯片,并达到了国际先进技术水平。装备了"信芯"的数万台海信电视已经上市。更为重要的是,当"信芯"打破了中国彩电芯片被外国产品一统天下的局面时,芯片这种原材料供应就开始步入国内外企业共存的竞争层次,从而给中国企业在采购成本上带来整体效益。

海信"信芯"的诞生,不仅为海信自身发展赢得主动权,也帮助中国彩电行业摆脱了依赖国外芯片过日子的局面。

通过市场途径还是非市场途径取得资源,主要依赖于资源在市场的可用性和成本等因素。若证明快速进入市场能够带来成本优势,则外部购买可能就是获取的最佳方式。

获取资源贯穿创业的全过程,在创业的初始阶段,它具有更加重要的作用。对于多数新创企业来说,由于初始资源禀赋的不完整性,创业者需要取得资源供应商的信任来获取资源。但无论如何,采用多种途径同时获取不同资源总是正确的选择。根据 Laurence Capron and Will Mitchell(2010)的研究结果,与采用单一途径的企业相比,通过多种方式获取资源的企业更有优势:它们在未来 5 年内继续经营的概率比那些主要依赖联盟的企业高 46%，比专注于并购的企业高 26%，比坚持内部研发的企业高 12%。

（二）创业资源获取的技能

为了及时足额并以较低的成本获得创业所需的资源，创业者需要掌握一定的创业资源获取技巧。

1. 充分重视人力资源的获取

人力资本在创业资源中的决定性作用要求创业者必须充分重视人力资源的获取。创业者一方面应努力增强自身能力的培养，另一方面应充分重视创业团队的建设。一支知己知彼、才华各异、能力互补、目标一致和彼此信任的团队是创业资源中最为重要的资源，也是创业成功必不可少的保证。

上海中科合臣股份有限公司正是通过对于姜标等高技术人才的引进和重视，引发了"姜标现象"，取得了不少收益。

上海中科合臣的"姜标现象"①

上海中科合臣股份有限公司是 2000 年 9 月 29 日，上海中科合臣化学公司联合上海联和投资有限公司、上海科技投资公司和上海市普陀区国有资产经营有限公司等法人单位及 5 名自然人共同发起设立的股份有限公司。第一大股东上海中科合臣化学公司的前身成立于 1959 年，是曾经为我国"二弹一星"的研制做出重要贡献的中国科学院有机化学研究所的实验工厂，1985 年成为独立经营的企业法人。2003 年 6 月，在上海证券交易所挂牌上市。

1996 年以前，中科合臣处在一盘散沙的状态，到了濒临破产的边缘。直面市场经济下的困境，1996 年，公司领导层毅然决定，引进人才，发挥人才资源的积聚效应，重振中科合臣的往日雄风。公司首先邀请精于医药、农药等科研产品开发的姜标从美国杜邦公司新药研究中试基地回来担任科研和产品开发的副总经理。姜标临危受命，凭借自己在这一领域多年研究的积累和对国际市场的了解，很快就组建起公司的医药、农药开发基地，并开发、生产出可供

---

① 参见《创业资源整合二：人力资源，科技创业》，2005(2)；上海证券交易所公告，http://static.sse.com.cn/disclosure/listedinfo/announcement/c/2013-07-22/600490_20130723_1.pdf。

出口的高品质的医药和农药中间体。

1998年，以姜标为核心的项目组仅用一年时间就开发出两类高科技医药中间体，创造了800多万美元的产值，为中科合臣带来了巨大的经济效益。

在中科合臣，这被称之为"姜标现象"，即"引进一个人才，带动一个产业"。基于"姜标现象"的样板效应，中科合臣加快了顶尖人才的引进步伐，加大了人才资源整合的力度，先后引进多名硕士、博士和博士后，整个专业技术人员数量占到职工总数的30%左右。在这支可观的专业技术队伍中，涌现了一批"姜标式"的人物，开发了一批高质量的高科技产品。

中科合臣成功的关键在于引进培养了以姜标为代表的一批具有专业知识的高层次复合型科技领军人才，从而中科合臣工程中心从无到有，组建起一支完整的科研开发队伍，建立了一套完整的、均衡发展的产业化体系，并开发出一系列高科技产品，挽救了企业并使之走上了高新技术产业化之路。至此，人才产生的"链式反应"已充分显现出来。

中科合臣吸引、留住人才的方法主要是在尊重人才的价值上下功夫。一是用好人才，按照人才的才能和特长，安排适当的领导岗位、聘任技术职务，使人才有价值"认可感"、受"信任感"；二是给任务、压担子，让人才攻关键、解难题，使人才有"成就感"；三是表彰奖励有重大贡献的人才，使人才有"光荣感"；四是待遇从优，使人才有"幸福感""满足感"。

2013年5月18日公司中文名称变更为"鹏欣环球资源股份有限公司"。

2. 以能用和够用为原则

不是所有的资产都是企业的资源，创业者在筹集资源时应坚持能用的原则，只有满足自己需求的，自己可以支配并使其充分发挥作用的资源，才是需要筹集的资源。

另外，资源的使用是有代价的，因此，在筹集创业资源时应该本着够用的原则，而不是多多益善。一方面资源的有限性使创业者难以筹集过多的资源；另一方面，当使用资源的收益不能弥补其成本时，资源的使用并不能给企业带来效益。

刘博文作为国内某知名高校的高材生，在计算机编程方面颇有天赋。其在大学期间就研究开发了一套电脑内存的优化软件，能够较好对计算机内存进行管理，优化电脑的使用性能，而且其开发的软件使用便捷，占用电脑空间较小。于是，刘博文便以此软件为契机着手参加了全国创业计划大赛，在大赛进行过程中，刘博文的软件得到很多人的好评。有家软件公司主动找上门拟以一个较高的价格购买其软件，但刘毅然拒绝了，因为他看到了其中的商机，想自己创办企业将项目付诸实施。刘在参赛过程中结识的一位风险投资商愿意出80万元资金资助其创办企业，但是要求拥有企业30％的股权，刘觉得该投资商想占的股份有些过多，正在其犹豫不决时，另一位看到创业大赛信息的投资商也找上门来，愿意出50万元的资金，但只要求占15％的股份。刘觉得后者的出资与所占的股权比例较前者相比具有明显的优势，而且如果公司发展后，另外15％的股份价值肯定会超过30万元，于是就选择后者作为自己的风险投资商。

但接下来出现的情况却不像刘想象的那样顺利：投资商初期投入的50万元资金很快就在广告宣传和相关产品研发方面消耗殆尽，产品初期的销售状况又不太乐观，资金回流不像想象中的那样多。尽管企业的前景依然不错，公司的日常运营也依旧良好，但在企业资金濒于断流的情况下筹集资金却比原来难了许多，而且刘也很难在较短的时间内再找到愿意合作的合作者，企业只好在开业的半年后解体。

3. 尽可能筹集多用途资源和杠杆资源

资源自身的特性决定了其用途的不同，有的资源可能在不同场合具有不同用途，筹集具有多种用途的资源可以帮助创业者应付创业过程中出现的意外；在知识社会，具有独特创造性的知识是现代社会的高杠杆资源①，对于杠杆资源的合理利用，有助于创业者取得一定的杠杆收益，达到事半功倍的效果。

·▸ 项目论证

请根据团队的创业项目，分析项目所需要的资源类别。

1～2组分享，其他组补充或建议

每组分享时间5～10分钟

---

① 秦合舫：《知本时代的高杠杆资源》，载《中华工商时报》，2007-04-09。

创意眼镜

驾驶眼镜

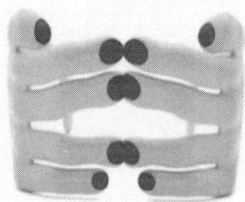

偷窥眼镜

Party眼镜

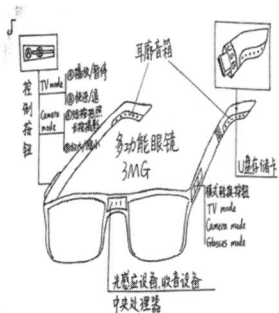

多功能眼镜

蓝牙耳机眼镜

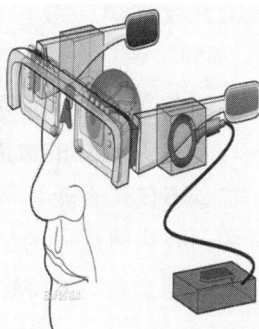

变焦眼镜

‣‣ 上周内容回顾

第二节 创业融资

钱是有的，关键是到哪里去找。

——《小企业的有效管理》提到的融资秘诀

一、创业融资分析

（一）创业融资的重要性

任何企业的生产经营活动都需要资金支撑。对于新创企业来说，在企业的销售活动能够产生现金流之前，企业需要技术研发，需要为购买和生产存货支付资金，需要进行广告宣传，需要支付员工薪酬，还可能需要对员工进行培训；另外，要实现规模经济效应，企业需要持续地进行资本投资；加上产品或服务的开发周期一般比较漫长，就使得创业企业在生命早期需要大量筹集资金。

对创业者来说，融资的重要性主要表现在以下几个方面：

1. 资金是企业的血液

资金不仅是企业生产经营过程的起点，更是企业生存发展的基础。但是，大量的调查表明创业的最大困难之一就是资金缺乏。

资金是企业的"血液"，资金链的断裂是企业致命的威胁。《中华人民共和国破产法》第二条规定："企业法人不能清偿到期债务，并且资产不足以清偿全部债务或者明显缺乏清偿能力的，依照本法规定清理债务。"

2. 合理融资有利于降低创业风险

世上没有免费的午餐。创业企业使用的资金，无论是从各种渠道借来的资金，还是创业者个人的自有资金，或者其他方式筹集的股权资金，都具有一定的资金成本。筹集较多的资金可以避免出现现金断流的情况，但是却会增加企业的融资成本，创业初期如果企业的经营利润不能够弥补融资成本的话，会造成企业亏损；筹集较少的资金虽可以降低融资成本，但是如果资金使用不合理，或者资金短缺时无法及时筹集所需资金，会使企业陷入无法及时偿债的境地，从而被迫进行破产清算。因此，合理选择融资渠道和融资方式，有利于降低资金成本，将创业企业的财务风险控制在一定范围之内。

3. 科学的融资决策有利于企业可持续发展

企业在不同的发展阶段，有着不同的现金流特点，面临着不同风险，对于资金筹集也有着不同要求。根据企业所处生命周期阶段以及企业自身的行业特点，结合宏观融资环境和创业者对控制权的偏好，考虑融资成本及融资风险，以及资金的可得性等客观情况，做出科学的融资决策，不仅有利于合理安排资本结构，将财务风险控制在可控制的范围之内，而且可以使企业的所有权得到有效配置，使企业的利益分配机制更加合理，为创业企业植入"健康的基因"，保证创业企业可持续发展。

（二）创业资金的分类

1. 流动资金和非流动资金

按照资金的占用形态和流动性，可以分为流动资金和非流动资金。占用在原材料、在制品、库存商品等流动资产，以及用于支付工资和各种日常支出的资金，被称为流动资金；用于购买机器设备、建造房屋建筑物、购置无形资产等的资金，被称为非流动资金。

流动资金的流动性较好，极易使用和变现，一般可在一个营业周期内收回或使用，属于短期资金的范畴，创业者在估算创业资金需求时需考虑其持续投入的特性，选择短期筹资的方式筹集相应资金；非流动资金占用的期限较长，不能在短期内收回，具有长期资金的性质，能够在 1 年以上的经营过程中给企业带来经济利益的流入，创业者在进行创业资金估算时，往往将其作为一次性的资金需求对待，采用长期筹资的方式筹集相应资金。

2. 投资资金和营运资金

按照资金投入企业的时间可分为投资资金和营运资金。

投资资金发生在企业开业之前，是企业在筹办期间发生各种支出所需要的资金。 投资资金包括企业在筹建期间为取得原材料、库存商品等流动资产投入的流动资金；购建房屋建筑物、机器设备等固定资产，购买或研发专利权、商标权、版权等无形资产投入的非流动资金；以及在筹建期间发生的人员工资、办公费、培训费、差旅费、印刷费、注册登记费、营业执照费、市场调查费、咨询费和技术资料费等开办费用所需的资金。

营运资金是从企业开始经营之日起，到企业能够做到资金收支平衡为止的时间内，企业发生各种支出所需要的资金，是投资者在开业后需要继续向企业追加投入的资金。 企业从开始经营到能够做到资金收支平衡为止的时间叫做营运前期，营运前期的资金投入一般主要是流动资金，既包括投资在流动资产上的资金，也包括用于日常开支的费用性支出所需资金。

营运前期的时间跨度往往依企业的性质而不同，一般来说，贸易类企业可能会短于一个月；制造类企业则包括从开始生产之日到销售收入到账这段时间，可能要持续几个月甚至几年；对于不同的服务类企业，其营运前期的时间会有所不同，可能会短于 1 年，也可能会比 1 年要长。在很多行业中，营运资本的资金需求要远远大于投资资本的资金需求，对营运资金重要性的认识，有利于创业者充分估计创业所需资金的数量，从而及时、足额筹集资金。

（三）创业融资难的原因

创业融资难的主要原因是新创企业的不确定性大、信息不对称以及资本市场欠发达等。

1. 新创企业的不确定性大

首先，商业机会本身具有不确定性。创业者的创业机会不可避免地会受到外界环境的影响，当外界环境发生变化时，机会也会相应丧失。对于创业活动本身而言，由于创业项目尚未实施，或刚开始实施，创业项目受外界环境的影响相对于既有企业来说更大，其市场前景不够明朗。

其次，新创企业的利润具有不确定性。多数创业者创业经验缺乏，导致其应对内外部环境变化的能力不足，企业盈利的稳定性较差。

再次，新创企业的寿命具有不确定性。亚洲开发银行驻中国代表处副代表兼首席经济学家汤敏指出："中小企业的存活率很低，即便在发达的美国，5 年后依然存活的比例仅为 32％，8 年后为 19％，10 年后为 13％。"[1]在中国，

---

① 李良智、查伟晨、钟运动主编：《创业管理学》，137 页，北京，中国社会科学出版社，2007。

中小企业的寿命往往更短，据统计，我国新创企业的失败率在 70％左右。国外有学者估计，新创企业在 2 年、4 年、6 年内的消失率分别为 34％、50％和 60％。[①]

与此同时，与既有企业相比，新创企业在融资方面还有明显的劣势。企业创办初期一般来说规模较小，固定资产等有形资产的价值偏低，有效的可供抵押的资产较少；加上新创企业的融资规模偏小，使得投资方投入的成本较高，这不但表现在事前的资料调查和可行性分析过程中，而且表现在事后对投入资金的管理过程中。因为无论多大规模的投资，对于投资方来说必经的例行调查和事后的管理工作都不会减少，故当融资规模较小时，就会导致单位资金的成本升高；同时，新创企业缺少以往可供参考的经营信息，使得投资者对于投入到企业资金的安全性判断较为困难，从而限制了企业资金筹集。

2. 新创企业和资金提供者之间信息不对称

信息不对称是经济生活中普遍存在的现象。创业融资中的信息不对称表现为创业者对自身能力、产品或服务、企业的创新能力和市场前景等的了解多于投资者，从而处于信息优势，投资者则处于信息劣势。

首先，创业者倾向于对创业信息进行保密。创业者在融资时，往往倾向于保护自己的商业机密及其开发方法，特别是进入门槛低的行业的创业者更是如此，这样，创业者对创业信息的隐藏会增加投资者对信息甄别的时间和成本，从而影响其投资决策。其次，新创企业的经营和财务信息具有非公开性。新创企业或者处于筹建期，或者开办的时间较短，缺乏或只有较少的经营记录，企业规模一般也较小，经营活动的透明度较差，财务信息具有非公开性，使得潜在投资者很难了解和把握创业者和新创企业的有关信息。最后，高素质的投资者群体尚未形成。由于中国市场经济发展的时间较短，普通大众的投资理念比较保守，尚未形成一个相对成熟的投资者群体，潜在投资者对行业的认识、直觉和经验等也相对缺乏，使得其在选择投资项目时更为谨慎。创业者、新创企业和投资者群体之间的信息不对称，会导致创业融资时的道德风险和逆向选择。

---

① 转引自张玉利：《创业管理（第 2 版）》，101 页，北京，机械工业出版社，2011。

3. 资本市场欠发达

中国真正意义的资本市场是以 20 世纪 90 年代沪、深证券交易所的建立为标志的，经过 20 多年的发展，已成为国家经济调控和企业融资的重要场所。但与发达国家相比，中国的资本市场仍然不够完善，缺少擅长从事中小企业融资的金融机构和针对新创企业特点的融资产品，对企业上市的要求较高，产权交易市场不够发达，致使新创企业的融资受到一定限制。

首先，中国缺少擅长从事中小企业融资业务的金融机构和针对新创企业特点的融资产品。和发达国家相比，中国人均金融机构数目偏少，尤其是擅长从事中小企业融资业务的金融机构；加上现有金融机构的创新能力不足，提供的针对中小企业特点的金融产品较少，可供新创企业选择的融资方式有限。其次，企业上市的要求较高，投入资本的退出渠道不畅。无论主板市场还是创业板市场，对企业上市的要求条件都较高，使得相当一部分企业无法满足上市条件，从而投入资本的退出渠道不畅，影响了风险投资等投资人对新创企业的投入。最后，产权交易市场不够发达，影响投入资本的回收。市场外的产权交易是投入资本回收的重要方式，统一的产权市场有利于进行跨地区、跨行业的产权交易，相对低廉的交易成本会降低投资者回收投资的代价，使其通过产权交易的方式回收投资。但中国既没有形成全国统一的产权交易市场，而且产权交易的成本又比较高，从而加大了投资者回收投资的成本，使得其在进行投资时更加谨慎。

（四）创业融资过程

一般来说，创业融资过程包括融资前的准备、资本需求量测算、商业计划编写、融资来源确定及融资谈判五个方面的内容。

1. 做好融资前准备

尽管新创企业融资较为困难，但创业融资却是新创企业顺利成长的关键。因此，创业者一定要在融资之前做好充分的准备工作：对融资过程有一定了解，建立和经营个人信用，积累自己的人脉资源，学习估算创业所需资金的方法，知晓了解融资渠道和途径，熟悉商业计划书的结构和编写策略，提高自己的谈判技巧等，以提高融资成功的概率。

积累人脉资源，创业所需资金的计算，融资渠道和商业计划书等内容，其他章节都有详细阐述，这里只强调个人信用的重要性。

个人信用指的是基于信任、通过一定协议或契约提供给自然人及其家庭的信用，使得接受信用的个人不用付现就可以获得商品或服务，它不仅包括用作个人或家庭消费用途的信用交易，也包括用作个人投资、创业以及生产经营的信用。个人信用记录包括以下四个方面的内容：一是个人基本身份信息，包括姓名、婚姻及家庭成员状况、收入状况、职业、学历等；二是信用记录，包括信用卡及消费信贷的还款记录，商业银行的个人贷款及偿还记录；三是社会公共信息记录，包括个人纳税、参加社会保险、通信缴费、公用事业缴费以及个人财产状况及变动等记录；四是特别记录，包括有可能影响个人信用状况的涉及民事、刑事、行政诉讼和行政处罚的特别记录。

市场经济是信用经济，信用对国家、社会、个人都是重要的资源，信用在创业融资过程中起着很重要的作用。无论是从何种渠道筹集资金，投资者都会比较关注创业者个人的信用状况。因此，为保证融资的顺利进行，创业者应尽早建立起良好的个人信用记录，如做一个信用卡的诚信持卡人，同时注意在日常生活中按时缴纳各项税费，遵纪守法，保持良好的个人信用记录。

2. 计算创业所需资金

创业者在筹集资金之前，要能够运用科学的方法，准确计算资金需求量，以便及时足额筹措创业所需资金。

3. 编写创业计划书

新创企业对于资金的需求，需要通盘考虑企业创办和发展的方方面面，要对企业进行全面筹划。编写创业计划书是一种很好的对未来企业进行规划的方式，在创业计划书中，创业者需要估计未来可能的销售状况，为实现销售需要配备的资源，并进而计算出所需要的资金数额。

4. 确定融资来源

确定了新创企业需要的资金数额后，创业者需要进一步了解可能的筹资渠道，不同筹资渠道的优缺点，根据筹资机会的大小，以及创业者对企业未来的所有权规划，充分权衡利弊，确定所要采用的融资方式。

5. 展开融资谈判

选定所拟采取的融资渠道之后，创业者即需要与潜在的投资者进行融资谈判。要提高谈判的概率，要求投资者首先对自己的创业项目非常熟悉，充满信心，并对潜在投资者可能提出的问题做出猜想，事先准备相应答案。另外，在谈判时，要抓住时机陈述重点，做到条理清晰。一般情况下，还应向有经验的人士进行咨询，以提高谈判成功的概率。

二、创业所需资金的测算

合理筹集创业所需资金是对创业者最为基本的素质要求，也是其顺利创办企业的前提。

（一）测算投资资金

如上所述，投资资金包括新创企业开业之前的流动资金投入、非流动资金投入，以及开办费用支出所需要的资金投入。在估算投资资金时，大部分创业者均能想到购置厂房、设备及材料等的支出，以及员工的工资支出，但常常会忽略诸如机器设备安装费用、厂房装饰装修费用、创业者的工资支出、业务开拓费、广告费等开业前可能发生的其他大额支出，所以，创业者在计算时应尽可能将投资项目考虑全面。

（二）测算营运资金

营运资金主要是流动资金，是新创企业开始经营后到盈亏平衡前创业者投入企业的资金。**营运资金的估算需要根据企业未来的销售收入、成本和利润情况来确定，通过财务预测的方式实现。**

1. 测算新创企业的营业收入和成本

营业收入是指企业在从事销售商品，提供劳务和转让资产使用权等日常经营业务过程中所形成的经济利益总流入。营业成本是指企业在从事销售商品，提供劳务和转让资产使用权等日常经营业务过程中所形成的经济利益总流出。对新创企业营业收入/成本的测算是制订财务计划与编制预计财务报表的基础，也是估算营运资金的第一步。在进行营业收入/成本测算时，创业者应立足于对市场的研究和对行业营业状况的分析，根据其试销经验和市场调查资料，利用推销人员意见综合、专家咨询、时间序列分析等方法，以预测的业务量和市场售价/单位成本为基础估计每个会计期间的营业收入，并根据行业的信用政策特点和新创企业拟采用的信用政策，估算由此可能产生的现金流入/流出。

2. 编制预计利润表

利润表是用来反映企业在某一会计期间的经营成果的财务报表。该表是根据"收入－费用＝利润"的会计等式，按营业利润、利润总额、净利润的顺序编制而成的，是一个时期的、动态的报表。创业者在编制预计利润表时，应根据测算营业收入时预计的业务量对营业成本进行测算，根据拟采用的营销组合对销售费用进行测算，根据市场调查阶段确定的业务规模和企业战略，对新创企业经营过程中可能发生的管理费用进行测算，根据预计采用的融资渠道和相应的融资成本对财务费用进行测算，根据行业的税费标准对可能发生的营业税费进行测算，以此计算新创企业每个会计期间的预计利润。

3. 编制预计资产负债表

资产负债表是总括反映企业在某一特定日期全部资产、负债和所有者权益状况的报表。资产负债表是根据"资产＝负债＋所有者权益"这一会计基本等式，依照流动资产和非流动资产、流动负债和非流动负债大类列示，并按照一定要求编制的，是一张时点的、静态的会计报表。创业者在编制预计资产负债表时，应根据测算的营业收入金额和企业的信用政策确定在营业收入中回收的货币资金及形成的应收款项，材料或产品的进、销、存情况确定存货状况，投资资本估算时确定的非流动资金数额和选择采用的折旧政策计算固定资产的期末价值，行业状况和企业拟采用的信用政策计算确定应付款项，估算的收入和行业税费比例测算应交税费，预计利润表中的利润金额及利润分配计划确定每期的所有者权益，并可据此确定需要的外部筹资数额。当根据预计收入计算确定的资产数额，大于经营过程中形成的自发性负债金额和所有者权益金额合计时，其差额就是需要从外部筹集的资金数额。

⁞⁞ 案例分析

创业资金计算

小王是一名会计学专业 2005 届的毕业生，毕业时想自己开办一家会计公司。会计公司主要办理代理记账、工商注册、税务代理以及纳税筹划等业务，因此，财务软件和税控机是企业开展业务必备的条件。在开办公司前，他进行了简单的市场调查，觉得这个行业有很大的市场空间，他对开办公司的必要支出进行了如下估算：

在北京市海淀区苏州街租一间 20 平方米左右的办公室，每月需要 3 000 元左右租金；

购置两台电脑，每台 5 000 元；一套最基本的财务软件，大约需要 3 000 元；两台打印机，一台针式打印机用来打印输出的会计凭证和账簿，另一台打印一般的办公文件，两台打印机大概需要 3 500 元；一台税控机（用于帮助客户进行纳税申报），价格 3 000 元；一台传真机，价格 1 000 元；

购置 3 套办公桌椅，每套 300 元；

购置饮水机一台，需要 500 元，每月大约需要 4 桶水，每桶水 15 元；

事先需置办一些办公用品及办公耗材，需支出 1 000 元，大约可供一个月使用；电话费、网费每月 320 元左右；水电费每月 200 元；同类会计服务公司的广告费一般每月 1 200~2 000 元，小王准备每月花费 1 500 元；

公司开业初期需雇用 1 名会计和 1 名外勤人员，两人的工资每月合计为 3 500 元，社会保险费合计每月 1 000 元；

开户、刻章直至办完整套开业手续，大约需要一个月的时间，需要的开业前的基本费用为 1 000 元；

每家客户每月可以收取 250 元的服务费，为每个客户服务的基本支出大约为 20 元/月。另外，客户在 60 户以内时基本上不用增加会计和外勤人员。

于是，小王简单算了一下，他创办会计公司所需要的资金为 33 480 元。由于开办公司的资金需要不是太多，而每一户的利润也较为可观，加上小王对自己的专业知识和开拓市场的能力非常自信，他觉得自己的公司一定会开办得很红火。

但是，为了以防万一，怕哪些项目考虑不周全，小王在筹集资金时还准备了一些风险资金，共筹集了 50 000 元。可是，令小王没想到的是，公司刚刚经营了几个月资金就出现了断流，连支付房屋租金的钱都不够了。你能帮小王分析一下公司资金断流的原因吗？请帮小王计算一下开办这样的会计公司大概需要多少资金？

学生讨论发言后，教师进行归纳总结，包括但不限于以下内容。

案例解析

第一，本例中，小王只计算了公司开办所需要的投资资金的数额，而没有考虑营运资金的需求。为计算公司需要的营运资金数额，小王需要补充调查公司客户数量的变化情况，即公司大约每个月可以增加的客户数量，以估算公司的营业收入，以及与此相关的利润情况，计算公司的盈亏平衡点，并据此估计其需要的营运资金数额。

本例中，公司每个月需要固定支出的资金包括：房租 3 000 元、办公用品 1 000 元、饮用水 60 元、电话费网费 320 元、水电费 200 元、广告费 1 500 元、雇员工资及社保费 4 500 元，由此，企业每月的基本支出为以上各项之和 10 580 元。每个月主要的资金流入是客户交纳的服务费用，每个客户 230 元。因此，公司资金收支平衡点的业务量为：

收支平衡点业务量＝10 580/230＝46（户）

即客户量达到 46 户时才能实现资金的收支平衡。假定补充调查的结果是每个月可以增加 6 家客户，则达到盈亏平衡点的时间为 8 个月，这就意味着小王要在开业后的 8 个月内继续追加投资，由此，公司需要投入的营运资金的数额为 84 640 元（10 580 元×8）。

第二，小王在计算资金需求时支出项目考虑不够全面。如小王自己的生活费支出、业务开拓费、相关税费等。一般来说，创业者在开始创办企业之前会有一份工作，其在筹办企业期间相当于原来工资收入的部分是其创业的机会成本，应当作为一项潜在支出考虑；或者最起码，创业者每月基本的生活和劳保支出应计算在创业所需的资金之内。另外，创业初期的市场开拓支出也是必不可少的花费；还有按照行业不同确定的营业税费的支出等。[①]

为了确保创业者可以在计算创业资金时考虑更加全面，力求对资金数量计算的准确性，创业者可以采用表 4-1 进行创业资金测算。

---

① 2013 年国家鼓励普通高校毕业生自主创业政策公告第六条规定，持《就业失业登记证》从事个体经营的，3 年内按每户每年 8 000 元为限额享受有关税收优惠。

表 4-1　创业资金计算表

	开业前	营运前期							
		N	1	2	3	4	5	6	……
房屋									
设备									
办公家具									
办公用品									
员工工资									
创业者基本支出									
营业税费									
业务开拓费									
广告费									
水电费									
电话费									
保险费									
设备维护费									
软件费									
风险储备资金									
……									

▸▸ 每周创业故事

王卫和他的顺丰速运

顺丰，中国民营快递公司巨头。这家公司即将迎来 20 周年庆，但外界仍对它知之甚少。它从不打广告，不打算上市……与它近 200 亿元的年销售额相比，这无疑是一家另类低调的企业。不过，这家低调企业的掌门人王卫，却是"电商教父"马云最佩服的人。

1993 年，王卫仅 22 岁，这个只有高中学历的上海人起初在顺德做印染，这时珠三角区域常常会需要香港的货物，看到这一商机的王卫做起了码头捎货的"快递"。机会多了之后，顺丰就此诞生。原始资金是王卫向父亲借款的 10 万元，他在香港太子兰街租赁了一个数百平方米的地方作为公司，专替企业运送信件给珠三角地区。这用背包和拉杆箱作为载体的模式，被称为"水货佬"。

伴随着经济的发展，香港与内地的贸易络绎不绝。这时的王卫用较他人便宜 40% 的价格，抢到了不少的生意。至今，顺丰发迹地香港兰街，仍有人记得当时王卫的生意越做越红火，直接将兰街一条街齐齐带旺的景象。这时的顺丰，就像一块海绵，疯狂吸收快递市场无处不在的养分。在市场的需求之下，很快顺丰便以顺德为起点，采用合作和代理的方式，将自己的触角延伸至广东各地。

顺丰曾决定不引入战略投资，但花旗银行却开价 1 000 万港元中介费用，只为求得一个合作机会；它不打算上市，众多 PE 和 VC 却趋之若鹜。而一向拒绝资本圈"橄榄枝"的顺丰，后来却引入了苏州元禾控股、招商局、中信资本三家机构大手笔融资 80 亿元。这究竟是为什么呢？

最终令王卫妥协的因素应该来自外部市场的剧变。根据最新《邮政法》规定，港资未经批准不得经营内地快递，基于这一规定，顺丰一度因其港资背景而被联邦快递、UPS 等外企投诉。为此，王卫不得不从香港人变成了深圳户口。同时，为避免触及邮政专营业务的嫌疑，顺丰也在内部有了一个约定俗成的规定，不接收、派送政府部门的快件。

不止如此，顺丰的竞争对手和面临的市场环境也更为复杂。此前，顺丰的对手是 EMS 和众多民营小伙伴，但如今，全球快递巨头如 UPS、联邦快递已获得国内市场运营牌照，可以名正言顺地与 EMS 及顺丰正面竞争。升级装备、巩固并扩大市场份额，无疑是顺丰当务之急。目前国内能够自建航空公司的物流企业只有两家，一是中国邮政集团公司，其享有国企优势；另一家就是顺丰速递，按照规划，顺丰航空 2015 年将拥有自有飞机 25 架。但事实上，购买飞机扩大规模不难，如何获取更多货运航线、机场支持，凭顺丰一己之力的民营背景并非易事。

有高管说王卫是那种很有危机感的人，三个月没有创新和变革，就会让他感觉危机四伏。而这，也让他带领顺丰一直走在行业前列。

上周项目展示——创业实践活动总结

三、创业融资渠道

引导案例：

Bizooki 公司：多途径融资[①]

2008 年，一名贝尔蒙特大学的学生安迪·塔巴尔（Andy Tabar）为创办 Bizooki 公司而烦恼，该公司是一家互联网公司，试图通过动用全球智慧来提高商业活动的效率。其创意是这样的：越来越多的企业需要更有效地实施专业项目，但在公司内部却又缺乏专业人才。通过将工作外包给全球专业服务商，有助于以更低的成本同时更及时地完成项目。Bizooki 公司的角色就是一个中间商，使有技术需要的企业与全球供应商对接。尽管 Bizooki 公司的启动资金并不算宽裕，但塔巴尔的融资方式却能给大多数创业者带来启示。塔巴尔并没有拘泥于从投资者或银行家那里获取资金，而是采用了步步为营、向朋友和家人借款，以及创造性的融资途径等方式。

塔巴尔在很小的时候就有过融资经历。在读高中的时候，他就创办了一个网站，但却没有投入太多资金。高中毕业后，他对于如何获取信用卡、在什么时候需要外部融资等问题有了很好的认识。他采取的第一步行动就是办一张信用卡，为自己建立信用记录。

在俄亥俄州长大的塔巴尔选择贝尔蒙特大学的原因是看重学校提供的创业培训计划。在创办 Bizooki 之前，他尝试过不少商业创意，并且坚持使用不同的方式获取资金或资源。在大一时，他加入了学校的学生创业实践计划，在这期间，塔巴尔与 70 名同班同学共享课桌、计算机、电话、传真机、复印机以及头脑风暴萌发的创意。另一个例子，他多次参加商业计划竞赛，并在 2006

---

① 转引自［美］布鲁斯·R. 巴林格、R. 杜安·爱尔兰：《创业管理：成功创建新企业》，杨俊、薛志红等译，张玉利审校，166～167 页，北京，机械工业出版社，2010。

年和 2008 年分别获得学校的最高奖项，每次都赢得了 5 000 美元的奖金。

借助这些途径积累的资金，塔巴尔把他的创意变成现实，成立了 Bizooki 公司。他从一些意想不到的途径借钱，但每笔钱的数目都不大：他在一家专业借贷网站注册，而不是从银行筹集资金。Prosper 是一家专门为需要借钱和愿意借钱的人牵线搭桥的网站，借助该网站，他从多个借款人那里获得了资金，每笔都是 5 000 美元左右，这些人都是塔巴尔的朋友或家人。Prosper 提供了一个便利、正式而合法的借贷网络平台，即便是熟人之间的借贷也是如此。

面向未来，塔巴尔还需要更多的资金来支撑 Bizooki 公司的成长。他已经会见了不少的天使投资人，这些投资人都是在贝尔蒙特大学的创业培训项目上认识的。但是他目前并不想动用这些资源，而是将它作为长期的资源储备。他坚信自己要谨慎行动，并认为只有在恰当的时候才可以从外部投资者那里获取资金。同时，他仍在继续搭建自己的信用记录，以便在将来银行融资时使用。

请思考：塔巴尔在创业过程中都采用了哪些融资方式？你还了解哪些融资方式？

在学生头脑风暴之后，教师对融资渠道进行总结，归纳以下内容。

日本创业家中田修说："有钱谁都会创业，关键在于没有钱怎么创业。"对于大多数创业资金缺乏的大学生创业者来说，要想在没钱的情况下创业成功，就需要了解各种筹资渠道，熟悉其优缺点。

（一）私人资本融资

1. 个人积蓄

创业者的个人积蓄是创业融资最为根本的来源。 几乎所有的创业者都向他们新创办的企业投入了个人积蓄。个人积蓄的投入对于新创企业来说具有重要的意义。

首先，创业者个人积蓄的投入，表明了创业者对于项目前景的看法，只有当创业者对未来的项目充满信心时，他才会毫无保留地向企业中投入自己的积蓄。

其次，将个人积蓄投入企业，是创业者日后继续向企业投入时间和精力的保证，投入企业的积蓄越多，创业者越会在日后的生产经营过程中对企业更加关注。

再次，个人积蓄的投入是对债权人债权的保障，由于在企业破产清算时，债权人的权益先于投资者的权益得到清偿，所以，企业能够融到的债务资金一般以投资者的投入为限，创业者投入企业的初始资金是对债权人债权的基本保障。

最后，个人积蓄的投入有利于创业者收获创业成果，分享投资成功的喜悦。因此，准备创业的人，应从自我做起，较早地将自己收入的一部分储蓄起来，作为创业储备资金。

2. 向亲友融资

在向亲友融资时，创业者必须按照市场经济的游戏规则、契约原则和法律形式来规范融资行为，保障各方利益，减少不必要的纠纷。

第一，创业者一定要明确所融集资金的性质，并据此确定彼此的权利和义务。若融集的资金属于亲友对企业的投资，则属于股权融资的范畴；若融集的资金属于亲友借给创业者或新创企业的，则属于债权融资。由于股权资本自身的特性，创业者对于亲友投入的资金没有必要承诺日后的利润分配比例和具体的分红时间（但需约定亲友享有的企业所有者权益的比例）；但对于从亲友处借入的款项，一定要明确约定借款的利率和具体的还款时间。

第二，无论是借款还是投资款项，创业者最好能够通过书面方式将事情确定下来，以避免将来可能的矛盾。

第三，创业者在向亲友融资之前，需要仔细考虑这一行为对亲友关系的影响，尤其是创业失败后的艰难困苦。要将日后可能产生的有利和不利方面告诉亲友，尤其是创业风险，以便将未来问题出现时对亲友的不利影响降到最低。

3. 天使投资

天使投资被引申为一种对高风险、高收益的新兴企业的早期投资。在中国，随着经济的发展，一部分富人在希望自己越来越富有的同时也在寻求挑战，开始充当天使投资者，但总的来说，中国的天使投资至今没有太大的起色。

天使投资的优点：直接向企业进行权益投资，提供资金及专业知识和社会资源方面的支持，程序简单，短时间可以到位。

由新浪网、清华大学中国创业研究中心、北京网创、中国企业家杂志社、第一财经日报社主办及联合策划的首届"中国最活跃的天使投资人"评选结果在京揭晓，10位中国"最活跃的天使投资人"脱颖而出，他们是：邓锋、雷军、刘晓松、钱永强、杨宁、沈南鹏、张向宁、张醒生、周鸿祎、朱敏。[1]

课程视频：天使投资如何选择项目

美国有 25 万以上的天使投资者，其中有 10 万人在积极投资。他们每年在总共 2 万～3 万家公司投资 50 亿～100 亿美元。每次投资在 2 万～5 万美元，36％不到 1 万美元，24％超过 5 万美元。投资者主要是美国自主创业造就的富翁，有扎实的商务和财务经验，大体在 40～50 岁，受过良好的教育，95％的人持有学士学位，51％的人持有硕士学位；获得硕士学位的人，44％现从事技术工作，35％在商业或经济领域工作。

私人资本的重要性

《大学生就业蓝皮书》主要撰写方麦克思公司 2009 年 8 月 11 日发布的调查报告显示：2008 届本科大学毕业生的创业资金 82％来自于个人和家庭的资金。[2]

（二）机构融资

1. 向银行借款

比较适合创业者的银行贷款形式主要有抵押贷款和担保贷款两种。缺乏经营历史从而也缺乏信用积累的创业者，比较难以获得银行的信用贷款。

2. 向非银行金融机构借款

非银行金融机构是指以发行股票和债券、接受信用委托、提供保险等形式筹集资金，并将所筹资金运用于长期性投资的金融机构。根据法律规定，非银行金融机构，包括经银监会批准设立的信托公司、企业集团财务公司、金融租赁公司、汽车金融公司、货币经纪公司、境外非银行金融机构驻华代表处、农村和城市信用合作社、典当行、保险公司、小额贷款公司等机构。创业者还可以从这些非银行金融机构取得借款，筹集生产经营所需资金。

3. 交易信贷和租赁

交易信贷指企业在正常的经营活动和商品交易中由于延期付款或预收货款

---

① 新浪网，http：//tech. sina. com. cn/i/2007-03-21/14571426936. shtml。

② 车辉：《调查显示：大学生创业资金 82％来自个人和家庭》，载《中国新闻网》，http：//www. chinanews. com/edu/edu-qzcynews2009/08-13/1816157. shtml。

所形成的企业间常见的信贷关系，通常也称为商业信用。企业在筹办期以及生产经营过程中，均可以通过商业信用的方式筹集部分资金。如企业在购置设备或原材料、商品过程中，可以通过延期付款的方式，在一定时期内免费使用供应商提供的部分资金。

创业者也可以通过融资租赁的方式筹集购置设备等长期性资产所急需的资金。融资租赁是指实质上转移与资产所有权有关的全部或绝大部分风险和报酬的租赁。资产的所有权最终可以转移，也可以不转移。融资租赁是集融资与融物、贸易与技术更新于一体的新型金融业务。

（三）风险投资的股权融资

尽管到目前为止，关于风险资本的概念理论界尚无统一的观点。但考察风险投资的起源及其在国际上的演变过程，可以发现风险投资支持创业或再创业的本质内涵却一直保持不变。风险投资的内涵主要表现在三个方面：以股权方式投资于具有高增长潜力的未上市企业，从而建立起适应创业内在需要的"共担风险、共享收益"的机制；积极参与所投资企业的创业过程，从而弥补所投资企业在创业管理经验上的不足，同时控制创业投资的高风险；不经营具体的产品，而是以整个新创企业作为经营对象，通过支持创建企业并在适当时机转让所持股权，获得未来资本增值的收益。风险资本的投资对象是处于创业期的未上市新兴中小型企业，尤其是新兴高科技企业，而且常常采取渐进投资的方式，选择灵活的投资工具进行投资。但是，风险投资对目标企业的考察较为严格，一般来说，其所接触的企业中，大约只有 $2\%\sim4\%$ 能够最终获得融资。[1]

因此，创业者要提高获得风险投资的概率，需要了解风险投资项目选择的标准。

有人将风险投资的选项的原则总结为创业投资的三大定律。第一定律：绝不选取含有超过两个以上风险因素的项目。对于创业投资项目的研究开发风险、产品风险、市场风险、管理风险、创业成长风险等，如果申请的项目具有两个或以上的风险因素，则风险投资一般不会予以考虑。第二定律：$V=P\times S\times E$。其中，V 代表总的考核值，P 代表产品或服务的市场大小，S 代表产品或服务的独特性，E 代表管理团队的素质。第三定律：投资 V 值最大的项目。

---

① 王苏生、邓运盛：《创业金融学》，225 页，北京，清华大学出版社，2006。

在收益和风险相同的情况下，风险投资将首先选择那些总考核值最大的项目。

前面提到的天使投资也是广义的风险投资中的一种，但狭义的风险投资主要指机构投资。

（四）政府扶持基金

随着我国经济的发展，政府对创业的支持力度，无论从产业的覆盖面还是从政府对创业者的支持额度都有了很大变化，由政府提供的扶持基金也在逐年增加。如科技型中小企业技术创新基金、中小企业国际市场开拓资金、利用高新技术更新改造项目贴息基金、国家重点新产品补助基金、产业技术进步资金资助计划、节能产品贴息项目计划、电子信息产业发展基金等。各省、区、市也为支持当地创业型经济的发展，纷纷出台了许多政策，支持创业。创业者应结合自身情况，利用好相关政策，获得更多的政府基金支持，降低融资成本。

（五）知识产权融资

知识产权融资也是创业者值得关注的融资方式，在国内外已有诸多成功案例。知识产权融资的方式有知识产权作价入股、产权质押贷款、知识产权信托、知识产权资产证券化四种。

《公司法》第 27 条规定："股东可以用货币出资，也可以用实物、知识产权、土地使用权等可以用货币估价并可以依法转让的非货币财产作价出资。"允许知识产权入股，明确了知识产权作为生产要素的原则。新《公司法》还规定，"全体股东的货币出资金额不得低于有限责任公司注册资本的 30％"，也就是说知识产权的出资比例最高可达到 70％。用知识产权入股，首先须对知识产权的价值进行评估，然后知识产权持有人依据设立公司的合同和章程到知识产权局办理知识产权权转移于被投资公司的登记和公告手续，工商登记机关凭知识产权权转移的手续确定以知识产权技术入股的股东完成股东投资义务的履行。

另外，创业者还可以通过知识产权质押贷款、知识产权信托、知识产权资产证券化的方式融集资金。

四、创业融资的选择策略

现阶段，新创企业可以使用的融资方式主要有股权融资和债权融资两大类。

（一）股权融资

股权融资形成企业的股权资本，也称权益资本、自有资本，是企业依法取得并长期持有，可自主调配运用的资金。

（二）债权融资

债权融资形成企业的债务资本，也称借入资本，是企业依法取得并依约运用、按期偿还的资本。

（三）不同融资方式的利弊

不同融资方式的利弊见表4-2。

表4-2　不同融资方式的比较

比较项目	股权融资	债权融资
本金	永久性资本，保证企业最低的资金需要	到期归还本金
资金成本	根据企业经营情况变动，相对较高	事先约定固定金额的利息，较低
风险承担	低风险	高风险
企业控制权	按比例或约定享有，分散企业控制权	无，企业控制权得到维护
资金使用限制	限制条款少	限制多

（四）筹资决定

创业者在筹集资金时，应充分考虑创业阶段、企业自身特征（行业和企业性质）、成本和风险、资金可得性、资金期限、宏观理财环境、风险和收益、创业者对控制权的态度等问题，并避免再融资陷阱。丁磊和王志东再融资过程中发生的故事，很有代表性和启发性。

丁磊在股权控制上比较保守，创业之初的网易为其个人全资拥有，创业伙伴并未拥有股权。直到谋划上市，重新搭建公司架构之时，丁磊才开始向外转让股份。除了向风险投资机构转让外，他先后几次向包括高管在内的公司员工转让了数量不等的股权，尽管如此，他仍持有网易股份在50％以上，处于绝对控股地位。2001年由于涉嫌财务造假风波，丁磊不再担任具体管理职务，只保持了首席架构设计师的头衔，但在公司发展战略规划上，依然保持着足够的影响力。

王志东则在创立新浪之初便引入了风险投资，此后又经历多次融资，在新浪上市之后，其个人所持股份仅在 6% 左右。2001 年 6 月，在网络泡沫破裂之后，王志东由于与华尔街资本大鳄的意见分歧从新浪黯然离职，这与其在资本层面没有实质性控制力有重要关系。假设他在股权控制上与丁磊一样保守，故事就会重新书写。①

上周项目展示——项目来源及选择理由

第三节　创业资源管理

一、不同类型资源的开发

创业资源开发是指创业者开拓、发现、利用新资源或其新用途的活动。在创业过程中，创业者需要在实现资源价值的基础上丰富资源库，进一步拓展资源的来源和用途，使新创企业获得持续竞争优势。创业资源的范畴和内容较为广泛，本节重点讨论人脉资源和客户资源两类。

（一）人脉资源开发

人脉即人际关系、人际网络，体现为人的人缘和社会关系，是经由人际关系而形成的人际脉络。很多成功的商界人士都深深意识到人脉资源对自己事业成功的重要性。美国钢铁大王卡耐基经过长期研究得出结论说："专业知识在一个人成功中的作用只占 15%，而其余的 85% 则取决于人际关系。"由此可见，积累和经营人脉对于创业成功的重要性。开发人脉资源不但要对自己的人脉网络进行规划，了解拓展人脉的途径和人脉的经营原则，还要不断提高自己的人际交往能力。

1. 人脉规划

在制定人脉规划时，应注意以下几个问题：第一，**人脉资源的结构要科学**

---

① techweb 网，http：//www.techweb.com.cn/news/2005-09-23/22466 _ 1. shtml。

合理。比如性别结构、年龄结构、行业结构、学历与知识素养结构、高低层次结构、内外结构、现在和未来的结构等。第二，**人脉资源要平衡物质和精神方面的需要**，并重视心智方面的需要。创业者的社会关系网络中既应该有真性情的朋友和善于倾听的伙伴，还应该有一些专家、学者、教授等。第三，**注意人脉的深度、广度和关联度**。人脉资源既要有广度和深度，又需要有关联度，要善于利用朋友的朋友或他人的介绍等去拓展人脉资源，从长远考虑，需要关注成长性和延伸空间。

2. 人脉拓展途径

一般来说，人脉资源的拓展主要有**熟人介绍、参与社团、利用网络**等途径。

熟人介绍。熟人介绍是一种事半功倍的人脉资源扩展方法，它具有倍增的力量。可以加快人与人信任的速度，提高合作成功的概率，降低交往成本，是人脉资源积累的一条捷径。这里有一个经典的故事，说一个推销员拜访一位成功人士，问他："您为什么取得如此辉煌的成就呢？"成功人士回答："因为我知道一句神奇的格言。"推销员说："您能说给我听吗？"成功人士说："这句格言是：我需要你的帮助！"推销员不解地问："你需要他们帮助你什么呢？"成功人士答，"每当遇到我的客户时，我都向他们说：我需要您的帮助，请您给我介绍 3 个您的朋友的名字，好吗？很多人答应帮忙，因为这对他们来说只是举手之劳。"闻听此言，推销员如获至宝，他按照那位成功人士的经验，不断地复制"3"的倍数，数年之后，他的客户群像滚雪球一样越滚越大，通过真诚的交往和不懈的努力，他终于成为美国历史上第一位一年内销售超过 10 亿美元寿险的成功人士，他就是享誉美国的寿险推销大师甘道夫。[①]

参与社团。在参与社团时，人与人的交往和互动是在"自然"的情况下进行的，有助于建立情感和信任，而且，通过社团里面的公益活动、休闲活动，可以产生人际互动和联系。如果能在社团中谋到一个组织者的角色，就可以得到服务他人的机会，在为他人服务的过程中，自然地增加与他人联系、交流和了解的时间，使人脉之路自然延伸。

---

① 李家华、郑旭红、张志宏主编：《创业有道：大学生创业指导》，66～67 页，北京，高等教育出版社，2011。

利用网络。网络现在已经成为社会交往最便捷、廉价，也是应用范围最广的手段之一。网络使得人们之间的交往更加便利，在网络上人们会变得更加真实，因此，利用网络可以扩大自己的朋友圈，利用网络也可以了解到他人的真实需求和想法。

3. 人脉经营原则

建立和维持人脉资源需要遵循**互惠互利、诚实守信、分享、坚持和"2/8"原则**等。

互惠互利原则。互惠互利原则就是在人际交往中要努力做到利人利己，是一种双赢的人际关系模式。利人利己观念以品格为基础，要求交往者诚信、成熟、豁达。

诚实守信原则。在人际交往中，一般人都喜欢与诚实、爽直、表里如一的人打交道。因此，在人际交往中应切记诚实守信的原则，将信用作为处理人际关系的必守信条。

分享原则。分享是一种最好的建立人脉资源的方式，分享越多得到的就会越多。世界上有两种东西是越分享越多的：一是智慧、知识；二是人脉、关系。

坚持原则。坚持不放弃的人，才能有更多正面思考的时间、更坚定的屡败屡战的信念，从而赢得更多成功的机遇。

"2/8"原则。对人一生的前途命运起重大影响和决定作用的，往往就是几个重要人物，甚至只是一个人。所以，在开发人脉资源时不能平均使用时间、精力和资源，而必须区别对待，必须对影响或可能影响我们前途和命运的20％的重要人物重点关注，在他们身上花费80％的时间、精力和资源。

另外，还要坚持3A原则。3A是Accept，Agree，Admire首字母的缩写，在人际交往中要学会接纳他人、赞同他人、赞美他人，才能获得他人的接纳、赞同和赞美。

在了解人脉拓展的途径和人脉经营的原则之后，创业者还要不断提高自己的人际交往能力。**提高人际交往能力要求创业者具有平等的理念、宽容的态度、换位思考的意识和善于倾听的技巧。**首先，在人际交往中要具有平等的理念。平等就是在交往中尊重别人的合法权益。彼此尊重是友谊的基础，是两心相通的桥梁。其次，要有宽容的态度。在与人相处时，应当严于律己，宽以待人，接受对方的差异，对别人有宽容心。再次，要学会换位思考。在交往中，要善于从对方的角度认知对方的思想观念和处事方式，设身处地地体会对方的情感和发现对方处理问题的独特个性方式等，从而真正理解对方，找到最恰当的沟通和解决问题的方法。最后，要善于倾听。在交谈中，要专注于对方，善于从对方的发言中找出自己感兴趣的话题，适时将对方谈话的内容和自己的感受进行简要表述。

课程视频——汉能投资董事长陈宏谈人脉资源

（二）客户资源开发

创业者提供的产品或服务只有被消费者接受，才能实现"惊人的一跳"，才能给企业带来现金流和利润，所以，客户资源的开发和利用会影响企业的盈利能力和可持续发展能力。客户资源的开发包括开拓新客户和留住老客户等手段。

1. 开拓新客户

创业者需要通过创新的产品或服务，为潜在的顾客提供价值，或针对他们目前不满意的问题提供有明显改进的方案，或通过提供特殊待遇与优惠的方式，吸引客户。为争取到重要的客户，创业者往往需要亲自出马，通过投入精力和时间等，用诚意获取客户的信任。

创业者和新创企业可以通过特殊待遇或优惠、模仿、设计、广泛搜寻、循序渐进等策略开拓新客户。

特殊待遇或优惠。最初的创业者通常会向资源供给者提供特殊的激励措施，如向早期的顾客提供广泛的顾客所要求的服务，或者免费的辅助服务、培训等，以帮助他们克服不愿迈出第一步的心理障碍；创业者还经常通过向那些其他企业不愿提供服务的客户提供服务，或者通过雇用其他企业不愿意雇用的个人的方式筹集创业初期所需要的资源。

模仿。许多新创建的企业都试图营造出一种可靠、可信的企业形象，通过模仿一些大规模、更成熟的公司的外在形式，可以使人们对新创建企业的稳定性产生一种不假思索的信任，并且这种做法本身也反映了创业者具有远景规划，能够考虑他人看法的能力。

设计。通过精心设计沟通的语言和方式，向不同的资源拥有者展示创业者或新创企业的形象。如为了降低资源提供者对风险的感觉，创业者常常尽可能强调新创企业的好处，向资源提供者描绘尽可能美妙、灿烂的前景，提供创业优势的事实，少提甚至不提创业风险；或通过特定的行动方案设计，给顾客提供超预期的惊喜。

广泛搜寻。由于既有客观现实需求又有帮助弱者的心理愿望，而且还不考虑长期收益风险等诸多条件的资源供给者数量很少，而且企业家又很难辨别这些不同寻常的、潜力巨大的顾客，因此，为了找到最合适的资源供给者，创业者必须充分动用各方面的关系广为宣传，想方设法接触尽可能多的客户，直到找到最佳人选。

循序渐进。在开拓新客户时不要只考虑眼前的经济利益。大部分生意的获利，都是靠那些成年累月一再光顾、重复采购的客户提供的。因此，为了着眼于未来生意可能带来的利益，在开始时以持平或根本是损失的情况下获得新客户也不失为一个开发客户的良策。循序渐进的方法可以使顾客逐渐加深对新创企业的了解，而且随着企业历史记录的建立，顾客会一步一步增加他们的投入。循序渐进有效的另一个原因是顾客有着使当前选择与前期投入保持一致的心理需要。因此，创业者可以以一个小买卖为开端来获得大生意，让资源供给者先做出小的投入，形成"路径依赖"，然后争取其进一步的购买和投入。

2. 留住老客户："2/8 法则"

已有的客户资源是一座享用不尽的"金山"。根据国内外的经验数据，保持一个老客户所需的成本，仅是开拓一个新用户成本的 20% 左右。而且，一个企业 80% 的收入和利润大都来自 20% 经常惠顾企业的老客户。因此，留住老客户，可以提升客户资源的价值，提高企业的盈利能力。

还记得第三章举过的"裂帛"的例子吗？从 2006 年创业，靠小众细分路线在淘宝女装中声名鹊起的裂帛，拥有 40% 的重复购买率，实现了 300% 的年增长速度。

留住老客户的方法有增加客户忠诚度，加大客户转移成本，进行用户锁定等。

增加客户忠诚度。企业可通过不断提高企业产品或服务的质量，提高客户继续使用本企业产品或服务的意愿；通过客户的分类管理，提高 20% 的重要客户的满意度；通过对客户的动态跟踪管理，经常调整重点管理的客户对象等方式增加客户的忠诚度。

加大客户转移成本。通过向客户提供服务承诺、价格折扣等措施，让客户感受到超值服务；通过产品或服务的差异性，强化客户的消费习惯等，加大客户的转移成本。

通过用户锁定留住客户。用户锁定是指由于信息产业中的产品多数处于某个系统中，单件产品只有与其他产品相互配合时才能发挥作用。因此，客户在购买了某件产品之后，通常还要购买配套的硬件和软件，因此，一旦客户向某种特定的系统中投入各种补充和耐用的资产时，就会被锁定。

二、有限创业资源的创造性利用

创业者要在资源高度约束的情况下创造财富，运用平凡的资源实现不平凡的业绩，一定要善于利用有限资源。**创业者利用资源的方法包括利用自有资源，拼凑资源和发挥资源的杠杆效应等。**

（一）利用自有资源

美国学者杰弗里·康沃尔在其出版的《步步为营》（bootstrapping）一书中指出，步步为营不仅是一种最经济的方法，还是在有限资源的约束下获取满意收益的方法；不仅适合小企业，同样适用于高成长企业、高潜力企业。[①] 所谓**步步为营是指在缺乏资源的情况下，创业者分多个阶段投入资源，并在每个阶段或决策点投入最少的资源。**步步为营活动包括：创业者在资源受限的情况下寻找实现理想目标的途径；最低限度降低对外部融资的需要；最大限度发挥创业者投在企业内部资金的作用；实现现金流的最佳使用等。学术界用 bootstrapping 一词来描述这一过程。

创业者采用步步为营方法的理由有：企业不可能获得充足的来自银行家或投资者的资金，新创企业所需外部资金来源受到限制，创业者推迟使用外部资金的要求，创业者对自己掌控企业全部所有权有愿望，尽可能使可承受风险最小化，以及创造一个更高效的企业，使自己看起来更"强大"以便争夺顾客，为

---

① [美]杰弗里·康沃尔：《步步为营：白手起家之道》，陈寒松等译，3～13页，北京，机械工业出版社，2009。

创业者在企业中增加收入和财富等。

习惯于步步为营的创业者会形成一种审慎控制和管理的价值理念，在日常经营管理中会设法降低资源的使用量，降低成本，让所占用的资源发挥更大效益，为投资者带来更高的投资回报。

本着"保持节俭，但要有目标"的原则，创业者在实施步步为营策略时可采取以下措施。如为降低营运成本，可**采取外包的策略**让其他人承担运营和库存的开支，减少固定成本的投资，防止因沉没成本过高降低企业的灵活性，同时还可以利用外包伙伴已形成的规模效益和剩余能力降低企业成本；为降低管理费用，创业者可以到**孵化器或创业服务中心创业**，享受那里提供的廉价办公场所，与其他企业共享传真和复印设备，同时结交更多的创业者；**雇用临时工**甚至租借员工，使用实习生等。

（二）创造性拼凑资源

绝大部分企业在创立之初，都会受到严重的资源束缚：没有钱购买先进设备，就去淘一些废弃的二手货；招聘不到满意的员工，创业者就身兼数职，或者"上阵父子兵"。因此，面对资源约束的创业者往往利用手头已经存在的资源，或者手边能够找到的一切资源——尽管这些资源的质量也许并不是最好的——去迈向通往自己创业成功的第一步，创造独特的服务或价值。这些资源也许对他人来说是无用的，但创业者依靠自己的经验和技巧，通过将其进行充分的整合，最终会实现自己的目标。

特德·贝克(Ted Baker)和里德·纳尔逊(Reed Nelson)拜访和记录了40家独立的中小企业，进行了757小时的调查和167次访谈，发现与总是在压力下运营的同行相比，总有一些企业能够在很少的资源下运营并成长。他们挑选出20家特别的企业和9家对照企业进行了为期两年的跟踪研究，发现拼凑能够很好地描述创业者资源利用的行为。①

1. 创造性拼凑的概念和要素

创造性拼凑是指在资源束缚下，创业者为了解决新问题，实现新机会，整合手边现有资源，立即行动，创造出独特的服务和价值。对他人来说，这些资

---

① 龙丹、田新：《资源束缚下的成功之道——创造性拼凑》，载《企业管理》，2009(5)。

源也许一无是处或是"二手处理品"，但创业者能灵活运用自己的经验、知识或某项技巧，创造性整合各种资源，最终实现新的目标和价值。

学术界用 bricolage 一词来描述这一现象。人类学家克洛德·列维斯特劳斯最早于 1967 年提出"拼凑"一词，之后被广泛应用于众多学科，如文化人类学、法学、教育学、社会学等。"拼凑"包含以下几层意思：一是通过加入一些新元素，实现有效组合，改变结构；二是新加入的元素往往是手边已有的东西，也许不是最好的，但可以通过一些技巧或窍门组合在一起；三是这种行为是一种创新行为，可能会带来意想不到的惊喜。因此，**创造性拼凑有三个关键要素：身边的已有资源、新的目的和将就使用。**

前述山西长治市张庄村农民王金红，正是利用了身边大量的、对于普通老百姓来说已经不再具有创造价值功能的旧农具，赋予其新的用途，在将就使用的过程中产生了大量的社会效益。

2. 创造性拼凑的策略选择

按照拼凑策略涉及的空间跨度和时间长度，创造性拼凑可分为选择性拼凑和全面拼凑。**创业者在整合手头的资源去应对新问题或新机会时，应采用选择性的拼凑策略。**

选择性拼凑是指创业者在拼凑行为上有一定的选择性，有所为有所不为。例如，在应用领域上，他们往往会选择在一两个领域内进行拼凑，以避免全面拼凑给外界造成的标准低、质量次的"拼凑型企业"的特点，影响企业拓展新市场，获取更有价值的客户，阻碍企业进一步成长；在应用时间上，只在早期创业资源紧缺的情况下采用拼凑，并随着企业的发展逐渐减少拼凑的行为，直到最后完全放弃，使企业摆脱拼凑型企业的阴影，逐步走向正规化，满足更广泛的市场需求。

创业者采用选择性拼凑的资源利用策略，可以应对环境限制，赢得外部资源，满足新挑战。**采用拼凑策略整合资源要求创业者突破习惯性的思维方式，对手边资源进行充分再利用。**在农具博物馆的案例中，创业者王金红正是突破了习惯性的思维方式，才能将大家都已经放弃使用的，失去了农具原始价值的，认为没有用的农村最原始的各种农具进行收集和整理；而且只是在自家后院就建起了农具博物馆。创业者完全利用身边的已有资源，几乎没花什么成本就将其进行了整合。通过参观者的口碑相传，使农具博物馆吸引了来自 14 个国家的参观者，很好地宣传了中国的农耕文化。

毕克畏巧卖八爪鱼①

2004 年，在日本学习工作了 6 年的毕克畏，因为父母身体不好回到大连，接手父母创建的企业。毕克畏不到 30 岁就掌管着一家年销售额 2 000 多万元的海产品加工企业。

毕克畏接手后的两年中，因为原料及生产成本不断涨价，工厂靠加工鱼类、贝类和虾类等产品出口，利润越来越薄。为了寻求更多的加工订单，毕克畏在大连的公交车上打了招商广告，寻找更多的赚钱机会。

天上掉下的订单

2006 年 9 月的一天，一位驻大连的日本客户代表，通过大连公交车上的招商广告知道了毕克畏的联系方式，并且来到他的加工厂，商谈能否加工一批章鱼产品。于洋看到毕克畏工厂里闲置的生产线，愿意以成品章鱼每吨 6 000 美元的价格，与毕克畏签一份 50 万美元的订单。

于洋送上门的这份订单，对正在寻找出路的毕克畏来说具有很大的诱惑力，可细想过后，毕克畏却犹豫了。一是觉得送上门来的大生意不太靠谱，二是因为大连本地的章鱼八条腿长短不均匀，肉质厚，不是日本市场需要的品种。符合加工要求的章鱼主要在福建和浙江。如果从外地购进原料，就增加了章鱼加工的风险。于是毕克畏没有进行回复。

一个月以后日本客户代表再次找到了毕克畏，并且送上了一张 50 万美元的信用证，催促他尽快寻找原料加工产品。对于加工厂来说，信用证就相当于客户提前付款。这时，毕克畏决定试一次。11 月，毕克畏南下福建，来到章鱼捕捞量比较大的东山岛，几经周折找到了一位叫曾炳东的人。在曾炳东的帮助下，毕克畏顺利在福建收购了 150 吨的章鱼原料，运回大连，按照日本客户的要求进行加工。这一单生意，不仅让毕克畏赚到了 4 万多美元，更重要的是以后每月都有 20 万美元的订单。其他的海产品加工还照常生产，一下子工厂的产值就翻了一倍。

---

① 新浪网，http://news.sina.com.cn/s/2008-07-14/145515929715.shtml。

创造性拼凑策略

出口到日本的是章鱼头和章鱼爪，剩下的章鱼脖子和爪尖成了规格外的产品，丢了可惜，卖又卖不出去，只好积压在仓库里，造成了极大浪费。2007年4月的一天，毕克畏在逛街时，发现了当地有人在卖章鱼丸子。他买了两盒品尝，却发现这种名叫章鱼丸子的食品却是用鱿鱼爪子做的。毕克畏通过这家章鱼丸子商铺的加盟电话，联系上了大连代理商彭斌睿，两人开始合作。就这样，毕克畏将规格外产品卖给章鱼丸子销售商，每年又给他增加了20多万元的利润。同时毕克畏还发现彭斌睿的章鱼丸子，一盒四个卖3元钱，而章鱼成本却不到3角钱。这给了毕克畏一个很大的触动。毕克畏要摆脱这种单纯靠加工产品，挣加工费的经营方式。他想做自己的产品直接销售，赚更多的利润。

2008年春节前夕，针对市民春节采购的需要，毕克畏让工人把鱼虾类产品，装进了一个大的礼品盒子里，组合销售。在推销礼品盒时，毕克畏认识了一位叫王振东的人，他是大连的海参经销商。毕克畏有了与王振东合作的想法。2008年年初，毕克畏将章鱼、扇贝和虾仁做成了开袋即食的休闲类产品，在经过一番利益的协商后，毕克畏以销售利润的百分之四十作回报，入驻了王振东在大连的10家海参专卖店。由于毕克畏的海鲜休闲食品，和王振东的海参和鲍鱼互补，于是在王振东新开业的海参专卖店里不到一个月销售额就突破了10万元。王振东卖他的海参鲍鱼，毕克畏销售他的休闲食品，一小袋卖价两元钱，利润在20%左右。

毕克畏靠着自己对市场需求的灵敏反应，凭着其创造性拼凑的技能，在接手企业不到四年的时间里，将企业的年产值从2 000万元增加到了3 000万元。

（三）利用杠杆效应

杠杆效应是指以尽可能少的付出获取尽可能多收获的现象。由于创业者在创业时拥有的资源有限，需要创业者在创业过程中尽可能利用资源的杠杆效应，形成杠杆优势。

杠杆可以是资金杠杆、资产杠杆，也可以是时间杠杆、品牌杠杆、公共关系杠杆以及能力杠杆等。对创业者来说，由于初期资金缺乏、时间紧迫，因此，最适合的杠杆就是创业者个人的素质和能力，识别一种没有被完全利用的资源的能力，看到某种资源怎样被运用于特殊方面的能力，说服那些拥有资源的人转让使用权的能力等。创业者不应受其当前控制或支配的资源限制，而是应该采用大量的创造性方式，利用杠杆撬动更多资源。

资源的杠杆效应体现在以下方面：能比别人更长时间地运用资源，更充分地利用别人没有意识到的资源，利用他人或者其他企业的资源来完成自己创业的目的，以一种资源补足另一种资源、以产生更高的复合价值，利用一种资源获得其他资源等。

对创业者来说，容易产生杠杆作用的是其社会资源。社会资源是存在于社会结构之中，为社会网络之间的行为者进行交易与协作等特定活动提供便利的资源。创业者个人的社会网络为其提供了开拓不同市场的信息，有利于社会上的有关信息通过网络中的亲朋好友进行传递，为其提供创业机会，以及提高创业经济效率和发现新的获利机会。所以，能够成功创业并促进企业发展的是那些充分利用已建立了良好关系网络的人。

创业者的校友资源是一种很好的杠杆资源，MBA、EMBA 之所以可以收高价学费，部分原因正是基于校友资源的价值。

·· 扩展阅读

入驻创业园企业享受的优惠政策及服务
——以中关村创业园为例[①]

1. 入驻创业园的企业可以享受中关村科技园区新技术企业所得税方面的优惠政策，即新技术企业自成立之日起，第一年至第三年免征所得税，第四年至第六年减半按 7.5％征收，第七年开始按 15％的税率征收所得税。留学人员创业、工作取得的合法收入经依法纳税、税务部门审核开具专用凭证后，可全部购买外汇携带或汇出国（境）外。

2. 留学人员来京创业、工作，从事技术转让、技术开发业务和与之相关

[①] 张锡盛：《亲历创业：从硅谷到中关村》，25～26 页，北京，中国发展出版社，2008。

的技术咨询、技术服务取得的收入，经有关部门认定，免征营业税。

3. 在一定的办公用房面积内给予优惠的房租。

4. 协助入园企业申请国家科技产业基金、市科委的科技产业基金，协助办理专利注册申请、科技成果鉴定、留学人员开发。

5. 协助入园企业申请科技部"科技型中小企业技术创新基金""科技型中小企业技术创新基金小额资助"及中关村科技园区为留学生提供的其他专项资助基金。

6. 推荐并协助入园企业申请海淀园创新基金，获得中关村科技园区"绿色通道"和海淀区"绿色行动"相关的各项资助。

7. 为企业获得小额信誉贷款做担保。

8. 运用"海淀创业园企业评估系统""专家委员会"，为企业提供创业咨询与孵化服务，推荐企业获得金融机构的资金支持。

9. 来京创业的留学人员在居留权、配偶及子女入北京户籍、购房、子女入学方面享受北京市政府提供的有关优惠政策。

10. 优先安排入园企业的留学人员子女入学。

11. 提供专业的留学创业咨询服务，包括国家及北京市对留学生在京创办企业相关政策的咨询服务、关于人才引进（留学生）的相关政策的咨询服务、关于留学生在留学人员海淀园创办企业的相关优惠政策及管理办法的咨询服务、为留学生创办企业提供公司注册流程的咨询服务，以及针对留学生在创办、经营企业中的其他相关问题的咨询服务。

12. 定期组织企业参加项目推介及融资洽谈会。

13. 定期组织入驻企业参加各种人才洽谈会、产品展示会、展览会等；免费为入驻企业举办各种培训班和专题讲座。

14. 为入驻企业提供可靠的中介服务机构，包括律师事务所、会计师事务所、专利事务所及企业管理咨询机构。

另外，留学人员创业园有一个品牌效应，对于招人、客户、公司形象都是非常有利的。

三、创业资源开发的推进方法

资源整合是创业资源开发的核心，是资源开发的推进器。

资源整合就是创业者通过协调各种资源之间的关系，匹配有用资源，剥离

无用资源，充分发挥各种资源效用的过程和方法。 通过整合，能够把互补性的资源搭配在一起，弥补各自的缺憾，充分发挥资源的作用，使资源间形成一种独特的联系，创造竞争对手无法模仿的价值，同时为资源开发奠定基础。创业者要有效地、持久地保证创业机会实现所需要的资源，需要建立一套整合资源的机制。

（一）识别利益相关者及其利益

资源是创造价值的重要基础，资源的交换和整合应建立在利益的基础之上，因此，要整合外部资源，特别是对缺乏资源的创业者来说，更需要整合资源背后的利益机制。这可以从美孚石油公司（标准石油）的创办人、超级资本家洛克菲勒的名言得到证实："建立在商业基础上的友谊永远比建立在友谊基础上的商业更重要。"[①] 所以，整合外部资源一定要关注有利益关系的组织和个人。

组织外部环境中受组织决策和行动影响的任何相关者都是企业的利益相关者。一般来说，**利益相关者可以分为以下三个层面：资本市场的利益相关者，** 例如股东和债权人；**产品市场的利益相关者，** 主要包括顾客、供应商、所在社区和工会组织；以及**企业内部的利益相关者，** 如经营者和其他员工。外部资源整合时强调的利益相关者主要是前两种。创业者要更多地整合到外部资源，首先要找到尽可能多的利益相关者。利益相关者和自己以及想要做的事情的利益关系越强、越直接，整合到资源的可能性就越大，这是资源整合的基本前提。

一般来说，寻找利益相关者就是要寻找那些具有共同点的人，同时也需要寻找可以互补的人。这些**有能力进行投资并愿意承担风险的人包括：投资或经营多样化的利益相关者** 比那些单一化的人更容易向新创建企业进行投资，因为他们更有能力提供创业所需要的初始资本；**有丰富经验的利益相关者** 更容易向新企业投资，因为他们积累了丰富的经验和知识；有些利益相关者**有很多过剩的资源，** 他们不需要任何新投资，也不会带来大量的机会成本，他们对自身资源如何运用的压力大大高于新创建企业资源的需求。

虽然利益相关者是有利益关系的组织和个体，但有利益关系并不意味着能够实现资源整合，创业者还需要寻找利益相关者之间的利益共同点。为此，识别出利益相关者之后，创业者需逐一分析每一个利益相关者所关注的利益，以

---

① 张玉利：《互补性和冲突考验创业团队》，载《经济导报》，2012-08-31。

便寻找出他们之间的共同利益。

（二）管理好保持企业持续成长的人力资本

企业持续成长需要大量的人力资源作为支撑，保持企业持续成长对人力资源管理提出更高的要求。这部分内容已经在第二章做了详细介绍，此处不再赘述。

（三）构建双赢的机制

"双赢"来自于英文的"win-win"，强调双方的利益兼顾。"双赢"模式是中国传统文化中"和合"思想与西方市场竞争理念相结合的产物。市场经济是竞争经济也是协作经济，市场经济下的创业活动中，竞争与协作不可分割地联系在一起。近年来，许多学者提倡"合作竞争"，提出了有"竞合"概念的"双赢"模式。

双赢机制是指创业者在进行资源整合的时候，一定要兼顾资源提供者的利益，使资源提供和使用的双方均能获益。

有了共同的利益和利益共同点，以及一定的资源整合机制，并不意味着就可以开展合作，而只是具备了合作的前提条件。要与外部的资源所有者进行合作，创业者还需要构建一套能够使各方利益真正实现共赢的机制，在给新创企业带来收益的同时，给资源拥有者一定的回报，并能够使对方合理规避可能的风险。

珠海金正田家俊的例子就是一个通过整合资源，使利益相关者实现双赢的案例。

巧妙整合和利用资源[①]

2004年，一场突发事件，造成了珠海金正一个很大的灾难。原珠海金正电子有限公司董事长万平，由于涉嫌挪用巨额资金在山西被捕，金正集团陷入混乱。金正当时共欠下货款2.7亿元人民币，300家供应商（债权人）轮番前来讨债。董事会决定召回集团董事、上海分公司经理田家俊主持大局。为了保证珠海金正不被供应商一哄而上、五马分尸，田家俊主动出击，会同银行、法院，将公司的部分不动产、非流动库存进行保护性查封。

田家俊于2004年7月29日主持召开了金正300家供应商大会，向供应商坦诚地介绍了公司的实际情况，组织300家供应商成立了金正供应商管理委员

---

① 张玉利：《创业管理（第2版）》，277～279页，北京，机械工业出版社，2011。题目为作者根据上下文需要添加。

会，请供应商监督企业，和金正公司协调解决债务问题。这次大会和会后的监督管理委员会让供应商和珠海金正化敌为友，空前团结。

为解决恢复生产的资金问题，田家俊想到了向供应商借钱。他先找到了一个叫毛绪兵的供应商，向他介绍了自己的想法：给毛绪兵一个专用账号，让毛绪兵管理新借给金正的资金。当资金变成产品以后，就管住产品，销售时将收到的货款交给毛绪兵，毛绪兵再发货，发货单由毛绪兵签字。由于金正对销售代理商是先收钱后发货，所以金正的货款会先收在毛绪兵的账号上，再由毛绪兵把货发出去。这样，金正的资金和物流不但可以流动起来，对毛绪兵的欠款也能够偿还。而毛绪兵很清楚金正陷入危机的真正原因，且对田家俊充分考虑供应商利益的借钱方案比较认同，再加上对田家俊本人的信任，很快就把260万元借给了金正。随后，毛绪兵自己也加入了珠海金正，并出任采购部经理。

毛绪兵投入了260万元之后，越来越多的供应商加入到融资队伍之中。面对生产线已经被查封半年处于瘫痪的状态，田家俊又想到了通过"品牌输出"的方式恢复生产，于是金正选择了佳彩公司代工。当时开发部、销售部、生产管理部门、品质部门，全部开赴佳彩。品牌输出短短的一年时间，毛绪兵他们的欠款不仅全部收回，珠海金正的生产也开始恢复正常运转。这个时候，田家俊又把金正的品牌收了回来。

（四）维持信任长期合作

资源整合以利益为基础，需要以沟通和信任来维持。沟通是产生信任的前提，信任是社会资本的重要因素。

信任可以按照不同的标准进行分类，如按照信任的基础可以分为人际信任和制度信任。人际信任建立在熟悉程度以及人与人之间情感联系的基础上，是存在于人际关系中的保障性的信任；制度信任是用外在的，诸如法律一类的惩戒式或预防式的机制来降低社会交往的复杂性，是由对外的社会机制的信任而产生的一种对人的基本信任。这两种信任共同构成了社会的信任结构。

区分不同的信任关系，认识信任在资源整合中的重要性，对于创业者来说至关重要。同时，**创业者还应该尽快地从人际信任，过渡到制度信任，从而建立更宽泛的信任关系，以获取更大规模的社会资本。**

蒙牛的牛根生通过和利益各方建立长期的信任合作关系，使蒙牛在短期内取得了较快发展。

蒙牛借力①

牛根生和他的创业团队把一个一无奶源、二无工厂、三无市场的"三无企业"发展成 2011 年底总资产超 200 亿元、年产能超 700 万吨的大型企业，其成功的核心因素之一就是借力，主要体现在其有效的整合和利用资源的能力，及其有效的资源整合机制。

合理企业定位，盘活企业资源。蒙牛按照其确定的"先建市场、后建工厂"的战略，建立了研发与销售在内、生产加工在外的"哑铃型"企业组织形式，希望通过"借鸡生蛋"迅速做大企业。牛根生先用 300 多万元在呼和浩特进行广告宣传，造成了铺天盖地式的广告效应，使得人们几乎在一夜之间知道了"蒙牛"的名字；同时，他与中国营养协会联合开发了系列新产品，以投入品牌、技术、配方，采用托管、承包、租赁、委托生产等方式与国内的乳品厂合作，将所有产品打上"蒙牛"品牌；接着，他又拿出 300 万元对那些承包、租赁、托管的企业进行技术改造和设备更新。这样，在短短三个月内，通过与区内外 8 家乳品企业的合作，牛根生盘活了 78 亿元资产，使蒙牛的品牌、管理、技术、配方等大放异彩，在短时间内创出了自己的品牌。

通过虚拟联合，整合社会资源。蒙牛与各地政府协商，由后者组织建奶站，满足冰激凌和奶制品生产所需的原料供应。鉴于蒙牛品牌的影响力和从不拖欠资金的信誉，各地政府便组织社会力量参与奶站建设，使奶源的质量和数量都有了保证，形成了双赢的局面。加盟蒙牛的 600 多台车辆、500 多个奶站、近 10 万平米的员工宿舍，合计 5 亿余元的资产均由社会投资完成。

采用统一战线，经营品牌资源。在冷饮和乳品市场上，蒙牛与伊利成为内蒙古同一行业的两个知名品牌，在激烈竞争的市场面前，蒙牛深知需要与竞争对手一起，培育一个强大市场的道理。于是，牛根生从蒙牛产品的宣传开始就与伊利联系在一起，而且避免与伊利的正面冲突。蒙牛的第一块广告牌上写着"做内蒙古第二品牌"，在冰激凌的包装上则打着"为民族工业争气，向伊利学

---

① 张玉利：《创业管理（第 2 版）》，124～125 页，北京，机械工业出版社，2011；蒙牛官网，http://www.mengniu.com.cn/about/jtjs/。

习"的字样，这样既谦虚，又可利用伊利的知名度，无形中将蒙牛的品牌打了出去。

圆国际化之梦，获取财务资源。2002 年 12 月 19 日，摩根士丹利、鼎晖、英联三大国际财团联合向蒙牛注资 2.15 亿元，参股比例超过了 32％。牛根生表示，摩根士丹利等三家国际财团的投资是蒙牛准备上市、走向世界的第一步。2004 年蒙牛乳业在香港联交所上市；2012 年 6 月 15 日，Arla Foods（爱氏晨曦）以 22 亿港元入股蒙牛，持股约 5.9％，成为继中粮之后的第二大战略股东，双方的合作将覆盖蒙牛从前端奶源管理到生产质量控制等关键领域，快速实现与国际乳业先进管理水平接轨。2012 年 9 月 21 日起，蒙牛实行大规模换装，在全国商家销售新包装产品。2013 年 6 月收购雅士利。

牛根生就是这样用别人的钱干自己的事儿，用智慧、灵活的战略和战术创造了奶制品行业的神话。

▸▸ 项目论证

请根据团队创业项目所需要的资源分析资源的筹集渠道。

1～2 组分享，其他组补充或建议。

每组分享时间 5～10 分钟。

▸▸ 课程小结

总结测试，和学生一起回顾本次课程的内容，或者让学生回答下面的问题。

1. 资源是任何主体在向社会提供产品或服务的过程中，所拥有或所控制的有助于实现自己目标的各种要素以及要素的组合。

2. 创业资源按性质可以分为人力资源、财务资源、物质资源、技术资源和组织资源五种。

3. 战略性资源是能够建立竞争优势的资源，它应该具有哪四种特性？
稀缺性、价值性、不可替代性、难以复制性。

4. 影响创业资源获取的因素包括哪几种？

创业导向，商业创意的价值，资源配置方式，创业者的管理能力，社会网络。

5. 什么是投资资金和营运资金？

投资资金发生在企业开业之前，是企业在筹办期间发生各种支出所需要的资金。

营运资金是从企业开始经营之日起，到企业能够做到资金收支平衡为止的期间内，企业发生各种支出所需要的资金，是投资者在开业后需要继续向企业追加投入的资金。

6. 创业融资难的原因包括哪些？

新创企业的不确定性大。

信息不对称。

资本市场欠发达。

7. 私人筹资的主要筹资渠道包括什么？

个人积蓄、亲友资金、天使投资。

8. 机构筹资的主要筹资渠道包括什么？

银行、非银行金融机构、商业信贷和租赁、风险投资。

9. 知识产权融资的方式有哪四类？

作价入股、质押贷款、信托、证券化。

10. 不同融资方式各有哪些利弊？

比较项目	股权融资	债权融资
本金	永久性资本，保证企业最低的资金需要	到期归还本金
资金成本	根据企业经营情况变动，相对较高	预约固定金额的利息，较低
风险承担	低风险	高风险
企业控制权	按比例或约定享有，分散企业控制权	无，企业控制权得到维护
资金使用限制	限制条款少	限制条款多

11. 你知道哪些人脉拓展的途径？

熟人介绍，参加社团，利用网络。

12. 留住老客户的方法有哪些？

增加客户忠诚度，加大客户转移成本，进行用户锁定。

13. 创造性拼凑有哪三个关键要素？

身边的已有资源，新的目的，将就使用。

14. 资源整合的原则有哪四个？

识别利益相关者及其利益，管理好保持企业持续成长的人力资本，构建双赢的机制，维持信任长期合作。

课后思考

如何将前几次对项目的论证进行系统化梳理？

本章祝愿

祝愿大家：

计算创业资金。

筹集创业资金。

收获创业价值。

本章推荐书目

1. 王艳茹编著：《创业资源》，北京，清华大学出版社，2014。

2. 尤登弘：《创业之初你不可不知的财务知识》，北京，机械工业出版社，2009。

3. 张锡盛：《亲历创业：从硅谷到中关村》，北京，中国发展出版社，2008。

本章推荐电影

《中国合伙人》

创业实训：创业者沙盘

·· 建议课时

4 课时，按每课时 45 分钟，共计 180 分钟。

·· 教学目标

通过创业者沙盘的模拟实训，学生从工作圈开始，通过资源积累和整合，在理性选择创业的过程中将会有以下经历：

了解自己与创业的距离；

了解创业阶段的特点与创业所需知识；

优先体验创业给自己的压力；

融合想到、知道、做到的能力；

提高创商，理性创业。

课堂设计

章节	内容	时间	授课方法	教具
学习目标	从工作圈如何向创业圈转变	5分钟	讲授	ppt/活页挂纸
实训准备	分组、发放教具、创业检察官	10分钟	讲授	ppt
模拟实训介绍	介绍经营的角色和道具	10分钟	讲授	模拟经营的道具
	介绍模拟经营规则，学生针对规则的疑问解答	25分钟	讲授	ppt/活页挂纸、道具
个人规划	如何积累资源，创办企业	10分钟	做计划	规划表
模拟实训	进行模拟经营	100分钟	学生模拟	见规则部分
模拟总结1	学生总结（模拟学生和检察官）	10分钟	学生分享	活页挂纸
模拟总结2	模拟经营涉及的知识点	10分钟	讲授	ppt/彩色卡片

课堂讲授

分组游戏

参考企业经营模拟一，6～7人为一个实训小组。

课前准备

（一）模拟材料准备

按学生人数准备《个人财务表》《初始信息卡》《企业运营表》《企业月盈亏表》《创业规划表》，人手一份；按照组别准备《实训评估表》，每组一份，以对每个人的实训结果进行评估。《初始信息卡》的内容和《个人财务表》相同，只是上面有各个职位的分工，以及与该职位相对应的各种信息。上述表格的格式及内容如表b-1～表b-5。

表 b-1 个人财务表

创业者：

职业：＿＿＿＿＿＿＿＿　　职业能力：＿＿＿＿＿＿＿＿＿＿

月收入	月支出
工资：＿＿＿＿＿＿＿＿ 其他收入： 投资：＿＿＿＿＿　＿＿＿＿＿ 投资：＿＿＿＿＿　＿＿＿＿＿ 投资：＿＿＿＿＿　＿＿＿＿＿ 投资：＿＿＿＿＿　＿＿＿＿＿	房租：＿＿＿＿＿＿ 生活支出：＿＿＿＿＿＿ 信用卡支出：＿＿＿＿＿＿ 住房抵押贷款：＿＿＿＿＿＿ 贷款支出：＿＿＿＿＿＿ 其他支出：＿＿＿＿＿＿ 孩子支出：（　）×（　）＝＿＿＿＿＿＿

注：初始演练孩子个数为"0"

月总收入：＿＿＿＿＿＿＿＿＿＿　　月总支出：＿＿＿＿＿＿＿＿＿＿

月净现金收入：＿＿＿＿＿＿＿＿＿＿

资　产	负　债
储蓄：＿＿＿＿＿＿ 股票/债券/收藏　数量　价格 ＿＿＿＿＿　＿＿＿＿＿　＿＿＿＿＿ 房产　　　数量　总价值 ＿＿＿＿＿　＿＿＿＿＿　＿＿＿＿＿ 投资项目　投资金额　获取权益 ＿＿＿＿＿　＿＿＿＿＿　＿＿＿＿＿	住房贷款：＿＿＿＿＿＿ 信用卡：＿＿＿＿＿＿ 额外负债：＿＿＿＿＿＿ 银行贷款：＿＿＿＿＿＿

创业综合能力：

管理能力：	
营销技能：	
财务技能：	
技术技能：	
人资技能：	

目标：拿到合适项目，跳入"创业圈"，组建团队、整合资源，通过企业经营成就创业梦想！

表 b-2 企业运营表

项目名称：_____ 公司名称：_____

注册资金：_____ 注册地址：_____

产品市场价格：_____ 渠道代理价格：_____ 产品生产成本：_____

创业资金					创业团队		
资金来源	归还日期	利率	股份	金额	团队角色	能力指数	月薪
自有资金：					总经理		
亲友借款：					技术经理		
政策资金：					市场经理		
其他资金：					财务经理		
当引入同类别新资金时，需立即偿还上一笔资金					人资经理		
总筹集资金：					总支出：		

产品供应商：

	供应商名称	采购成本	产 量
OEM 供应商：			
OEM 供应商：			
OEM 供应商：			
总产量			

企业作战能力：

企业能力	企业能力指数	市场能力
团队凝聚力		服 务
核心竞争力		质 量
企业规范指数		品 牌

创业风云（在企业运营中已经实施过的行动请记录"√"，以增强不确定风险的抵抗）

申请专利□　　签订保密协议□　VI 设计□　投保产品意外险□

市场开发：华北市场□　　华中市场□　　华南市场□　　东北市场□

表 b-3　企业月盈亏表

支出月份：

资金支出：　　　　　　　　　　　　　　营业收入：

月支出		月收入		
支出项目	支出金额	订单数量	市场订单价格	收入金额
团队人力支出：				
办公支出：				
销售数量×产品成本 （　　　）×（　　　）		订单数量	渠道订单价格	收入金额
		月总收入：		
月总收入－月总支出＝净利润		净利润：		

表 b-4　创业规划表

为成功创办企业并实现盈利目标，你计划在模拟经营过程中：
获取的资源类别：
获取资源的方式：
研发的产品种类：
开拓的市场：
社会责任：

表 b-5　实训评估表

	评分项目	分值	评分						
	演练过程中评分	演练人员姓名							
1	正确填写《个人财务表》	5分							
2	学习能力积累	5分							
3	人脉资源积累	5分							
4	政策资源积累	5分							
5	获得创业项目	10分							
6	资源整合：获得创业资金资源	5分							
7	资源整合：获得创业团队成员	5分							
8	资源整合：获得 OEM 资源	5分							
9	企业注册	5分							
10	办公选择场地	5分							
11	起公司名称	5分							
12	正确填写创业资金额度	5分							
13	正确填写创业团队情况	5分							
14	正确填写 OEM 供应商	5分							
	演练结束后评分	小计							
15	提升团队能力	7分							
16	提升企业作战能力	8分							
17	获得市场订单	15分							
18	创业结束盘点——盈利	10分							
19	创业过程中——谈判	5分							
	得分汇总	合计							

（二）模拟角色准备

每组设"创业检察官"一名，其他同学为演练者。

1. 创业检察官负责在模拟过程中扮演银行等各种需要的角色，掌控演练过程，深度观察不同演练者的表现，对演练过程出现的问题进行调节、沟通和解决。

每组的创业检察官在模拟之前需要拿到《创业意识思维分析评估表》一份，见表 b-6，职业卡（和本组人数对应）、模拟币、研发图片、人脉卡。

表 b-6　创业意识思维分析评估表

您所在组的总人数：_____

请填写以下题目并分析：

演练者（左到右）：　　A　　B　　C　　D　　E　　F　　G

(1)对规则的理解：　(　　)(　　)(　　)(　　)(　　)(　　)(　　)

A 快，B 一般，C 慢

(2)创业意识：　　　(　　)(　　)(　　)(　　)(　　)(　　)(　　)

A 强，B 一般，C 弱

(3)未能创业的原因：(　　)(　　)(　　)(　　)(　　)(　　)(　　)

A 无项目、无资金　　B 有项目、无资金

C 无项目、有资金　　D 有项目、有资金

(4)是否胜出：　　　(　　)(　　)(　　)(　　)(　　)(　　)(　　)

A 是，B 否

(5)在您的观察中，不同的演练者分别错过几次创业的机会：

　　　　　　　　　(　　)(　　)(　　)(　　)(　　)(　　)(　　)

(6)您觉得最佳演练者是_____，原因是：_____。

(7)您个人的收获有：

A：

B：

C：

2. 演练"创业者"，负责积累创业所需资源、筹建新企业、将所需资源进行整合、创建新企业并顺利经营。

每位演练者模拟之前需要拿到《个人财务表》《企业运营表》《企业月盈亏表》和《创业规划表》各一份。

模拟经营目标介绍

见教学目标部分。

模拟经营规则介绍

（一）实训道具

实训使用的道具是北京尚品博智文化发展公司生产的《创业者模拟演练沙盘》。每一组教具的内容见表 b-7，有几个小组就需要准备几套教具。

表 b-7　每组教具内容

序号	材料名称	单套数量
1	包装盒（每组）	1 个
2	工作卡	30 张
3	日常生活卡	40 张
4	机会卡	30 张
5	市场风云卡	30 张
6	创业资金卡	20 张
7	团队建设卡	20 张
8	OEM 资源卡	20 张
9	企业建设卡	40 张
10	创业风云卡	30 张
11	市场订单卡	130 张
12	人脉卡	10 张
13	沙盘盘面	1 块
14	模拟棋子	6 个
15	铅笔	每人 1 支

序号	材料名称	单套数量
16	研发图片	6 张
17	研发材料	2 个
18	职业卡	每人 1 张
19	个人财务表	每人 1 份
20	企业月盈亏表	每人 1 份
21	创业检察官评估表	每组 1 份
22	说明书	1 本
23	模拟币	1 套

沙盘的盘面如图 b-1。

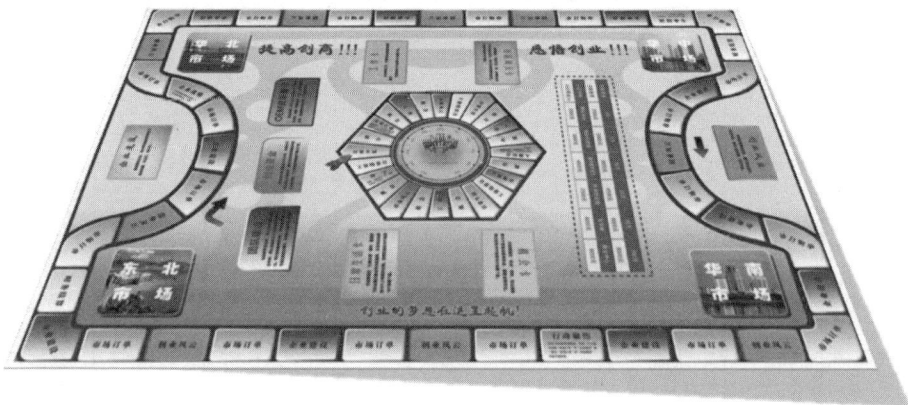

图 b-1　创业者沙盘盘面

1. 工作圈工具介绍

《日常生活卡》：《日常生活卡》内容包括"生活支出"和"学习支出"。"生活支出"为必须支出项；"学习支出"为选择项，若执行"学习支出"项，需按照卡片上的内容支付相应的学习费用，并将学习后的能力点数填写于《个人财务表》上。

《工作卡》：是获得工资收入、提升能力的主要来源，善于提升能力，将更有助于创业。工作中获得的财富可以向创业检察官索取；"能力点"填写到《个人财务表》上储备；将不同技能点视为个人对能力的全面储备，创业时可添加到团队人员能力上，以提高整体团队创业能力。

《机会卡》：《机会卡》中包含了项目机会、投资机会、股票机会、房产机会等，学生在演练过程中要善于把握市场信息，在获得项目机会时，需认真判断，慎重把握。获取创业机会是创业成功的第一步。通过其他投资也可以获取更多财富，为创业资金做积累。对于标识有可以"转让"的机会，可以转让给其他需要的学生，转让价格取决于双方的谈判。

《市场风云卡》：市场是不断变换的，通过《市场风云卡》，你可以得到创业项目的可行性信息，投资资产的价值变化等。

注：需要大声读出卡片上的内容，如果有学生获得或出售了资产，注意要及时修改《个人财务表》中的相应信息。

《工资结算日》：每当到达或路过时，请找创业检察官领取当月净收入，如果为负数就需要支付给创业检察官。从一个"工资结算日"到另一个"工资结算日"，将被视为一个月。

《公益行动》：交纳一个月总收入的10％，将获得三次分别各掷两次骰子的机会，并拥有选择最理想结果的权利。

《孩子》：每到一次，将得到"孩子"一个，注意在《个人财务表》上调整"孩子"的支出以及净收入，最多可获得两个"孩子"。

《人脉经营》：每到一次，获得一张人脉卡。第一张获取支出是1 000元，以后每获得一张递增1 000元。当然你也可以放弃。

《资产出售》：获得的房产、股份、收藏等资产可以在紧急需要资金时以其价值的70％一次性出售给创业检察官，并在个人财务表中进行相应调整（仅在工作圈有效，股票不可出售）。

2. 资源整合区工具介绍

《团队建设卡》：团队成员的能力可以帮助创业企业快速成长，在工作圈或创业圈都可以储备或寻找团队伙伴。

《创业资金卡》：卡片中有所有类型的支持资金（亲友借款、天使资金、风投资金、政策资金等）。根据卡片的描述，您可以从创业检察官处获得符合条件的相应资金。

《OEM资源卡》：面对众多项目，渠道供应商是不可避免的，根据"微笑曲线理论"，OEM 是快速、投入少、获得更多资源的方式之一，你可以将项目的生产以最小成本在此获取。当然维护好供应商关系也是必不可少的。请根据项目获取相应产品的渠道供应商，并将相应数据填写到《企业财务表》上。

3. 企业圈工具介绍

《市场风云卡》：在市场风云中，将有大量创业企业经常遇到的难题出现，解决问题将有利于促进企业成长。对于市场风云中遇到的难题，可利用创业前积累的"人脉"慎重应对，并对所遇到的卡片在表 b-2 下边的"□"中用铅笔画"√"，再次遇到此卡片时无效。请及时根据沙盘演练卡中的数据对财务表进行调整。

《企业建设卡》：企业的发展离不开团队共同的建设，关注"团队凝聚力""核心资源指数""企业规范指数"的提升，将对市场订单的获取非常有用。当"团队凝聚力""核心资源指数""企业规范指数"提升均"≥5"时，可将"企业建设"格视为"市场订单"格，获取"市场订单卡"。

《市场订单卡》：将订单卡，洗过后分四堆分别放置四个市场上，企业最初选取第一个订单的位置为本地市场，不需要交纳市场开拓费，以后每开拓一个市场需交纳 10 000 元市场开拓费。走到市场订单格后，开拓几个市场，将会同时获得几个市场订单。将获取的订单在有能力的情况下履约后，放回订单卡最下面。

《广告投放》：将获得的广告卡，按要求投放全国或区域广告，即可获得相应订单卡，也可将广告卡自主选择时机投放。**在同一时间内《全国广告》和《区域广告》不能重复投放。**

《财务结算》：走到或过此格时，先进行每月月终财务结算，结算清楚后继续，请关注你的企业财务。

《企业战略》：支付 3 000 元，任意选择资源区或创业圈 3 张卡片。

《行动聚焦》：额外支付上月总支出的 10%，在以下三轮中可将"市场订单"与"企业建设"统一视为"市场订单"或"企业建设"，并可获得相应卡片。

《专业培训》：缴纳 3 000 元培训费，获得需要的任意 5 个技能点。

（二）实训规则

1. 在工作圈获得资源

每当骰子落在《日常生活》《机会卡》《工作卡》格时，可以任意获取《资源区》

中一张卡片，并交纳 200 元资源筹集费。

在工作圈中，可最多储备《团队建设卡》《创业资金卡》《OEM 资源整合卡》各两张卡片，亦可随时放弃手中卡片，获取更合适的其他资源。

2. 进行产品研发

如果你决定创业并研发所获得的项目(机会卡中有不同的"创业项目")，请选择抽取产品研发卡片，研发出卡片内的模拟形状，如超时则研发失败，在此期间其他人员继续。

注：在工作圈中研发时间为 5 分钟，在注册公司后研发时间为 8 分钟，每增加一名团队成员研发时间增加 1 分钟，最长时间为 12 分钟，如果在公司注册后研发失败，则进入"破产程序"。

| 资金投入 | 动手执行 | 时间5分钟 | 目标 |

本沙盘模拟中的项目是机会型创业项目，你可以通过市场和自身能力的分析，判断是否将获得的项目做大，筹集创业资金、组建团队、开自己的公司，并进入创业圈经营。但当你"注册公司"后必须跳入"创业圈"填写每月财务表。

3. 跳出工作圈

跳出工作圈的条件包括：

获得项目机会(研发成功前后均可)；

决定注册公司，并出示符合注册资金的数额；

决心创业；

跳出工作圈时需要将工作圈中的个人支出进行相应调整，然后分别记录《个人财务表》和《企业运营表》。

4. 注册企业

你可以根据筹集的资金和获取的扶持政策，选择注册资金并支付相应费用，选择适合你的创业场地，并每月支出相应办公场地资金(注：有创业扶持政策另算)。

注册公司时，必须向所有"创业者"出示与注册资金相对应的资金，并决定办公地址，进入创业圈，建立企业财务报表。

注册资金	3万	5万	10万	20万	50万	100万
注册费用	2000元	2500元	3000元	4500元	6000元	8000元
办公场地	孵化中心	创业科技园	高科技开发区	大学创业园	写字楼	商业中心
办公租金(月)	2000元	3000元	4000元	2500元	4000元	6000元

注册资金出示即可，只缴纳企业注册费；

办公场地自主选择，不限制，每月底缴纳办公租金即可；

注册资金与场地，没有好坏之分，而是在于你对规则的有效利用，不同的"注册资金"与"办公场地"有不同政策的扶持。

提示：你必须放弃稳定的工作收入，面临更大的压力和风险！

5. 在《创业圈》获取资源

(1)当从《工作圈》进入《创业圈》时，即刻启用所储备资源，将相应内容对应填写到《企业运营表》中。

注：如有无法立刻使用的资源请将卡片放回到相应资源区中。

(2)对于需要寻找的团队成员，在骰子落到《企业建设》与《订单卡》时，可最多抽取两张资源卡，团队成员能力不足时，获取成本为每张100元。

团队能力足够高时，可免费获得不同的资源卡，如下：

总经理：管理能力可以以3个点兑换一张"人脉卡"，以3个点兑换一张"企业建设卡"；

人资经理对应能力≥5时，可免费获取《团队建设卡》，企业建设能力加倍；

财务经理对应能力≥5时，可免费获取《创业资金卡》，企业建设能力加倍；

技术经理对应能力≥5时，可免费获取《OEM资源整合卡》，企业建设能力加倍；

市场经理对应能力≥6时，可免交全国市场开拓费，企业建设能力加倍。

(3)在《创业圈》，每个团队成员被更高能力成员替换时需支付员工两个月工资。

注：创业资金卡中最多可为你提供三笔不同类别资金；OEM资源最多可

提供三个供应商。

（4）市场经理未到岗时，每到订单格时，只能获得本地市场订单，当市场经理到岗能力＜6时，只能获得最多两个市场订单，当市场经理岗位能力≥6时，可开发全国市场订单（注：广告订单另算）。

6. 核心创业能力提升规则

（1）个人能力：作为"创业者"的你，需要积累综合能力，并可将对应能力叠加给团队成员。

（2）团队能力：团队所有成员到位时，团队凝聚力、核心竞争力、企业规范指数各加"1"。

（3）企业能力：团队凝聚力、核心竞争力、企业规范指数可通过"企业建设卡""创业风云卡"对应提升，团队成员能力越高，获得的企业能力越强。

（4）市场能力：团队凝聚力、核心竞争力、企业规范指数对应提升市场能力的服务、质量、品牌，以"1：1"转化。

7. 破产程序：当资金用尽或经评估无法继续经营时，将启动"破产程序"，放弃项目，解散团队。为此，你需要回到"工作圈"，继续寻找工作（重新抽取职业卡）。

破产流程：停止创业演练（其他人继续）；放弃项目，清算资产；支付员工两个月工资，解散团队；偿还银行、国家扶持资金有偿贷款；偿还天使投资人或风险投资人投资（按最大投入资本归还，不足部分则不偿还）；偿还亲友借款（资金不足，则在工作中分批归还）；抽取职业卡，重新进入工作圈。

注：在亲友借款未还清时，再次创业则无法获得亲友资金支持。

8. 其他事项

初期发放资金每人5万元；

团队满员就可以履约订单，不考核团队能力；

可以由多名学生共同创业经营一家初创企业；

规则讲解完毕后，前十分钟，每名"创业者"选择抽取10张创业元素卡，不适用的放弃，适用的填写到《个人财务表》或《企业运营表》上，创业政策卡保留，制定自己的决策，然后正式开始。

9. 模拟要求

获得创业项目并成功经营企业连续三个月盈利3万元以上。

创业实训：创业者沙盘 ▶

组织者可决定在模拟演练一个半小时左右后停止，总结分享。

提示："创业者"与"一般人士"的行为差异产生于创业前的"资源整合"。因此，学生在工作圈即应该关注创业资源的整合，尽早达到创业的条件，组建企业，获取经营利润。

模拟经营过程控制

（一）模拟经营步骤

模拟之前一定要求学生做好"创业规划"，填写《创业规划表》，见表 b-4。

第一步：抽取"初始职业卡"，对应填写到《个人财务表》中；提示学生注意表下方的目标内容：拿到合适项目，跳入"创业圈"，组建团队、整合资源，通过企业经营成就创业梦想！

第二步：选择自己喜欢颜色的"模拟棋子"放置到"起点"处；

第三步：选择一名同学投掷一个"骰子"，按点数放置到相应位置；

第四步：拿取对应位置的"创业元素卡片"，可以执行、放弃或转让；

第五步：下一名同学，继续投掷骰子，将自己棋子放置相应位置，提取卡片。

循环博弈：重复"第四步"与"第五步"，按顺时针每人依次进行，过程中可谈判、竞争、博弈、合作。

依次目标：整合创业资源，注册企业，建设企业，开拓市场，赢利。

（二）模拟过程控制

1. 学生在工作圈演练时，需要填写《个人财务表》和"工作圈创业元素卡"，分别见表 b-1 和图 b-2。

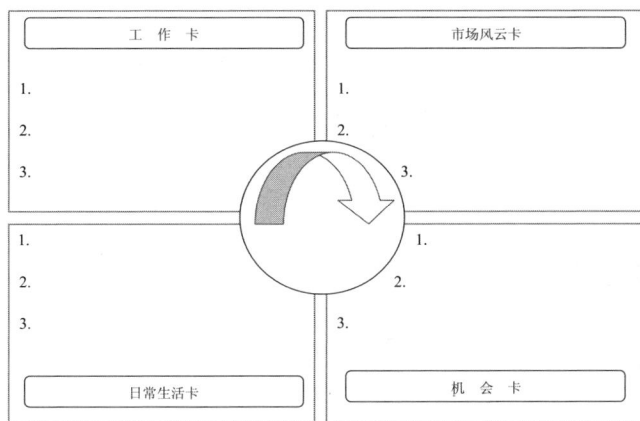

图 b-2　工作圈创业元素卡

2. 在创业圈演练时，需填写《企业运营表》和《企业月盈亏表》，见表 b-2 和表 b-3。

3. 模拟结束，创业检察官需填写《实训评估表》，见表 b-5。

经营结果点评和总结

模拟经营结束后，教师和学生一起总结模拟经营过程中的得失。首先由学生进行总结，包括参加模拟经营的学生以及创业检察官，最后，教师结合学生的经营状况和教学目的进行总结。

(一)学生总结

创立企业经营成败的关键因素有哪些？

本次沙盘训练的主要体会是什么？

你的心得是什么？

你的失误在哪里，重来你将如何做？

你会如何将这次模拟经营的体验和现实创业相结合？

创业检察官根据表 b-5 的资料，就其观察到的所在小组同学的表现进行分享。

（二）教师总结

每组中创业同学的人数，总体创业人员的比例；创业失败人员的统计，失败的原因？企业盈利人员人数的统计。

结合教学目标进行分析总结。

‣ 本章祝愿

希望大家通过模拟经营，总结教训、吸取经验，在实际创业中取得成功。

第五章　创业计划

建议课时

　　4课时。本章是对本书前面各章知识的梳理，请教师和学生一起回顾梳理。

欢迎词

　　我们的创业列车又驶向了新的一站——创业计划，欢迎大家。

教学目标

　　通过本部分教学，使学生认识创业计划的作用，了解创业计划的基本结构、编写过程和所需信息等，掌握创业计划书的撰写方法。

教学设计

章节	内容	时间	授课方法	教具
主题游戏	单腿站立	5分钟	做游戏	
每周创意	生活中的创意	5分钟	学生分享	ppt或者道具，取决于学生的准备
上周内容回顾	上周课程内容	10分钟	学生讲授	ppt
第一节创业计划	创业计划的作用、结构	10分钟	讲授	ppt
头脑风暴	创业计划书的内容	5分钟	头脑风暴	
第一节 创业计划	创业计划的内容，市场调查的内容和方法	15分钟	讲授	ppt
第二节 创业计划书撰写	研讨构想、分析问题、凝练摘要	10分钟	讲授	ppt
休息5分钟				
主题游戏	画线游戏	5分钟	学生画线	卷尺
每周创业故事	创业故事：故事、启示	10分钟	学生讲授	ppt
上周项目展示	项目来源及其理由	5分钟	学生展示	规划书、ppt
第二节 创业计划书撰写	将创想变成文字、撰写技巧 撰写过程中的常见问题	10分钟 5分钟	讲授	ppt
案例分析	创业计划书分析	25分钟	学生展示	ppt
休息5分钟				
创业者讲座	创业资源及整合	40分钟	分享	ppt
学生提问	和讲座内容有关的问题	15分钟	交流	
本章总结	本章内容现场复习测试	5分钟	现场测试	ppt

说明：不邀请嘉宾的教师，可以适当延长创业计划书讲授的时间，在第一节课中留出30～40分钟时间让学生丰富完善团队的创业计划书。

教师可以从网上搜索合适的创业计划书，让学生进行分析。在第二节课中和学生一起总结创业计划书写作过程中的常见问题。

每周创意

环保组合积木日历

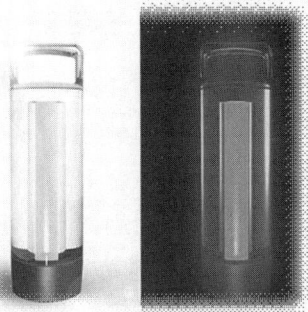

磷光照明灯

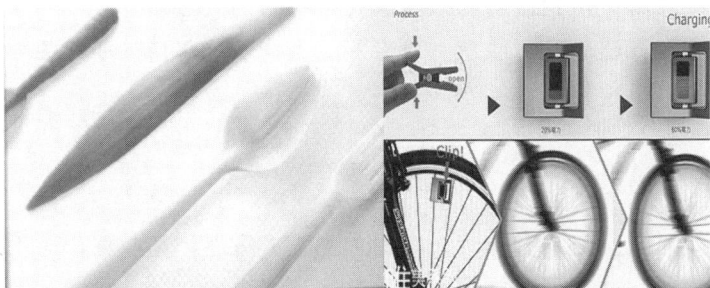

植物纤维餐具

多功能充电夹

二氧化碳捕蚊神器

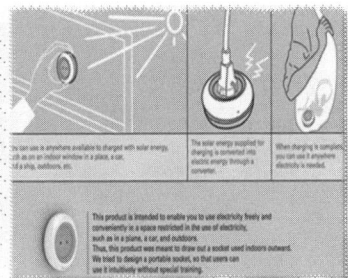

太阳能充电器

▸ 上周内容回顾

课前主题游戏——单脚站立

规则——身体不要触碰任何可以依赖的物体，当抬起的脚挨着地面时个人的游戏结束，不影响其他同学。

过程：全体同学起立，合上眼睛，抬起其中的一只脚，在身体不触碰任何可以依靠的东西时，只要抬起的那一只脚挨地就不用再抬起；教师开始数秒，20秒之后统计依然保持单腿站立的学生人数。

请大家睁开双眼，在可见的范围内寻找一个自己感兴趣的目标，盯着目标看，重新刚才的动作，20秒后统计人数。

结果：睁眼时坚持到最后的人数远比合眼时的人数多。

点评：当目标明确时，注意力更专一，人们更能坚持。所以，要想取得人生的成功，需要早定目标，并专注于自己的目标。

课程导言

创业企业邀人投资或者加盟，"如同向离过婚的女人求婚，而不像和女孩子初恋，双方应有打算，仅靠空头许诺是无济于事的"。

创业时邀请他人加盟，获取他人的资源支持，也要提供一份可以信赖的商业计划。

▸ 课程讲授

第一节　创业计划

一、创业计划的作用

创业计划，又称"商业计划"，是引领创业的纲领性文件，是创业者具体行动的指南。

一方面，创业计划让创业者自己明晰创业思路，帮创业者把握企业发展的总纲领，为企业经营活动提供依据与支撑；另一方面也为创业团队及合作者共同奋斗提供动力；最后，创业计划可以帮助投资方了解创业项目的投资价值。

二、创业计划的内容

创业计划书应该包括标题、目录、正文和附录四大部分，其中正文又应当包括如下内容。

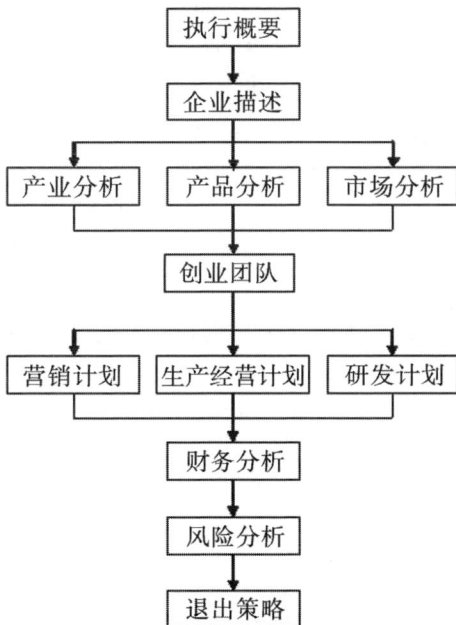

```
            执行概要
              │
            企业描述
      ┌───────┼───────┐
   产业分析  产品分析  市场分析
      └───────┼───────┘
            创业团队
      ┌───────┼───────┐
   营销计划 生产经营计划 研发计划
      └───────┼───────┘
            财务分析
              │
            风险分析
              │
            退出策略
```

此处可以采用头脑风暴的方法，由学生一起进行分析，教师最后展示梳理的结果。

三、创业计划书结构

一份好的创业计划书应该根据撰写目的不同具有不同内容，但是，一般的创业计划书都会具有如下要件。

四、市场调查的内容和方法

市场调查即调查市场状况、周边环境和消费者需求，通过搜集、整理、分析有关市场营销的数据信息，了解市场现状和发展趋势的过程。**详尽的市场调查有助于创业者做出更好的企业营销决策，减少失误，增强成效。**

（一）市场调查的价值

1. 通过市场调查，创业者能了解行业资讯，避免决策错误

调查者在对产品、销售、竞争对手、消费者购买行为等市场行情做出调研后，能基本了解行业情况。

2. 通过市场调查，创业者能准确把握信息，部署有效战略

根据调查结果，创业者能够知己知彼，在了解消费者需求、评估市场运营、发现市场机会和分析行业发展态势的基础上，可以明确企业发展目标，制订营销计划，确立组织和管理要略，制订财务计划。

（二）市场调查的内容

1. 市场需求调查

所谓市场需求调查，即调查现有市场的购买需求和趋势。购买需求包括购买力、购买动机、需求量和需求的影响因素。购买趋势是指基于购买需求的趋向和走势。

2. 经营环境调查

（1）宏观环境调查

宏观环境指影响企业的各种宏观力量，包括经济环境（社会经济结构、经济发展水平、经济体制和政策、当前经济状态），社会和文化环境（人口因素、社会流动性和各阶层对企业的期待、消费者心理、文化传统和价值观）以及政治法律环境（政治局势、政府行为、法律法规、路线方针等）。

（2）行业环境调查

行业环境调查即调查经营项目所属行业的历史、现状、趋向、结构、行规和管理。可采用波特的五力分析模型进行，对供应商的讨价还价能力、购买者的讨价还价能力、潜在竞争者进入的能力、替代品的替代能力和行业内竞争者现在的竞争能力进行分析。

3. 竞争对手调查

竞争对手调查是一项关于竞争环境、竞争对手和竞争策略的调查研究。竞争对手调查的目的是通过各种渠道搜集信息，查清竞争对手的状况，包括产品及价格策略、渠道策略、营销策略、竞争策略、研发策略、财务状况及人力资源等，了解其竞争优势和弱势，以期做到知己知彼、百战不殆。

4. 经营策略调查

经营策略调查即调查本企业产品的价格、销售渠道、广告、商标及外包装等存在的问题及跟进情况。

（1）销售策略调查

销售策略包括营销策略、促销手段和销售方式。营销策略包括销售渠道、销售环节和宣传方式。促销手段包括有奖销售、折扣销售、附赠销售、低价出售、折本甩卖，等等。销售方式包括批发、零售、代销、直销、专卖和特许经营等。销售策略调查的主要内容即对上述层面进行资料搜集、直接取证，在条分缕析之后做出科学决策。

（2）广告策略调查

广告是行之有效的营销手段，有时能够达到立竿见影的效果。广告媒介无论是网络、电视、广播、报纸、杂志还是街头、车身、墙体等，都需要一定的资金。广告策略要讲求实效，钱要用到刀刃上，才算财尽其用，节约资源。

（3）其他情况调查

其他情况调查指对产品设计、形状、包装、口味、价格等方面是否迎合消费者品味和接受能力的调查。

（三）市场调查的步骤

市场调查工作必须有计划、有步骤地进行，以防止调查的盲目性。**一般来说，市场调查可分为确定目标、正式调研、分析资料、撰写报告四个阶段。**

1. 确定目标

科学的市场调查需要明确调查目标，有针对性地获取关联信息，高效解决问题。

2. 正式调研

明确了调查目标，调查员就可以放开手脚，正式工作了。

3. 分析资料

调查员对收回的调查资料进行整理和分析。使其真正具备参考价值和利用价值，将分析结果以统计图表的样式展示出来可以帮助创业者对问题有鲜明的认知。

4. 撰写报告

根据对调查材料的分析整理，撰写调查报告。市场调查报告没有固定的格式，具体行文依照调查目的、内容和结果来展开。

（四）市场调查的方法

1. 询问法

询问法在市场调研中最常用。具体包括人员访问、电话访问、问卷调查和小组座谈等方法。

按照问卷的媒介，问卷调查法又分为传真问卷、信函问卷、网络问卷、报刊问卷和实地问卷五种常见样式。信函问卷是将问卷寄给被访者，被访者按照设计的题目作答完毕之后再将问卷寄回。这种问卷方式以其郑重、高标准的设计引发被调查者的兴趣，因而其回收率高，所获信息的精准度也高；传真调查和信函近似，只不过采取的是传真机这种现代化的工具，它比信函问卷快速，又比电话调查省力；网络问卷法是指利用电子邮箱或设计好的平台来完成搜集信息的方法。这种调查方法及时迅捷，但受被调查者的文化水平、经济条件、生活习惯、认知能力等方面的制约；报刊问卷是利用报纸、杂志等刊物的某一页作为载体，刊登问卷内容，以期读者回应的一种问卷调查方法，受众狭窄、回应率低是其明显的缺点；实地问卷调查法是指调查者在商场、餐饮、游乐场等人流量大而集中的路段或其他公共场所随机选择过往行人，就地进行问卷调查。这对于目标市场比较明晰的创业项目比较适合，但行人对此配合的总体程度和配合后的认真程度并不高。

小组座谈是从目标市场中抽取一群人，一般以6~10人为宜，来探讨相关话题的一种调查方式。与问卷调查相比，小组座谈是了解消费者内心想法最有效的工具。因此，在调研产品概念、产品测试、顾客满意度、用户购买行为等方面应用率极高。座谈的主持人为专业化的调研员。在座谈过程中，主持人一方面提出话题，引导人们讨论；另一方面，控制座谈节奏，调节座谈气氛，激发受访者的积极性和想象力，从而获取信息。由于这种调查法一般有一个讨论焦点，因此也称为焦点访谈法。

2. 观察法

观察法是一种直接的极具现场感的调查方法。调查员到某个现场对调查对象进行实地观察，依据市场调查目标，系统地记录调查对象的各种行为方式。依据场地不同，观察法又细分为生产现场观察法、包装现场观察法、使用现场观察法、销售现场观察法等。

3. 抽样法

抽样调查法是从全部单位中抽取一部分样本进行考察和分析，通过部分去归纳整体的一种调查方法。

抽样调查有两种方法：概率抽样和非概率抽样。习惯上将概率抽样调查称为抽样调查。概率抽样即按照概率论和数理统计原理从调查对象中随机抽取样本，通过样本数量关系来对总体特征做出估计和判断。

4. 实验法

实验法是试验先行、实验可行才进而大规模推广的一种市场调查方法。在所有的市场调查方法中，实验法最科学，也最具科技含量。它要求先设定一个实验环境，预设各种影响因素或条件，通过实验对比，对市场需求、市场环境或营销过程中的某些变量之间的关系及其变化进行理性分析。

此外，还有数据法、试销法等其他的市场调查方法。

第二节　创业计划书的撰写技巧

如果你想踏踏实实地做一份工作，那么请写一份创业计划。它能迫使你进行系统地思考（有些创意可能听起来很棒，但是当你把所有的细节和数据写下来的时候，它自己就崩溃了）。

——投资家克雷那

中国有句古语说，"预则立"，也说明了计划对于成功的重要性。

一、研讨创业构想

创业者需要从产品或服务、行业或目标市场、创业团队及组织管理、创业资源以及财务等方面对创业构想进行深入研究探讨。

七招看你的创业计划是否可行？

当你确定自己适合创业后，不必急着马上走上创业这条路，还必须先评估一下自己的创业计划是否可行。

1. 你看到过别人使用过这种方法吗？一般来说，一些经营红火的公司的经营方法比那些特殊的想法更具有现实性。在有经验的企业家中流行这样一句名言："还没有被实施的好主意往往可能实施不了。"

2. 你真正了解你所从事的行业吗？许多行业都要求选用从事过这个行业的人，并对其行业内的方方面面有所了解。否则，你就得花费很多时间和精力去调查诸如价格、销售、管理费用、行业标准、竞争优势，等等。

3. 你能否用语言清晰地描述出你的创业构想？你应该能用很少的文字将你的想法描述出来。根据成功者的经验，不能将这想法变成自己的语言的原因大概也是一个警告——你还没有仔细地思考吧！

4. 你的设想是为自己还是为别人？你是否打算在今后 5 年或更长时间内，全身心地投入到这个计划的实施中去？

5. 你的想法经得起时间考验吗？当未来企业家的某项计划真正得以实施时，他会感到由衷的兴奋。但过了一个星期、一个月甚至半年之后，将是什么情况？它还那么令人兴奋吗？或已经有了完全不同的另外一个想法来代替它。

6. 你有没有一个好的网络？开始办企业的过程，实际上就是一个组织诸如供应商、承包商、咨询专家、雇员的过程。为了找到合适的人选，你应该有一个服务于你的个人关系网。

7. 明白什么是潜在的回报。每个人投资创业，其最主要的目的就是赚最多的钱。可是，在尽快致富的设想中隐含的绝不仅仅是钱。你还要考虑成就感、爱、价值感等潜在回报。如果没有意识到这一点，那就必须重新考虑你的计划。

经过自我分析后证明你适合创业，同时你也能正确回答上述几个问题，那么你创业成功的胜算将会很高，你可以决定着手去创业。

二、分析创业可能遇到的问题和困难

针对研讨创业构想过程中遇到的问题和困难进行分析。**创业者可以通过走访行业内成功的创业者，或者和行业内专家座谈的方式，对可能遇到的问题和困难展开分析。**

三、凝练创业计划的执行概要

摘要是计划书的缩略版。它涵盖了创业计划书的要点，让读者对创业计划书的主要内容有一个整体把握，起到提纲挈领的作用。摘要一般包括以下信息：企业介绍、创业者及其团队介绍、产品和服务、市场分析、营销策略和计划、财务计划、资金需求、风险分析等。

需要强调的是，摘要虽然放在主体内容之前，但一定要放到最后才写；而且摘要一定要简明生动，精练贴切，不用面面俱到。一般来说，摘要的长度在1~2页，最长不要超过3页。

四、把创业构想变成文字方案

（一）封面设计

封面一般以简约、明确为主，忌晦涩怪异。

（二）企业介绍

企业简介如同自我介绍，目的就是让投资者认识企业。这里会涉及企业的基本概况（名称、法律形式、注册地址、联系方式等），企业的发展历史与现状，企业所提供的产品或服务的竞争力，企业未来的发展规划和目标。

有些内容是亮点所在，必须下功夫写好，比如企业的主要目标。企业目标是企业要达到的预期效果，如同理想之于个人，企业目标是一个企业发展的动力。

（三）市场分析

这一章在整个创业计划中起着举足轻重的作用。如果对市场调研和分析的重视程度不够，创业计划书将会变得很糟糕。市场分析包括目标市场分析、行业分析和竞争对手分析等内容。

（四）产品（服务）介绍

投资家关注的焦点是，企业提供什么产品或服务及产品或服务能给消费者带来什么价值。产品介绍包括：产品的名称、性质、市场竞争力、产品的研发过程、品牌、专利、市场前景，等等。这里有一点需要详细说明，即产品的特征。**如果产品已经生产出来了，最好附上原型介绍及图片；如果产品还在设计之中，就要提供相应的设计方案并证明自己的生产能力。**如果产品是创新型产品，创新就成了该产品的特性。

（五）人员及组织结构说明

包括主要管理人员介绍和组织结构介绍等方面。

（六）市场预测

市场预测就是运用科学的方法，对影响市场供求变化的诸多因素进行调查研究，分析和预见其发展趋势，掌握市场供求变化的规律，为经营决策提供可靠的依据。在创业计划书中，市场预测应当包括需求预测和竞争预测等内容。

（七）营销策略叙述

可以从有关产品及其价格的整体规划、分销渠道和促销策略等方面展开说明。尤其是应站在消费者的角度，基于 4C 的理念，对创业企业的营销策划进行描述。

4C 分别指代 Customer（顾客）、Cost（成本）、Convenience（便利）和 Communication（沟通）。指企业应在明确顾客需求的基础上，根据客户能够接受的产品价格，在方便客户购买和便于与客户沟通的情况下开展营销。

（八）生产计划说明

具体来说，创业计划书中的生产制造计划应包括以下内容：厂房基本情况，产品制造和技术设备现状，生产流程及关键环节介绍，新产品投产计划，生产经营成本分析，质量控制和改进计划及能力等。

（九）财务规划描述

财务规划一般包括历史经营状况数据和未来财务整体规划等信息。现金流量预测、预计资产负债表和利润表是财务预测的主要内容，也是风险投资家比较关注的内容。如果撰写创业计划书的主要目的是为筹集资金，则本部分的内容一定要能够经得起推敲。

（十）风险分析

创业者可以试着从市场风险、技术风险、资金风险、管理风险和其他风险等角度入手进行分析。

风险分析往往表明创业团队对于项目的态度，**能够预测风险并有针对性地制定应对策略，表明创业团队对项目的分析比较深入，会在一定程度上提高创业计划书的可信性。**

五、创业计划书的撰写和展示技巧

（一）撰写原则

创业计划书在撰写时应遵循目标明确、优势突出，内容真实、体现诚意，要素齐全、内容充实，语言平实、通俗易懂，结构严谨、风格统一，有理有据、循序渐进，详略得当、篇幅适当等原则。

适合的篇幅一般为 20～40 页，包括附录在内。

（二）撰写技巧

创业计划书在撰写时可以遵循如下技巧，以提高其阅读性。

之一：5 分钟的考试。一般来说，风险投资家或评审专家阅读一份创业计划书的时间在 5 分钟左右，主要关注业务和行业性质、目的（借钱还是风投）、资产负债表、团队、吸引人的地方等内容，因此，创业者在撰写创业计划书时要着重从这五个方面予以重点描述。

之二：内容要完整。一份好的创业计划书起码要涉及如下内容——计划摘要、产品与服务、团队和管理、市场预测、营销策略、生产计划、财务规划、风险分析。

之三：投资项目中最重要的因素是人。对于创业团队一定要按照团队组建原则和优秀团队特征等知识点进行如实描述。

之四：途径——阅读他人的创业计划书。阅读他人的创业计划书是帮助创业者提高自己写作能力的最有效的途径之一。

之五：记住 43.1％规则。一位风险投资家一般会希望在 5 年内将其资金翻 6 倍，相当于每年的投资回报率 ROI 大约是 43.1％，$[(1+i)^5=6]$。因此，一份承诺回报率为 40％～50％ 的商业计划书对于风险投资家来说比较合适；如果是借款则需要有还本付息计划。

之六：打中 11 环。做最充分的准备，对创业计划进行最详细的论证，准备回答所有和创业计划有关的负面问题，以降低创业风险；另外，在会见风险投资者之前，创业者可以将所有负面问题的答案以"小纸条"的方式进行准备，给自己足够的心理支持和勇气。

之七：熟悉吸引投资者的方法。取得风险企业家名录是一种事半功倍的吸引投资者的方法。教材中有很多风险投资机构的地址和目录，可以帮助创业者增进对风险投资者的认识和了解，以便有针对性地展开融资活动。

之八：准备回答最刁钻的问题。对于创业者来说，也许"你的创业计划书给其他风险投资者看过吗"是一个两难的问题，建议创业者遵循诚实守信的原则，如实回答。

之九：对待被拒绝。审阅创业计划书是风险投资者日常工作的一部分，拒绝大多数的创业计划也是风险投资者的工作常态，创业者没必要因为创业计划被拒绝而伤心欲绝，而是应该将其视为不断完善创业计划书的手段，如果创业者在每一次被拒绝之后，都能够很好采纳风险投资者的建议，进一步优化其创业计划，则被拒绝一次就离被接受近了一步。

之十：创业计划书最重要内容。**资产负债表和对项目团队的介绍是创业计划书中最重要的内容**，也是创业者在撰写创业计划书过程中最应重视的内容。

案例分析

×××博物馆素质拓展夏令营项目

课前主题游戏

画线游戏——1尺、1米、5米(带盒尺)。1尺的长短最准确，因为你最能把握，5米的长短很难拿捏好。因此，在确定了我们的人生目标之后，一定要将其细化，分解到每一个你能够很好掌握的小计划当中。

每周创业故事

三只松鼠"啃"出坚果"大世界"
——章燎原的创业故事

章燎原，安徽"三只松鼠"电子商务有限公司创始人兼CEO。曾先后担任安徽詹氏食品有限公司区域经理、营销总监、董事总经理。2012年3月，章燎原的线上坚果销售理念吸引了中国最大风险投资机构IDG资本，获取150万美元的天使投资基金，打造了"三只松鼠"坚果品牌，业界赠名"松鼠老爹——章三疯"。

"松鼠老爹"的梦

章燎原在安徽詹氏核桃有限公司摔打了8年，从搬运工、销售员直至职业经理人，坚果行业的8年打拼，他织出了一个网上"森林坚果"梦。

2010年，章燎原在任安徽詹氏核桃有限公司总经理时，天猫的一句广告语"没人上街并不代表没人逛街"给了他启发。詹氏核桃线上市场的开辟，打造了互联网食品品牌"壳壳果"，"壳壳果"上线销售仅8个月，销售额就达到100万元。"壳壳果"的成功使章燎原成了业内名人，"壳壳果"品牌成为了电商成功案例之一。

2011年2月，章燎原宣布辞职，开始了网上坚果品牌的创立。

"风投"翘起"坚果"梦

圆梦之初，章燎原只有一份商业计划和安徽詹氏核桃有限公司总经理任内徽派文化销售理念、互联网坚果品牌"壳壳果"的销售业绩。但凭借独一无二的网售坚果商业计划，章燎原叩响了中国最大风险投资机构 IDG 资本的"大门"，成功融资 1 000 万元。2012 年 5 月，"三只松鼠"上线。

"松鼠老爹"的销售理念

"三只松鼠"以互联网技术为依托，利用 B2C 平台实行线上销售，迅速开创了一个食品产品的快速、新鲜的新型食品零售模式。这种特有的商业模式缩短了商家与客户的距离，确保让客户享受到新鲜、完美的食品，开创了中国食品利用互联网进行线上销售的先河。

"三只松鼠"产品的质量严格把关，奉行"我们只在线上卖 15 天内生产的坚果"的承诺。为使消费者吃到新鲜的坚果，"三只松鼠"尽量缩短商品到达消费者的时间，同时增强产品质量的可控性。"三只松鼠"在全国范围内寻找产品的原产地，统一采取订单式合作，并提前给预付款。原材料收购之后，委托当地企业生产加工成半成品，每一家厂商生产不超过两样产品。经检验合格的半成品送到"三只松鼠"10 000 平方米的封装车间，或存于 0～5℃ 的冷库，或保存在 20℃ 恒温的全封闭车间。当消费者购买时，再从车间提出，保证商品从生产到销售之间不超过 1 个月。这对食品，尤其是坚果类产品的质量和新鲜度非常重要。

"三只松鼠"的客户享受的都是一对一服务。他们筛选目标用户的方式主要依赖于软件识别：顾客购买的客单价、二次购买频率、购买产品是什么、购买产品中打折商品的比例、是几次购买，等等。识别出这些信息，顾客每次购买"三只松鼠"产品所收到的包裹都会不一样。同时包装袋里的剥壳器、纸巾、夹子等细节上的"用心"，让客户有了更便利的吃坚果体验。"三只松鼠"对未来的市场前景相当明晰，"萌死人"的松鼠 logo 和"求包养"的客服秘籍，这些都是捕获年轻人消费的"法宝"。"三只松鼠"针对年轻人的喜好提供服务，以此锁定的目标群体正是将来网购群体的主流。

每周项目展示——创业项目及其来源

六、创业计划书常见问题及对策

(一)企业概况

本部分的常见问题是企业名称不符合要求,或者属于特许经营范畴的项目未经过授权等。

按照国家有关法律规定,企业名称应当包括"行政区划+个性名号+产品/行业特点+企业的法律形式",其中,公司制企业的名称中必须带有"公司"字样,而非公司制的企业名称中一定不能带有"公司"字样。具体规定见第六章第一节。

创业者还应关注经营范围特许的相关规定,普通投资者无法进入包括供水、供气、供热、公共客运等领域;另外,烟草需要有专卖许可,食品行业需要有经营许可以及卫生许可等。

注册资金按照目前的中国法律,公司制企业有最低的注册资金限制:有限责任公司中生产和批发企业 50 万元,零售企业 30 万元,服务企业 10 万元;股份有限公司最低 500 万元;一人有限公司最低 10 万元,一次到位。

(二)产品和服务

本部分的典型问题表现为:技术不过关(未过中试),未能提供专利证明,未提供技术授权,投资额过大,缺乏技术含量(门槛低),缺乏售后服务的考虑等。

创业者在创业计划书中对产品/服务进行描述时,应主要介绍拟投资的产品/服务的背景、目前所处发展阶段、与同行业其它公司同类产品/服务的比较,本公司产品/服务的新颖性、先进性和独特性,如拥有的专门技术、版权、配方、品牌、销售项目网络、许可证、专营权、特许权经营等。

酒吧和歌厅等可能不适合学生创业,其对社会关系的要求高。

(三)商业构想与市场分析

本部分的典型问题有:目标人群混乱,需求不确定,市场调研不深入,缺乏对竞争对手的了解等。

创业者需要在之前进行项目论证时，做好市场细分，设计有针对性的调查问卷，广泛搜寻竞争对手的相关信息，避免上述问题的出现。

（四）企业选址

本部分的典型问题有：企业地址的选择不方便目标人群或者成本过高等。

建议创业者站在 4C 而非 4P 的角度进行企业选址，设计营销方案，更多考虑客户需求。

（五）营销方式

本部分的典型问题有：定价过低，市场推广策略简单化、平面化，营销策略急于求成等。

创业者一定要了解"一分价钱一分货"的道理，太低的定价也许给消费者带来"产品质量一般"的印象，而不一定能够增加产品销售。大学生创业者可以通过增加售后服务等措施增强企业的竞争力。尽可能采用富有创意的营销策略，采用不同的营销措施，吸引消费者的注意力，提高产品的销售量。

课程视频：The Best Job in the World

（六）法律形式

本部分的典型问题有：对各种形式的特点不甚了解，选择时比较盲目、想当然；对一人有限责任公司较陌生等。

建议学生认真学习本书第六章的内容，充分了解不同法律形式的特点及利弊，进行合理选择。

（七）股份构成

本部分的典型问题表现为两个极端：股东一股独大，或者股东过于分散。

如同本书第二章团队组建原则中所说，企业应该建立合理的利益分配机制，通过设置恰当的股份结构，既有利于经营过程中决策的及时性，又保证投资者在企业中利益的均衡。一股独大不利于调动其他投资者的积极性，股权过于分散可能会使决策周期过长，丧失投资良机。

初创企业股权的设计见本书第三章第三节。

（八）组织架构和创业团队

本部分的典型问题有：团队成员背景单一，团队成员分工不合理等。

团队成员背景单一则缺乏学科跨度、经验跨度、资源跨度等，在组建创业团队时应尽可能选择不同专业、特长、性格、资源的人进行合作。若参加创业计划竞赛，高科技产品的创业团队最好有研究生参与。

（九）成本预测

本部分的典型问题也表现为两个极端：成本估测过高，或者成本估测过低。

成本估测过高，可能会影响创业的信心和决心，使原本不错的项目被放弃执行；成本估测过低，则会使项目运作开始后发生亏本现象，甚至导致企业倒闭。因此，创业团队应该在第四章第二节创业融资分析时，对创业项目的成本进行深入细致的调查思考、精确周密的计算分析，使创业项目的成本预测接近于实际。

创业团队可以请教行内专家或专职教师帮忙分析。

（十）现金流管理

本部分的典型问题有：现金支出估计不足，未留有一定的风险资金。

这部分内容在第四章第二节有详述，此处不再赘述。

（十一）盈利情况

本部分的典型问题表现为过于乐观。

很多创业计划书在盈利能力描述部分给出的预测数据过于乐观，给人以外行的感觉。比如，动辄 $40\% \sim 50\%$ 的毛利，1 年左右的投资回收期，20% 左右的净利率等。建议创业团队在成本预测较为准确的情况下，正确估计盈利情况。

（十二）资产负债表

本部分的典型问题为两边不平，和利润表的勾稽关系不正确等。

资产负债表的编制原理是"资产＝负债＋所有者权益"，可是这一最基本的公式并不为大部分创业者所熟悉，于是编出的预计报表就漏洞百出，或者资产负债表的两边不平（等式左右两边不相等），或者缺乏报表之间应有的对应关系等。建议创业团队向专业教师进行咨询。

七、创业计划书展示技巧

精心准备和经常锻炼是使创业计划书展示变得精彩的基本方法。巧妙构思展示的内容、制作专业的展示 ppt，可以提高展示者的信心，使展示获得满意的效果。

（一）展示准备

展示准备和即将展示的内容一样重要。展示准备包括演讲前的准备和演讲过程中的准备两个方面。

在展示自己的创业计划之前，首先需要搜集听众的相关信息，以便和听众建立各种联系。通过搜索风险投资网站，可以了解参加展示的风险投资家或者天使投资者的信息，分析自己的创业计划和这些听众之间是否存在某种联系，或者演讲者本人与这些听众之间是否有个人联系。如果创业计划能够和听众的某些活动联系起来，或者演讲者曾经和听众有过同学关系，或者相同的兴趣爱好，则会让投资者感觉到给予支持可能带来的益处，或者和演讲者形成融洽的交谈关系，展示工作会达到事半功倍的效果；准备和展示场合相符的服装，按照合理分配的展示时间多进行练习，尽可能多了解展示场地的信息，都是准备阶段应该做的工作。

展示过程中，首先就是决定由谁来负责展示，一般的创业计划大赛都会要求所有创业团队成员参加展示，但是并不要求所有成员都要进行陈述，因此选择合适的人员进行陈述是成功的关键因素之一；其次，展示过程中的核心元素是展示的人，而不是展示的幻灯片，展示的幻灯片一定要做得简明扼要，只提供展示的总体框架以及强调发言内容的重点，展示者一定要将听众的目光吸引到自己身上；最后，想方设法使展示变得生动有趣、充满激情。麻省理工学院的一项权威调查表明，沟通涉及三个层面，视觉（身体语言）占 55%；声音（语音语调）占 35%；口头表达（用语用词）占 7%。因此，在展示进程中，通过观众提问而有意停顿，或提高音量，或使用丰富的表情感染鼓舞观众，吸引观众注意力，多和观众沟通等都是不错的展示技巧。

（二）展示内容

展示的重点一定放在观众而不是演讲者感兴趣的地方；而且展示的 ppt 应

尽可能简单，一些专家给出了 6－6－6 法则，即每行不超过 6 个词语，每页不超过 6 行，连续 6 张纯文字的 ppt 之后需要一个视觉停顿（采用带有图、表的 ppt）等；一场二三十分钟的演讲最多不超过 12 张 ppt。下面是一个推荐的展示 ppt 模版，共计 12 张 ppt。

展示的 ppt 往往以标题幻灯片开始。该张 ppt 包括企业的名称/标志，创始人姓名和联系方式。

第一张 ppt：概述。对产品或服务进行简要介绍，对演讲要点做出简介，对该项商业活动带来的潜在收益（经济效益、社会效益）等进行简单说明。

第二张 ppt：问题。说明亟待解决的问题（问题在哪儿，为什么会出现该问题，如何解决该问题）；通过调查证实的问题（潜在顾客的需求是什么，专家有哪些建议）；问题的严重性如何？

第三张 ppt：解决办法。说明企业的解决办法与其他解决方案相比的独特之处；展示本企业的解决方案在多大程度上可以改变顾客的生活，进一步说明企业的解决方案有什么进入壁垒。

第四张 ppt：机会和目标市场。要清楚定位企业具体的目标市场，对目标市场的广阔前景进行展望；通过图表的方式展示目标市场的规模、预期销售额和预期市场份额等信息，说明拟采取什么方法实现销售计划。

第五张 ppt：技术。介绍技术或者产品、服务的独特之处，尽可能使对技术的描述通俗易懂，切忌使用专业术语进行陈述；展示产品的图片、相关描述或者样品，如果产品已经试生产结束，则最好展示样品；说明可能涉及的知识产权问题以及企业采用的保护措施。

第六张 ppt：竞争。详细阐述直接、间接和未来的竞争者，展示创业计划书中的竞争者方格，说明和竞争对手相比的竞争优势。

第七张 ppt：市场和销售。描述总体的市场计划、定价策略、销售过程以及销售渠道。说明消费者的购买动机、企业激起消费者欲望的方法以及产品或服务如何到达最终的消费者手中。

第八张 ppt：管理团队。介绍现有管理团队（团队成员的背景和专长，以及在企业中将要发挥的作用，如何进行团队合作等），说明管理团队存在的缺陷或不足，如果有顾问委员会最好予以介绍。

第九张 ppt：财务规划。介绍未来 3～5 年企业总体的盈利状况、财务状况及现金流状况，尽量将规划的内容显示在一张 ppt 上，而且只显示总体数据，同时做好回答相关数据问题的心理准备。

第十张 ppt：现状。用数据突出已经取得的重大进展，介绍启动资金的来源、构成和使用情况；介绍现有的所有权结构，介绍企业采用的法律形式及其原因。

第十一张 ppt：财务要求。如果有融资计划，介绍想要的融资渠道及筹集资金的使用方式，同时介绍资金筹集后可能取得的重大进展。

第十二张 ppt：总结。总结介绍企业最大的优势，团队最大的优势，同时介绍企业的退出策略，并征求反馈意见。

创业者讲座——创业资源及整合

本章测试

1. 创业计划书的作用有哪些？

明确目标，行动计划，吸引投资。

2. 创业计划书的结构中 3W 和 3H 指什么？

What，Why，Who；How to do/sale，How much。

3. 创业计划书的主要内容包括哪四部分？

标题、目录、正文、附录。

4. 市场调查的内容包括**市场需求**和经营环境调查。

5. 创业计划书 ppt 的主要内容包括哪些？

标题、问题、对策、机会和市场、技术、竞争、营销、团队、规划、当前状况、融资需求、总结。

小组讨论：项目论证

各公司 CEO 带领你的团队，将前面课程中对于团队项目的论证内容进行整合和优化，形成一份完善的创业计划。

本章祝愿

合理规划创业计划，认真执行创业计划，获取人生创业成功。

本章推荐书目

[美]布鲁斯·R. 巴林杰：《创业计划：从创意到执行》，北京，机械工业出版社，2010。

[美]阿尔伯特·哈伯德：《把信送给加西亚》，北京，企业管理出版社，2002。

本章推荐电影

《亲密敌人》

企业经营模拟二：赢得顾客

建议课时

本次经营模拟建议 4 课时，按 45 分钟/课时计算，共 180 分钟。

教学目标

  通过企业经营模拟二，让学生对如何开拓市场、赢得顾客有亲身体验。**选择不同经营地址、采用不同营销策略，会对企业销售产品的数量和价格有一定影响。**模拟经营结束后，学生能够体验并实践市场营销组合在企业经营中的重要作用，对采购和存货管理有进一步了解，熟练掌握成本核算和记账的相关知识，同时对企业计划的重要性印象更加深刻。

课堂设计

章节	内容	时间	授课方法	教具
学习目标	了解企业赢得顾客的方法	5 分钟	讲授	ppt/活页挂纸
游戏介绍 1	介绍经营环境、角色和道具	10 分钟	讲授	模拟经营的道具
游戏介绍 2	介绍模拟经营规则，学生针对规则提问和解答	15 分钟	讲授	ppt/活页挂纸、道具
分组游戏	分组	3 分钟	活动	游戏准备
制订企业计划	模拟经营计划	20 分钟	小组讨论	ppt
模拟经营	按角色分工进行模拟经营	60 分钟	学生模拟	无
经营总结 1	各企业 CEO 总结	30 分钟	学生分享	活页挂纸
经营总结 2	观察团成员总结	20 分钟	学生分享	活页挂纸
经营总结 3	模拟经营涉及的知识点及课下思考作业的布置	10 分钟	讲授	ppt/彩色卡片
模拟经营总结	本次模拟经营的主要目的	7 分钟	讲授	ppt/活页挂纸

课堂讲授

课前准备

企业经营模拟采用国际劳工组织研发的教学工具《商业游戏》，有需要的学校可以自行购买。《商业游戏》中的教具需要在课前先行准备妥当，另外还有部分教学工具需要教师自己准备。总之，企业经营模拟能够给予学生对于企业经营的切身体验，对教师课前的准备也有一定要求。

（一）活页挂纸（可选择）

教学目标和模拟规则可以事先写在活页挂纸上，也可以用 ppt 的方式展示。

1. 教学目标活页挂纸的内容如下：

本课程结束时，学员能够体验并实践以下知识和技能：

市场营销（运用营销组合赢得顾客）

采购

存货管理

成本核算

记账

企业计划

要求：每家企业最少盈利1 000元为合格。

2. 每日活动活页挂纸的内容如下：

周一：制造商购买原材料

周二：制造商生产旅游帽子，最后一周周二交房租100元

周三：制造商销售，中间商购买

周四：中间商销售，制造商收款。最后一周周四还本付息(375元和1 500元)

周五：制订计划，公布需求，展开谈判

周六：支付150元工资和津贴，包括第一个和最后一个星期六

周日：休息

3. 赢得顾客的活页挂纸内容如下：

中间商可以采用的营销策略包括以下几种。

选择合适的地址。在家经营是必选项，而且不用支付额外费用。如果选择"背街"或"主街"，需要支付卡片上对应的金额。

选择不同的促销策略。如选择"打广告"则需要每周支付广告费，选择"延长营业时间""打包服务""展示""送货"等，则需要按照卡片上标明的金额支付费用，但一个月只需支付一次。

4. 其他事项的活页挂纸内容如下：

储蓄：每家企业300元

贷款：制造商每家企业300元，中间商1 200元，月息25％。（最后一周周四还本付息375元；月末还本付息1 500元。）

房租：最后一周周二支付，两家制造商每家企业100元。

第一周周四制造商需支付工具租赁费 50 元/家，零售商支付 100 元选址费。

5.企业经营情况对照表同企业经营模拟一。

（二）分组工具

做好 3 或 4 个小纸条，分别写上红、绿、蓝（组），然后折成小纸团备用。

（三）游戏道具

准备 100 多张 A6 纸。要求同企业经营模拟一。

将道具中的材料按照企业周期图、（张纲批发店、李玉收购店）银行、储蓄盒、原材料、赢得顾客、风险转盘的位置自上而下摆放好。从工具中找出"限收 2 顶，100 元/顶"贴在李玉收购店的左下角；找出"110 元/顶"贴在风险转盘上，风险转盘同企业经营模拟一；找出"背街""主街""地点""促销""延长营业时间""打包服务""展示""送货"等卡片，将其贴在"赢得顾客"图的相应位置上，见图 c-1；"企业周期示意图"的准备同企业经营模拟一。

准备"企业周期图"最少六张，复印"现金及经营情况台账"10 份，准备一个分组游戏，准备"企业经营对照表"1 份，同企业经营模拟一。

分组游戏

见企业经营模拟一。

模拟经营目标介绍

见"教学目的"以及课前准备"活页挂纸 1"的内容。

模拟经营规则介绍

先回顾模拟经营一中的要点。然后遵循由大到小、由重要到不重要的顺序，按照时间先后顺序展开。先介绍模拟经营环境，接着是模拟的角色，模拟经营使用的道具，最后介绍模拟经营规则。

（一）模拟经营环境

与模拟经营一不同的是，小镇中现在有很多外地游客，这些游客希望买一些纪念品回家，这里以旅游帽子代表纪念品。

（二）角色介绍

三家企业分别扮演帽子的生产商和中间商。蓝组和绿组扮演帽子生产商，需要购进原材料并将其加工生产出旅游帽子；红组扮演中间商，从蓝组和绿组处购进帽子并进行销售。

（三）模拟经营的道具

同经营模拟一。

（四）模拟经营规则

1. 企业周期示意图

同经营模拟一。

2. 小镇主要机构

与经营模拟一不同的是，李玉收购店每周最多从每家制造商处收购 2 顶旅游帽子，对于质量合格的帽子按 100 元/顶的价格收购，质量不合格的帽子则当众销毁，分文不值。

3. 赢得顾客图

中间商需要通过不同销售策略或者营销组合来扩大产品销售，其可以采用的促销方式有：选择不同地址，如"背街"或"主街"；选择不同促销方式，如"延长营业时间""打包服务""展示""送货"等，引出事先准备好的活页挂纸"赢得顾客"，或者播放 ppt。

下面来看一下中间商向市场的销售情况，中间商每周会向市场销售旅游帽子的数量和价格取决于"赢得顾客"图，以及中间商促销策略的选择。图的中间有两行数字，分别代表旅游帽子的需求数量和价格，中间商根据选择的促销方式、经营地址等确定可能销售的帽子数量，如果中间商先确定拟销售的帽子数量，就可将促销的小箭头放在数量上，将中间商选择的各种促销手段依次放在促销标签的左侧，再将经营地点放在促销标签的下一行，注意地点标签上的绿色横条和促销手段上绿色横条的对应性，如图 c-1 所示，最后使"产品价格"标签和经营地址标签上的缺口吻合，则"产品、价格"标签中价格地方显示的金额为对应数量的售价。

图 c-1：赢得顾客图

4. 小镇的其他活动

结合活页挂纸或者 ppt 介绍小镇的其他活动，见"活页挂纸 4"。

5. 每日活动

按照周四到周一的时间顺序，结合活页挂纸或 ppt，介绍企业每日活动。

周四，第一周从银行取回企业的储蓄资金 300 元，从银行取得经营贷款——制造商 300 元/家，中间商 1 200 元，贷款月利率 25％。其他周的周四为收回欠款时间(强调赊销收入的回收期按照风险转盘的结果而定)，最后一周的周四还需要还本付息——制造商 375 元，中间商 1 500 元；

第一周周四制造商要支付工具租赁费 50 元，零售商支付选址费 100 元。

周五，各组制订计划。第一周的周五制订全月计划，其他周的周五制订下周计划，最后一周的周五结账；周五的活动有 4 项：各企业制订计划，中间商宣布对市场需求数量和售价的预测，中间商和制造商就采购和销售的数量、质量、价格展开谈判，各个企业根据谈判结果调整计划。一定要按照上面所列的顺序开展周五的活动，便于学生对计划、谈判等活动给予企业生产经营的影响有更深层次的了解。

第一周周五零售商要支付店面租赁费和促销费，广告费根据每周的需要另行支付。

周六，每家企业支付 150 元的工资和津贴。包括第一周的周六以及最后一周的周六。

若中间商同时选择"主街"或"背街"，则需要支付两份工资，一份为在家工作人员的工资；一份为租赁店面工作人员的工资。

周日，休息，所有人员沉默 10 秒钟；

周一，制造商购买原材料，从张纲批发店购买，强调买价和回收价；

周二，制造商生产旅游帽子，引导学员一起练习做旅游帽子——将旅游帽帽样放在原材料上，画出旅游帽帽样；剪下原材料帽样；按照旅游帽帽样上的说明在原材料帽样上剪开一个口；将原材料帽样的底边折叠；卷起原材料帽样，将两侧对接成帽子形状；将细长的一端从另一端的开口中穿出（内穿），并将穿出的头部折回来，以保证帽子不松脱。见图 c-2。

做旅游帽子需要一定技术，技术的形式是一把剪刀和一个特别的纸样（帽样）。制造商可以以一个月 50 元的价格租借剪刀和纸样。

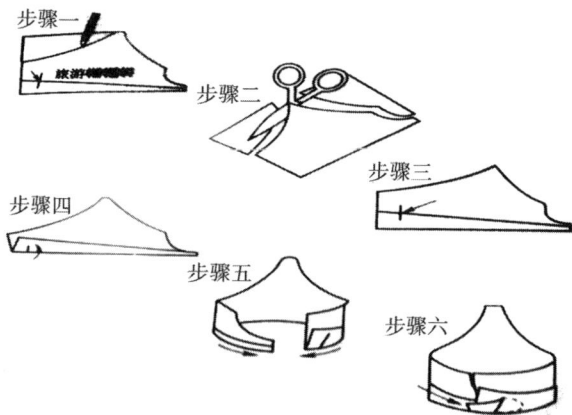

图 c-2　旅游帽子生产示意图

周三，制造商销售帽子，中间商采购帽子。制造商销售的途径有 3 个，可以销售给李玉，每家企业每周最多可以卖给李玉 2 顶，每顶质量合格的帽子 100 元；可以销售给中间商，销售的质量、数量和价格取决于双方在上周五的谈判；可以销售给赊销市场，售价 110 元/顶，是否能够收回货款以及何时可以收回货款，取决于风险转盘对风险的界定，风险转盘的使用说明见经营模拟一。

因为制造企业在租来的厂房中生产，最后一周的周二需要支付 100 元房租；

讲解完规则，给学员充分的提问时间。

模拟经营过程控制

每日的经营时间为1~3分钟，由教师用口哨声控制，同时将企业周期图中"今天"的图标贴在相应位置。

模拟经营从周四开始，先由学员组建企业，将几张书桌拼在一起，大家围成一圈；然后由各企业的代表从银行取回储蓄资金300元，借回经营所需资金300元/1 200元——最好使用100元、50元、20元和10元的面值。

周五制订计划，第一周需要制订全月计划，给学生20分钟时间，要求学生完成3件事情——给企业起名称、进行人员分工（总经理、生产部门、销售部门、质监部门、财务部门），做好全月计划（强调结束时需要向老师上报3个数字：计划采购的原材料数量、计划销售产品的销售收入、计划的利润金额）；学员做计划期间，老师需要将企业周期图和现金收支明细表一式两份，并将储蓄盒分发到各组；若所有学员均未想到去做市场调查，如研究"赢得顾客图"的情况，老师可予以暗示，如"根据什么制订计划？"，等等；谈判人员可以由销售部门负责，需在开始经营之前确定，且不得随意调整。

将学生报上来的计划采购数量、销售收入和利润的资料填入"企业经营情况对照表"的计划栏，注意保密，不能让学生看到，因为企业的经营计划本来就是商业秘密。

周六，每周六教师从每家企业收取150元，相当于企业支付工资和津贴（关注中间商需支付的确定薪金）。

周日，周日开始前多提醒几遍周六马上结束了，让大家意识到周日的到来，强调"大家相互监督"，从未保持沉默小组得来的罚款奖给发现此行为的小组；一旦大家均不说话，则可以开始下一天的活动。

周一，制造商购买原材料。老师可在第四周或第五周的时候故意多给某家企业一张原材料或者几元钱，测试学生的诚信意识；或者故意给另一家制造商一张稍有破损（事先在原材料上剪去一个小角，但不至于影响使用）的原材料，测试学生的质检意识。

周二，制造商生产旅游帽子。

周三，质量的监控：与经营模拟一不同的是，经营模拟二中的帽子摔到地上一般不会坏，此时的质量标准主要看帽子的高低和直径的大小是否与帽样相符，之后将帽子回收作废，强调质量不合格的帽子一律作废，分文不值。

周四，问学员之间有无企业间的借款行为；或者赊销款项是否已到归还时间；最后一周收回本息 375 元/1 500 元。

提醒学生将计划和实际执行情况记录在"企业周期示意图"中，财务人员需要登记"现金及经营情况台账"，并在月底结账，上报企业"实际采购数量""实际销售收入"以及"实际利润"三个指标。

温馨提示：

1. 学员的经营状况老师最好同时予以记录，或者找有能力的学生做助理，帮忙记录。

2. 最后一周的周五给学生 20 分钟时间结账，任务包括两方面内容：第一，算出企业实际的采购数量、销售收入及利润，将"现金及经营情况台账"上报给老师；第二，CEO 引导全体成员讨论计划的执行情况，分析企业在模拟经营过程中的经验和教训，将其写在活页挂纸上，以便进行分享。

3. 三个企业在结账时，观察团成员对观察到的现象进行总结，最好写在活页挂纸上，在三家企业的 CEO 总结之后进行点评。

▶▶ 经营结果点评和总结

结账工作结束后，需要展开以下四方面工作：教师引导；企业的 CEO 进行总结；观察团成员进行总结；教师总结和分享。

（一）教师引导

将学生交来的"现金及经营情况台账"上的实际采购量、销售收入以及利润数字填入"企业经营情况对照表"的实际栏，先不公布，让学生估计哪家企业利润最高，测试学生对于自身经营状况及竞争对手的了解情况；然后公布实际结果，向优胜组发奖品。

（二）三个企业的 CEO 进行总结

最起码要分析如下内容：本组月计划和实际的完成情况，如有差异，请解释原因；在模拟经营的过程中本企业的经验或教训。

（三）观察团成员分享观察到的情况

所观察企业的计划制订过程（及其合理性）、人员分工的方法（及其科学性）、生产和销售过程的状况、记账情况（有无能够及时结账，账簿处理是否正确），观察企业的亮点或者值得借鉴的地方。

（四）教师点评和分享

结合本环节的学习目标进行引导点评。

1. 销售

(1)生产和销售与计划之间是如何产生差异的？

(2)哪组实现了 1 000 元的盈利目标？实现这一目标容易吗？

(3)中间商是否每周都拿到了最好的价格？

(4)中间商在制定自己的战略之前，是否根据实际情况了解清楚了每一组制造商能够生产多少产品？

要学习的经验教训：在一个竞争激烈的有限市场中，盈利并不十分容易，需要从生产环节就开始仔细制订计划，才能实现这一目标。

2. 市场营销组合

(1)是否有哪一个制造商试图影响市场营销组合？是如何影响的？

(2)中间商是否在市场营销组合方面进行了投资，以实现最高的销量？是如何投资的？

(3)中间商在做出决策之前是否考虑了各种不同的组合方案？都有哪些组合方案？

(4)中间商在地点和促销方面是否存在过度投资或投资不足的情况？

要学习的经验教训：要始终通过评估各种不同的可能性来确定有效的市场，并做出市场营销组合四个方面的投资决策，以便做出更好的企业决策。

3. 机会和合作

(1)是否对市场有了充分理解，是否充分把握住了机会？

(2)各组之间进行了哪些有效合作？

(3)哪些因素对各组的经营业绩影响最大？

(4)为什么一组制造商比另一组制造商盈利更多/亏损更大？

（5）中间商或制造商是否能够做得更好？

（6）这一新产品是否给这个商业圈带来了新的发展方向？

要学习的经验教训：认识市场存在的局限性和机会十分重要，通过与顾客、供应商和竞争对手谈判并建立良好的关系可以实现双赢的目标。

4．实现目标

（1）哪一组为了实现目标而冒了资金方面的风险？这样做最终产生了什么样的结果？

（2）月底时，现金流量的余额是否够你付清所有债务？如果不够，这对你的企业经营业绩意味着什么？

要学习的经验教训：冒险之前应该经过周详考虑，因为这会对企业的未来产生立竿见影的影响。

5．课后思考

为了制订一份合适的企业计划，你需要哪些信息？

创办生产旅游帽的企业时哪些步骤没有包括在内？

放弃过去的标准帽业务是不是一个好的做法？你是否能够重新赢得顾客？新企业想法的重要之处是什么？

在创办新企业或调整企业经营方向时要避免哪些问题？

你从该模块中还学到了哪些在创办新企业之前需要掌握的知识？

知识点：通过设计适当的市场营销策略，企业可以更有效地赢得顾客，扩大销售，赚取利润。

第六章　新企业开办

建议课时

4 课时。本章有些内容在前面项目论证的过程中已经涉及，还有一些是规范性的流程、表格等，需要教师带领学生一起回顾相应内容，在本章教学的过程中对本课程进行总结。

欢迎词

祝愿大家为自己的创业人生继续积累财富。

教学目标

通过本部分教学，使学生对企业本质、建立企业流程、新企业成立相关的法律问题和新企业风险管理等有所了解，进而认识到创办企业所必须关注的问题。

·· 教学设计

章节	内容	时间	授课方法	教具
每周创意	生活中的创意	5分钟	学生分享	ppt或者道具
上周内容回顾	上周课程内容	10分钟	学生讲授	ppt
第一节 成立新企业	企业组织形式选择 企业注册流程和文件编写 企业的法律和伦理问题 选址的策略和技巧	10分钟 10分钟 10分钟 10分钟	讲授	ppt
案例分析	景泰蓝案例	30分钟	案例讨论	案例资料
第一节成立新企业	新企业的社会认同	5分钟	讲授	ppt
休息5分钟				
每周创业故事	创业故事：故事、启示	10分钟	学生讲授	ppt
上周项目展示	选址及其法律形式	5分钟	学生展示	规划书、ppt
主题游戏	握手游戏	3分钟	游戏	
第二节 新企业生存管理	新企业管理的特殊性 新企业的风险控制与化解	12分钟	讲授	ppt
主题游戏	投掷游戏	30分钟	游戏点评	投掷球、垃圾筐
第二节 新企业生存管理	新企业成长的驱动因素 新企业成长管理技巧策略	20分钟	讲授	ppt
本课总结	本课内容现场复习测试	10分钟	现场测试	ppt

每周创意——牙刷

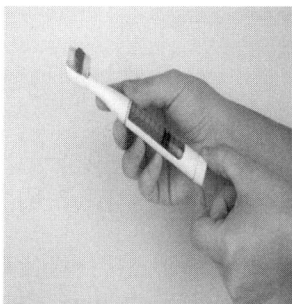

针筒牙刷

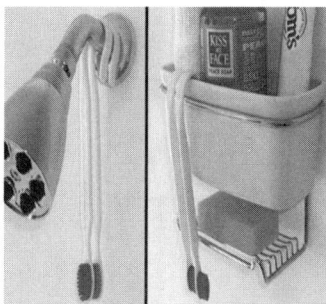

挂钩牙刷

手指牙刷

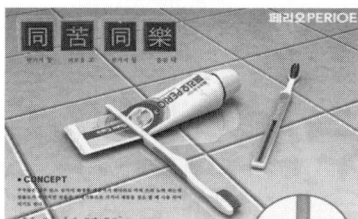

挤压牙刷

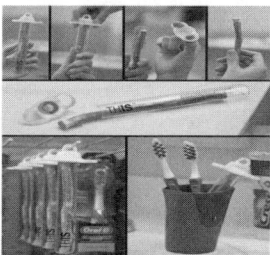

树枝牙刷

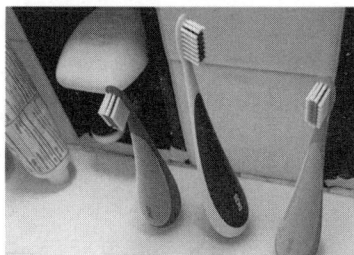

不倒翁牙刷

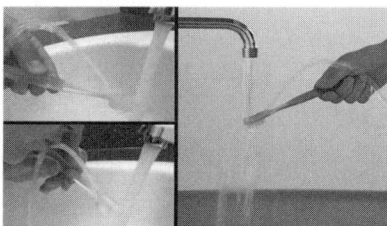

喷泉牙刷

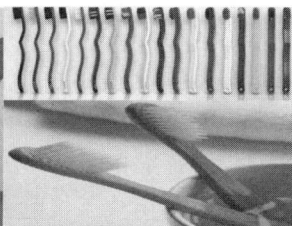

尼龙和竹子牙刷

上周内容回顾

课堂讲授

引导讨论——大学生创业应提前学习法律知识

读大四时，秦亮（化名）通过熟人与中国联通上海分公司一级代理商上海美天通信工程设备有限公司取得联系，得知美天正准备推广 CDMA 校园卡业务。秦亮认为可以发动老师同学购买，盈利几乎唾手可得。

由于美天公司要求必须同公司签订协议，秦亮和几个同学又发动父母们成立公司。在孩子们的恳求下，3 个下岗母亲在经济开发区注册了上海想云科技咨询公司。

2003 年 3 月，秦亮和想云公司与上海美天签署了《CDMA 校园卡集团用户销售协议书》，约定想云公司在秦亮所在大学发展 CDMA 手机及 UIM 卡捆绑销售业务，并规定想云公司对校园卡用户资料的真实性及履行协议承担保证责任，用户必须凭学生证或教师证购买，一人一台等。如想云公司发展用户不真实，美天有权停机，想云公司承担不合格用户的全部欠费。

在同学及老师的帮助下，秦亮的"生意"一下子很红火。秦亮一共发展了4 196名用户，按照与美天的协议，秦亮和想云公司可拿到十余万元的回报。

但是美天刚支付给秦亮 2 万元后，2003 年 12 月联通公司发现想云递交的几百名客户资料虚假，有一部分根本不是校园用户，还有冒用别人身份证的现象，最终造成了大量欠费。

美天为此赔偿联通 442 户不良用户的欠费 52 万余元，联通还扣减美天406 部虚假用户和不良用户的手机补贴款共 36 万余元。

美天将想云公司及秦亮起诉到法院，要求对方承担上述赔偿款项，并赔偿美天 406 部虚假、不良用户手机的补贴差价 6 万元及未归还的手机价款 15 万余元和卡款 5 100 元，总计 100 万元左右。

一审法院认定秦亮借用想云公司的名义与美天签订销售协议，发动几十名学生、教师发展介绍用户，并无想云公司人员参与，故秦亮与想云公司共同承担 100 万元的赔偿责任。

和秦亮一起操作该业务的虽然还有很多人，但由于与美天的协议书上是秦亮的签名和想云公司的公章，加上公司经营亏损，想云公司已被吊销营业执照，秦亮成了债务承担人。秦亮不服判决，遂上诉到二中院要求改判。但是二中院经审理后，维持了原判。秦亮不但一分钱没挣到，反而背上 100 多万元的债务。

请思考：秦亮为什么会有上面的遭遇？大学生在创业之前需要了解哪些法律知识？

第一节　成立新企业

一、企业组织形式选择

企业组织形式是指企业财产及其社会化大生产的组织状态，它表明一个企业的财产构成、内部分工协作与外部社会经济联系的方式。**一家新创企业可以选择的组织形式有多种，主要有：个人独资企业、合伙企业、有限责任公司（包括一人有限责任公司）和股份有限公司。**这三种组织形式没有好坏之分，对创业者而言，要掌握不同组织形式的优势与劣势，以确定新企业的组织形式。

一个新企业可以选择不同的组织形式，但创业者无论选择何种组织形式，均须根据国家法律法规的要求和新企业的具体情况，在对不同组织形式的优势与劣势进行科学分析的基础上，选择适合新企业的组织形式。

2013 年 12 月 28 日，由十二届全国人大常委会第六次会议审议通过并将于 2014 年 3 月 1 日实施的《中华人民共和国公司法》，将注册资本实缴登记制改为认缴登记制，除法律、法规另有规定外，取消有限责任公司最低注册资本 3 万元、一人有限责任公司最低注册资本 10 万元、股份有限公司最低注册资本 500 万元的限制；不再限制公司设立时股东（发起人）的首次出资比例、货币出资比例和缴足出资的期限。公司实收资本不再作为工商登记事项，公司登记时，不需要提交验项报告。

三种企业组织形式的优缺点见表 6-1。

表 6-1　不同企业组织形式的优缺点

项目	公司	合伙企业	个人独资企业
法律基础	公司章程	合伙协议	无章程或协议
责任形式	有限责任	无限连带责任	无限责任
投资者	无特别要求，法人、自然人皆可	完全民事行为能力的自然人，法律、行政法规禁止从事营利性活动的人除外	完全民事行为能力的自然人，法律、行政法规禁止从事营利性活动的人除外
注册资本	章程规定，投资者认缴	协议约定	投资者申报
出资	货币、实物、工业产权、非专利技术、土地使用权	货币、实物、土地使用权、知识产权或者其他财产权利、劳务	投资者申报
所得税义务	企业所得税/个人所得税	个人所得税	个人所得税
出资评估	必须委托评估机构评估	可协商确定或评估	投资者决定
解散后义务	无	5 年内承担责任	5 年内承担责任

二、企业注册流程

企业注册是指创业者根据国家法律、法规相关规定获得合法经营手续的行为。

为规范企业行为，保护企业及股东合法权益，维护社会经济秩序，促使社会主义市场经济发展，新企业必须经国家登记机关依法登记，领取营业执照。未经国家登记机关登记的，不得以公司或企业的名义从事经营活动。**新企业注册流程包括名称核准，工商注册，办理印章，代码登记，银行开户，税务登记，社会保险登记等。**

（一）名称核准

新企业名称通常是生产某类产品或提供某类服务企业的专有名称，是用文字形式表示的一个企业区别于其他企业或组织的特定标志。新企业名称应符合

《企业名称登记管理规定》和《企业名称登记管理实施办法》的相关规定，企业只准使用一个名称，登记主管机关辖区内不得与已登记注册的同行业企业名称相同或近似。

（二）工商注册

工商注册登记是新企业开办的法定程序。创业者应主动到当地工商行政管理部门向有关人员咨询，了解申请工商注册登记的程序与要求，及时办理新企业的工商注册登记手续，使新企业的经营活动合法化，并受到法律保护。

1. 名称查重

按照国家有关法律规定，企业名称具有唯一性和排他性，一旦经核准登记，在规定范围内享有专用权，受法律保护，其他企业或个人不得与之混用或假冒。创业者在设计新企业名称后，在注册登记前要到当地工商行政管理部门进行电脑查询，以确定自己设计的新企业名称与已经工商注册登记的企业名称不相重。**为了取得工商行政管理部门企业名称不相重的证明，创业者最好事先设计 3～4 个新企业名称以备用，做到有备无患。**

2. 填写登记申请书并提交有关材料

涉及法律、行政法规和国务院发布的决定确定的企业登记前置许可项目的，申请人应当提交法定形式的许可证或者批准文件。

3. 缴纳出资

创业者登记有限责任公司，股东应当按期足额缴纳公司章程规定的各自认缴的出资额。股东以货币出资的，应当将货币出资足额存入有限责任公司在银行开设的账户；以非货币财产出资的，应当依法办理其财产权的转移手续。创业者登记股份有限公司，发起人应当书面认足公司章程规定其认购的股份。以非货币财产出资的，应当依法办理其财产权的转移手续。

4. 审查与核准

股东认定公司章程规定的出资后，由全体股东指定的代表或者共同委托的代理人向公司登记机关报送公司登记申请书、公司章程等文件，申请设立登记。

5. 颁发营业执照

营业执照签发日期为公司成立日期。

（三）办理印章、代码登记、银行开户

新企业领取工商营业执照后，还需办理其他相关手续，通常要办理印章、组织机构代码登记和银行开户手续。

（四）进行税务登记

企业及企业在外地设立的分支机构和从事生产、经营的场所，个体工商户和从事生产、经营的事业单位自领取营业执照之日起 30 日内，持有关证件，向税务机关申报办理税务登记。

（五）社会保险登记

根据《中华人民共和国社会保险法》，新企业注册后必须办理社会保险。用人单位应当自成立之日起 30 日内凭营业执照、登记证书或者单位印章向当地的社会保险经办机构申请办理保险登记。

企业注册的流程见图 6-1。

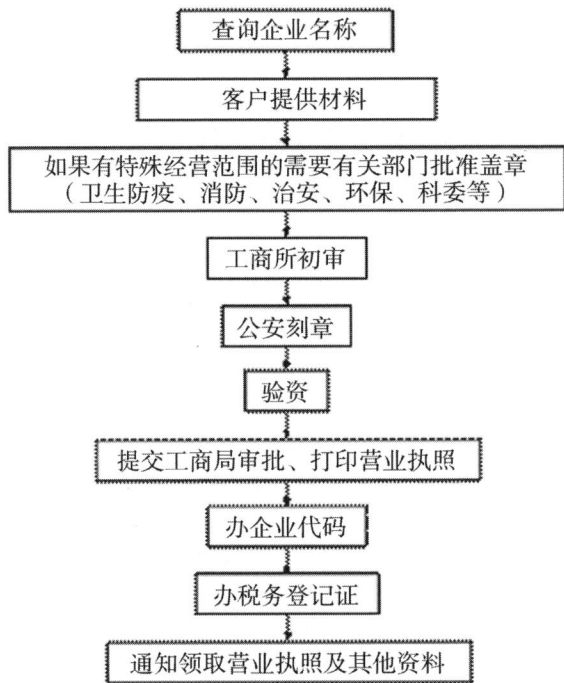

图 6-1　新企业注册流程

三、企业注册相关文件的编写

创业者根据所选择的企业组织形式的具体要求，填写各种登记表，编写合伙协议、企业章程、发起人协议等相关文件。

四、注册企业必须考虑的法律与伦理问题

（一）注册企业必须考虑的法律问题

创业者在创建和经营企业的过程中，必须了解和遵守有关法律法规，以确保自身和他人的利益没有受到非法侵害。与创业有关的法律主要包括专利法、商标法、著作权法、反不正当竞争法、合同法、产品质量法、劳动法等。

1. 知识产权法

知识产权保护对新企业的作用体现在三个层面：使新企业的知识产权资源不受他人侵犯；知识产权的认定结果是进行产权交易的、使新企业直接获取经济利益的重要资本；通过知识产权保护的实现，新企业获得经济利益，创业者的知名度也得到提高。

（1）商标专用权与商标法

注册商标的有效期为 10 年，自核准注册之日起计算。注册商标有效期满，可申请续期。

（2）专利权与专利法

发明专利权的期限为 20 年，实用新型专利权和外观设计专利权的期限为 10 年，均自申请日起计算。

（3）著作权与著作权法

著作权的保护期限为作者终生及其死后 50 年。

2. 劳动法和劳动合同法

劳动法依法规范新企业与员工间的劳动关系，保护企业员工合法权益，对调动员工积极性与创业热情，确保新企业创业成功具有重要意义。为保护劳动者合法权益，调整劳动关系，我国《劳动法》规定员工享有的基本权利和义务，对工作时间和休假、工资、劳动安全、社会福利和保险及劳动者争议等都进行了明确规定，需要企业严格遵守。《劳动合同法》则完善了劳动合同制度，明确了劳动合同双方的权利和义务，保护劳动者的合法权益。

按照《劳动合同法》的规定，创业企业与雇员建立劳动关系的，应当订立书面劳动合同。已建立劳动关系，未同时订立书面劳动合同的，应当自用工之日起一个月内订立书面劳动合同。自用工之日起满一年不与劳动者订立书面劳动合同的，视为用人单位与劳动者已订立无固定期限劳动合同。违反本法规定不与劳动者订立无固定期限劳动合同的，自应当订立无固定期限劳动合同之日起向劳动者每月支付二倍的工资。自用工之日起超过一个月不满一年未与劳动者订立书面劳动合同的，应当向劳动者每月支付二倍的工资。

创业企业为避免不应有的损失，一定要按照《劳动法》和《劳动合同法》的规定，及时与劳动者签订劳动合同，保护双方的权利不受损害。

3. 合同法

创业者学习合同法有利于防止新企业盲目签约，防止与无签约资格、无履约能力或不讲信用的当事人签约；有利于确保合同内容的合法性与条款的完整性；有利于新企业获得合同纠纷的主动权。创业者应组织管理人员学习合同法，对企业合同进行登记和归档，对合同的签订与履行进行监督和检查。

4. 保险法

创业者因缺乏经营管理经验，对新企业运营中出现的各种经营风险可能难以应对。创业者必须认识到市场经济是风险经济，需遵循《保险法》具体规定，主动参加保险活动，利用保险资源分散企业经营风险，将各种风险转嫁出去，或限制在最小范围内。创业者可通过参加企业财产保险，避免由某种风险可能带来的经济损失，确保防灾防损；通过参加人身保险，有助于个人财务收支平衡，扩大企业规模，积累企业实力，稳定家庭生活。

5. 反不正当竞争法

个人和企业作为经营者，在创业与市场交易中，应遵循自愿、平等、公平、诚实信用的原则，遵守公认的商业道德，如果违反《反不正当竞争法》的规定，损害其他经营者的合法权益，扰乱社会经济秩序，则构成不正当竞争。根据所从事的不正当竞争行为的不同，经营者将依法承担民事责任、行政责任甚至刑事责任。

受到不正当竞争行为损害的经营者可以向人民法院提起诉讼，以维护自身的合法权益。

6. 产品质量法

我国对产品生产者实行无过错责任原则，即生产者无论有无过错，只要因产品存在缺陷造成人身或缺陷产品以外的其他财产损害，就应当承担赔偿责任。产品销售者由于其过错使产品存在缺陷，造成人身或他人财产损害的，也应当承担赔偿责任。除此之外，产品生产者、销售者如果违反产品质量法，还将依法承担相应的行政责任或刑事责任。

（二）注册企业必须考虑的伦理问题

创建新企业时应注意伦理问题，包括创业者与原雇主之间、创业团队成员之间、创业者和其他利益相关者之间的伦理问题等。

1. 创业者与原雇主之间

虽然我国目前尚未出台同业禁入的法律规定，但是新企业创业者在未经原雇主允许的情况下，擅自使用原雇主的资源来弥补自己新企业资源不足的情形，如抢夺原雇主的供应商，带走原雇主管理团队成员，占用原雇主的营销渠道，借用原雇主企业的名义进行各种宣传等行为都是不道德的，而且有悖商业伦理，情节严重的，会因其行为违背相关法律法规和市场经济规则而受到惩罚。第三章提到的鼎泽州的案例中，郭瑛就是因为违反了商业伦理受到了法律制裁。

2. 创业团队成员之间

创业者应充分尊重创业团队成员的合法劳动，及时发放工资，主动为团队成员办理社会保险等。通过设置合理的利益分配机制，为创业企业成长注入健康的基因。

3. 创业者和其他利益相关者之间

创业者应处理好和其他利益相关者之间的利益关系，按时偿付供应商或其他债权人的账款，生产优质产品为客户创造价值，积极维护社区生态环境等，实现和利益相关者之间的合作共赢。

五、新企业选址策略和技巧

（一）影响新企业选址的因素

影响新企业业绩的因素非常多，而营业地址绝对是一个非常重要的因素。

创业者选择新企业的经营地点，一般从两方面进行考察：一方面是选择地区，主要考察各国家或地区的政治、经济、文化、技术等总体发展情况；另一方面是选择具体地址，包括商业中心、住宅区、路段、市郊等，主要考察交通、社区文化、商业环境、人口状况、消费群体、配套资源等因素。创业者选择生产经营地址需考虑政治因素、经济因素、技术因素、社会文化因素、自然因素和人口因素等，其中**经济因素和技术因素对选址决策起基础作用**。

（二）新企业选址的策略和技巧

科学而行之有效的选址，对新企业的成长至关重要。一般来说，创业者可以采用以下策略合理选择经营地址。

1. 在收集与研究市场信息的基础上选址

依据影响企业选址的多方面因素，创业者可自己或借助专业的中介机构收集市场信息，并对收集的多方面市场信息进行定性与定量的科学分析，在此基础上进行科学选址。

2. 在考察与评估备选地址的基础上选址

创业者要对多个备选地址进行实地考察，并采用科学的定量分析方法对备选地址进行考察与评估。经过对备选地址的实地考察与定量分析，按照新企业"必需的"和"希望的"选址条件，对备选地址进行详细的比较分析后，选择出最佳地址。

3. 在咨询与听取多方建议基础上选址

创业者经过咨询有经验的企业家或相关人士，把新企业选址的备选方案与最佳地址呈现出来，听取他们的意见与建议，获得有益的帮助；并综合分析各种信息、意见与建议，制作详细的备选地址优势与劣势对比表，按照新企业所进入的行业产业特点与新企业的市场定位等特征，综合运用选址的评估方法，最终做出新企业的选址决策。

（三）企业选址的具体程序

企业选址的具体程序包括以下八个步骤。

1. 列出"必需的"和"希望的"选址条件

2. 对照选址条件确定被选地点

3. 造访被选地点，挑选三处较好位置

4. 按照"必需的"和"希望的"选址条件，对选上的几个地点进行比较

5. 在每天白天、晚上的各个时段到各个地点实地观察，计算客流量

6. 咨询有经验人士，获得帮助

7. 综合分析各种信息和意见

8. 做出选址决策

（四）企业选址的要点

选址的要点包括：要仔细研究评价所选地区，对其停车场的可用性及交通状况进行分析，如果是服务类的企业尽量使场所易于访问并引人注意，周围环境适合企业需要，有企业需要的客流量。正是运用了合理的选址策略，好利来将其业务扩大到了全国的70多个大中城市。

合适的店面选址成就西点大王

与传统正餐相比，以经营蛋糕、面包、点心为主的西饼店正以其特色获得很多消费者的青睐。对投资者而言，无论以哪种经营方式来运作西饼店，店铺位置的选择显得尤为重要。俗话说"一步差三市"。即开店地址"差一步"，就有可能"差三成"的买卖。

因此，不管是加盟连锁品牌还是自创品牌，选址是否合理是投资者首先考虑的重点。谈及市场上经营成功的西饼店，不能不提及好利来。这个1992年创办的企业，现今已在全国70多个大中城市拥有900多家直营店铺，成为国内烘烤行业的龙头企业。

2009年，好利来加速在北京市场上的开店计划。作为好利来专职的开发管理人员，屈宝良讲述了连锁饼店在选址过程中遵循的规律。通过他的阐述，好利来在选址方面的经验将对投资者开店起到借鉴和指导作用。同时，开发商亦能了解这类企业在选址过程中的诉求。

在人口密集处开店。"好利来经营的产品属于休闲类食品，顾客是具备了一定消费能力的人群。因此，在选址时首先要对选定的地方进行人群调查分析，看是否满足开店的基本要求。"在屈宝良看来，对客流量和购买力的分析是开店的基础。

通常而言，在人口密集处的地段开店，成功的概率往往比普通地段高出很

多。好利来在选址之初会通过对人口密度、客流量、人口流动性的测算来预计人口密集的程度。如，可以用每平方公里的人数或户数来确定一个地区的人口密度，人口密度越高，则进驻该区域的可能性越大。同时，在评估某具体项目时，认真测定经过该地点行人的流量，这也就是未来商店的客流量。

经过以上相应的数据测算之后，好利来进驻的区域大致包含以下特征。首先，好利来会选择在城市的商业中心或者商务区开店。这些区域有大量的客流量，且面对的顾客多是白领阶层。如好利来在北京西直门、朝外等地的店铺便是如此。其次，在临近居民区的街面房开店，面对的客群主要以当地居民为主，流动客群为辅。最后，学校门口、人气旺盛的旅游景点、大型批发市场门口等地也是好利来考虑的区域。

此外，区域的购买力水平是好利来进驻与否的重要考核标准。也就是说，要根据人流量来推算出店铺目标客户的数量。在客流量很大的城市商业中心或者商务区内，可以根据区域内写字楼和商场的档次来评定流动客群的购买水平。而如果在住宅区域内开店，则需要对小区内人口的收入水平进行随机抽样调查，因为人口的消费水平是由其收入水平决定的。因此，以青年和中年层顾客为主，有较多可支配收入的居住区将会被好利来优先选择。

但是，与好利来不同的是，一个生产经营景泰蓝画的大学毕业生却遭遇了困境，下面是他的案例，请同学生一起进行分析。

▶▶ 案例分析

景泰蓝画之痛

小王大学毕业后从网上了解到北京有公司培训制作景泰蓝工艺画，就报名参加了培训班，之后投资8万元成立了烟台德正景泰蓝工艺品公司，招聘了5名员工开始创业。

每幅景泰蓝画的平均定价在350元左右，原材料和人工成本平均280元。一开始，小王邀请了一些亲朋好友来公司参观，大家感觉还不错，陆陆续续有人订购，前3个月卖了近5万元产品，但是毛利润却不高，扣除原材料和人工成本后只有 8 000 元左右。因为都是熟人，不好意思定价太高，大部分都是以成本价卖的，而且想以薄利多销的形式打开销路。但结果却不尽如人意，销售额一路下滑，认识的朋友该买的都买了，不买的也没有意向。

之后，公司招聘了 2 名销售人员，带着产品宣传册，到其他公司去推销，但是很少有人感兴趣，2 个月后，1 名销售人员感觉压力太大辞职，另一名工作积极性也不高。后来，通过别人介绍，小王和烟台百货大楼达成代销协议，将他的产品放在文具柜台上展示（因为产品尺寸较大，只能放一幅），若有人订购则按销售毛利的五五分成，因为没有自己的销售人员，同时也没有现货，销售业绩平平，每月平均销售不到 2 副，营业额也就 1 500 多元，商场已经提出要求撤货或者承包一米宽柜台的要求，每月需要交 5 000 元承包费。这时公司的房租即将到期，周转资金也出现了问题，小王一筹莫展。

请讨论：小王在经营过程中存在哪些问题？帮小王提一些改进的建议。

小组讨论后，教师针对学生讨论进行点评，内容包括但不限于以下方面。

第一，小王的成本计算和定价策略不合理。产品成本不应只包括材料和人工成本，还应包括生产过程中的间接成本，如机器设备的磨损费、水电费等；由于小王成本计算的错误，导致产品定价过低，甚至可能难以弥补产品生产中的全部支出。

第二，销售地址的选择不合理。景泰蓝画可以定位为工艺品，一般对这种工艺品的需求有几大类人群：一是进行房屋装修的人群，希望在装修时放一幅画在房间，营造文艺氛围，提升家居品质；二是搞艺术的人，他们希望最好产品艺术范十足，甚至可以有名人的签名；三是一些大公司作为公关礼品，有一定需求；最后，尺寸很小的景泰蓝画可以放在旅游市场，作为纪念品销售。但是，小王却将景泰蓝画放在了商场，而且放在文具柜台，这跟他的产品市场定位完全不吻合。

建议：在家装市场租柜台销售；去大公司进行礼品推销，而不只是零售给大公司做装饰用。

第三，可以跟房产商或大宾馆合作，通过样板房或者宾馆空间的展示，宣传自己的产品，让更多人增加了解，并可以跟装修公司或者宾馆合作，按照销售毛利的一定百分比进行分成。只要小王对于产品的定位准确，其选择的销售地址就会更加合理，销售人员的业绩也会有一定提升。因此，作为创业者一定要找到属于你的真正的客户，遵循 2/8 定律，找到那 20％的客户，把剩下的80％送给竞争对手。

六、新企业的社会认同

企业注册成立后，除遵纪守法外，还需要主动承担社会责任，才能获得社会认同。

（一）企业社会责任的内涵

1. 企业社会责任的内涵

企业社会责任是指企业在创造利润、对股东利益负责的同时，还要承担起对企业利益相关者的责任，保护其权益，以获得在经济、社会、环境等多个领域的可持续发展能力。**企业社会责任包含经济责任、法律责任、伦理责任和自行裁判责任四个层次。**

经济责任是企业应承担的最基本层次的、首要的责任，包括为股东提供投资回报，为员工创造工作环境并提供合理报酬。法律责任是企业应承担的第二层次的责任，即企业经营活动应遵守法律法规，依法纳税，安全生产，并在国家法律法规允许的范围内经营和发展。伦理责任是企业应承担的第三层次的责任，包括尊重他人，维护员工合法权益，避免对社会造成伤害，在节约资源、保护生态环境等方面承担责任，做符合伦理道德规范要求的事情。自行裁判责任是企业应承担的最高一层的责任，这是一种企业自愿履行的责任，法律规范、社会期望甚至伦理规范并没有对企业承担责任提出明确的要求，企业决定具体的创业活动，拥有自主判断和选择权。

2. 新企业承担社会责任的意义

新企业自觉履行社会责任，可以提升企业形象和竞争力，实现可持续发展。

新企业自觉地履行社会责任，有助于消费者对企业产品与服务的广泛认可，提高品牌影响力，提升产品与服务市场销售的能力；有助于形成有效的社会监督机制，推动新企业内部组织机构完善，不断规范企业经营行为；有助于推进新企业主动协调好与利益相关者的关系，以获得企业员工、消费者、供应商及政府的理解、支持与合作。

（二）新企业社会责任的承担

新企业承担社会责任的对象包括企业员工、股东、消费者、环境、社区与政府等。

新企业必须采取完善组织管理、建立薪酬激励机制、营造企业文化等措施，提高员工在企业中的待遇、地位和满足感；新企业须保证资本保值增值并进行利润分配，公正合理地对待投资者的利润和附加利润的分配；新企业应把满足消费者物质和精神需求作为责无旁贷的义务，尊重与维护消费者的合法权益，承担起对消费者的责任；新企业应承担起对生态文明建设的责任，并对生态环境的保护施加积极影响；新企业必须成为所在社区建设的主动参与者，与之建立起广泛的联系，并采取适当方式对社区环境的改变进行回馈；新企业作为社会组织或社会公民，应对遵守政府的有关法律和政策规定承担责任，接受政府有关部门的监督、指导与管理，合法经营、依法纳税。在服务和回馈社会的同时，促进社会进步与社会稳定。

每周创业故事

从草根到首富的完美奋斗——黑马首富王传福

随着能源危机和环境问题的日渐加剧，对清洁能源的需求越来越迫切，王传福及其所带领的比亚迪在这种形势下脱颖而出。

王传福，安徽省无为县人，比亚迪股份有限公司董事局主席兼总裁、比亚迪电子(国际)有限公司主席。1983年，王传福以优异成绩考入位于长沙的中南矿冶学院冶金物理化学系，在本科时王传福就开始接触电池，这为他未来的事业打下了一个良好基础。1987年从中南大学毕业后，他进入北京有色金属研究总院攻读硕士，1990年毕业后留院工作，2年后，年仅26岁的王传福被破格提拔为研究室副主任。1993年，研究院在深圳成立比格电池有限公司，由于和王传福的研究领域密切相关，王传福被任命为公司总经理。1995年2月，王传福辞去职务，与表哥吕向阳一起创立了比亚迪。其电池业务日渐取代日本电池企业的垄断地位，短短几年时间，发展成为中国第一、全球第二的充电电池制造商。

王传福在业界有技术狂人的称号，在经营中，他非常重视比亚迪的自主研发能力，投入大量精力制定降低成本的方案，从工艺、原料和供应商等环节多方面努力。1997 年，金融风暴席卷东南亚，全球电池产品价格暴跌 20％到 40％，日系厂商处于亏损边缘，而比亚迪利用低成本优势获得大批订单。在镍镉电池市场，王传福只用了 3 年时间，便抢占了全球近 40％的市场份额，成为镍镉电池当之无愧的老大。之后，王传福投入了大量资金，购买最先进的设备，搜索最前沿的人才，建立了中央研究部，开始研发蓄电池市场具有核心技术的产品镍氢电池和锂电池，挑战日本人在锂离子电池市场的天下。目前比亚迪在锂离子电池和镍氢电池领域仅排在三洋、索尼和松下之后，成为与这三家日本厂商齐名的国际电池巨头。比亚迪一跃而成为三洋之后全球第二大电池供应商，占据了近 15％的全球市场。

2003 年，以电池和代工起家的比亚迪收购西安秦川汽车有限责任公司（现"比亚迪汽车有限公司"），正式进入汽车制造与销售领域，开始民族自主品牌汽车的发展征程。2008 年 10 月 6 日，比亚迪以近 2 亿元收购了半导体制造企业宁波中纬，整合了电动汽车上游产业链，加速了比亚迪电动车商业化步伐。通过这笔收购，比亚迪拥有了电动汽车驱动电机的研发能力和生产能力。作为电动车领域的领跑者和全球二次电池产业的领先者，比亚迪将利用独步全球的技术优势，不断制造清洁能源的汽车产品。2008 年 12 月 15 日，全球第一款不依赖专业充电站的双模电动车——比亚迪 F3DM 双模电动车在深圳正式上市。2009 年比亚迪新能源汽车板块上又多出一个重要序列——市场潜力庞大的客车产品。2012 年 8 月 21 日，比亚迪旗下全新车型比亚迪速锐正式上市，速锐最大亮点就是全球领先的"遥控大玩具车"以及涡轮加压发动机，动力非凡。如今，汽车业务占据了比亚迪过半江山。

2009 年王传福以 13 亿美元个人财富名列福布斯全球富豪榜第 559 位，在 2009 年 9 月 28 日发布的 2009 胡润中国百富榜上以 350 亿身家成为中国内地首富。目前，比亚迪在全国范围内，已在广东、北京、陕西、上海等地共建有九大生产基地，总面积将近 700 万平方米，并在美国、欧洲、日本、韩国、印度及中国台湾、中国香港地区设有分公司或办事处，员工总数超过 15 万人。

BYD，不仅仅是比亚迪公司名称的拼音简写，它代表着 Build Your Dreams 的精神力量。成就梦想，是比亚迪的公司文化，也是其领导人王传福人生的写照，更是每个人人生奋斗中强有力的启示！

每周项目展示

第二节　新企业生存管理

一、新企业管理的特殊性

新企业成立初期应以生存为首要目标，其特征是主要依靠自有资金创造自由现金流，实行充分调动"所有的人做所有的事"的群体管理以及要求"创业者亲自深入运作细节"。

（一）新企业管理以生存为主要目标

新企业的经营运作需要一个从无到有的过程，包括一切从零开始建立相应的内部流程并获得外界的认可。企业在这一阶段，生存是第一位的，一切都围绕生存运作，要避免一切危及生存的做法发生。这就要求企业在财务上做到"以收抵支、及时偿债"。

（二）新企业管理主要依靠自有资金创造自由现金流

由于经营历史有限，信用记录不足，融资很困难，银行通常不会给其贷款，企业只能依靠自有资金运作来创造自由现金流，实现对企业的有效控制与发展，因而管理难度很大。在企业初创期，将现金流问题提高到怎样的高度都不为过，因为这是新企业生产经营活动的第一要素，是新企业生存真正的生命线。因此，创业者应树立"步步为营、现金为王"的理念。

（三）新企业管理是充分调动"所有的人做所有的事"的群体管理

新企业常会出现"所有的人做所有的事"的群体管理局面。新企业管理团队的每位员工其个人风格各异，尚未形成统一的文化，需要在管理过程中不断适应与磨合，从而形成高效团队的运作模式。因此，创业者应充分认识到员工之间在知识、信息、资源、技术和能力等方面互补的重要性，以补充自身所缺少知识、技术和能力的不足；同时，应充分发挥每位员工各方面的优势，强化员工之间的彼此合作。

（四）新企业管理是"创业者亲自深入运作细节"的阶段

正是由于创业者对企业经营状态与经营全过程的了如指掌，新企业才能获得成长。但随着企业不断发展，创业者将不可能再深入到企业的各个角落，亲自参与企业运行的每个环节，授权和分权则成为必然。日本著名管理大师金井正明"在现场（on the spot）"的提法，其实是对这种做法一定程度的肯定。创业者在亲自深入运作细节的时候，还要强调企业在"每人、每天、每处（everybody everyday everywhere）"的持续改善，这样才能不断提高企业的竞争力。

二、新企业成长的驱动因素

企业成长的推动力量包括创业者（团队）、市场和组织资源等。

（一）创业者驱动

创业者是新企业的决策者和领导者，对新企业成长的驱动具有重要作用。包括创业者的能力驱动和创业者的成长欲望驱动。创业者的创业导向越强，越具有不满足于企业经营现状的勇往直前的激情就越能够使其在实现企业目标时更加坚决、乐观和持之以恒，这种高成就动机，不仅使消费者、资源提供者及企业员工深深信服，更能激发团队成员的工作热情，进而实现企业的快速发展。

（二）创业团队驱动

创业团队是影响新企业成长的重要因素。创业团队的特征不同将影响新企业的成长，其特征主要表现在创业精神、专业水平、组织方式三个方面。

复星集团五虎将的创业故事很好地说明了创业团队在新企业管理中的作用。

复星集团"五虎将"[①]

在福布斯 2005 中国富豪榜中，有 4 位来自复星集团郭广昌的创业团队。董事长郭广昌位列第 7 位，副董事长梁信军位列第 25 位，汪群斌和范伟同列第 115 位，5 人创业团队中，只有谈剑未进入富豪榜。于是，像复星这样创业十五年，仍旧保持稳健分工的 5 人团队成为罕见的个案，也成为众人关注的焦点。究其原因主要是团队的明确分工、强大的执行力以及科学的决策机制。

分工

复星集团非常强调团队管理。目前在复星多元化的产业链条中，郭广昌是整个企业集团的灵魂；梁信军是副董事长兼副总裁，成为复星投资和信息产业的领军人物；汪群斌是复星实业总经理，专攻生物医药；范伟掌管复星地产；谈剑负责体育及文化产业。梁信军称他们 5 个人就像 5 根手指，哪根也少不得。5 根手指攥紧，就是一只拳头。

第一，作为集团核心的郭广昌情商高，具有较大的包容性，能很好地整合团队，并让团队的每个人都畅所欲言；第二，他不独裁，能给大家适当分权，很好地进行协调，满足了团队成员的参与欲望；第三，郭广昌有较强的使命感，在战略愿景上，每次当一件事达到一个水准，觉得可以歇一口气的时候，他都能提出重新创业，提出一个新的目标；第四，其个人决策能力最强，看问题比较准，而且年长几岁，威望最大，善思辨，新奇的想法从来不断。因此，具备了一个团队领导者综合素质的郭广昌能够稳坐复星的头把交椅。

执行

在 5 人之中，汪群斌最早和研究部门的技术人员成功开发了复星第一个核酸试剂乙肝 DNA 核酸试剂盒，为复星进军医药行业打下了坚实基础，后来他

---

① 李小宁：《团队不散生意就能长久》，载《环球商业评论》，2007(7)；王世华：《创建优势互补的创业团队——复星"五虎将"的启示》，载《成才与就业》，2011(23)；魏宗凯：《新闻晨报》，载《复星集团的 5 人创业团队》，http://biz.zjol.com.cn/05biz/system/2005/12/16/006406494.shtml。

提出的"生物医药新经济"概念也引起了业界广泛关注，1995 年，PCR 乙型肝炎诊断试剂的成功为复星的"五剑客"赚到了第一个 1 亿元。可以说汪群斌是复星"从 1 千万元到 1 亿元"的关键推手。

5 人中唯一的女性谈剑的优势则在政府公关等事务方面，同时她还是上海星之健身俱乐部总经理。2000 年复星地产在开发楼盘时，为制造卖点，在小区内建设了第一个足球场，目前"星之健身俱乐部"已有了 12 家门店。

复星董事会的人数虽然已由最初的 5 人增加到 7 人，但是新增的是财务、法律方面的专家。"当年分工时就考虑到汪群斌、范伟和谈剑可能更适合做产业，做具体事情，"梁信军说，"如果没有汪群斌、范伟和谈剑他们兢兢业业地去操劳，再好的战略也等于零"。

决策

为避免外行领导内行，团队管理流于原则，也为了解决集体领导下不熟悉情况的人做决策而专业化的意见无法得到及时采纳的问题，复星采取了分工授权的团队管理方式，决策权下放给了最专业的人士。这使得团队决策都是由团队里智商最高、最熟悉情况的人拟定，真正实现了决策的群体智商高于个人智商。这就是使复星失败的绝对值尽可能小的重要原因，也是"复星系"茁壮成长的根源所在。

在复星的团队决策机制中，专业人士和一把手的权重比较大，采纳的是最专业那部分人的意见，从而最大地尊重了专业人士和一把手的决定，同时又兼顾了专业外的风险，考虑了可能的解决方案。

"做重大决策我们从来不举手表决，遇到矛盾时通过充分沟通以达到共识，没有形成共识的就放弃，以做到科学决策。"梁信军说。

从复星"五虎将"的创业经历中，我们不难得出以下三点启示：第一，能力结构互补。在复星，关于 5 位创业者有"五指"与"一拳"形象的比喻。5 人团队好比一只伸出的手，长短粗细各不相同，但每人的特点都很鲜明，捏在一起，就是一只有力的拳。"五指"伸开，触觉灵敏，反应迅速，抓住机会，一"拳"有力，重点突破，占有市场。第二，角色分配合理。最重要的原因是相互需要。对于高效的团队而言，应识别团队成员的优势和劣势，并把他们安排到最能发挥其潜能的位置上。第三，决策科学、执行有力。分工授权的决策机制使复星最大程度上避免了决策失误，有力的执行又使复星可以快速占领市场，保证其在行业中的竞争优势。

（三）市场驱动

在市场经济背景下，市场是企业的根本，是项目产生和据以存在的基础，只有销售能够给企业带来源源不断的现金流，保证项目正常运转，只有项目的市场足够大，才能够使创业企业得到持续发展。

（四）组织资源驱动

新企业的成长还取决于其所控制和能够利用的组织资源。

充裕的组织资源与新企业的市场占有率、销售量和现金流量有直接的关系。一个新企业能够有效控制和科学利用组织资源，关注组织资源基本要素之间的契合度，在趋于合理的组织结构、再造整合的作业流程、日益科学的工作规范、准确有效的信息沟通等要素的共同作用下，形成企业竞争的优势，就能够获得企业产品或服务的市场占有率和销售业绩的提升，实现新企业不断走向成长与发展。

三、新企业成长管理的技巧和策略

新企业成长的管理需要注重整合外部资源，追求外部成长；管理好保持企业持续成长的人力资本；及时实现从创造资源到管好用好资源的转变；形成比较固定的企业价值观和文化氛围；注重用成长的方式解决成长过程中出现的问题；从过分追求速度转到突出企业的价值增加。

（一）整合外部资源追求外部成长

新企业由于规模小，各种资源相对匮乏，为实现企业在不确定的环境中的持续成长，需学会整合外部资源，发挥资源的杠杆效应。促进新企业发展与壮大，是新企业成长管理的重要技巧与战略。新企业可通过缔结战略联盟、首次公开上市、特许经营等实现企业成长。

缔结战略联盟。企业可缔结垂直联盟，使在营销上下游环节上的不同企业，以垂直一体化的形式，共享利益，共担风险，长期合作，得以生存。第四章中提到的蓝晶生物案例，就是通过企业和高校联盟的方式，为企业的技术创新提供了保障。

首次公开上市。当企业发展到一定规模，符合首次公开上市的要求，企业可选择首次公开上市。既能为企业发展在资本市场上获得所需要的大量资本，提高企业的知名度和可信度，又可以为创业者和企业家在短期内创造大量财富，实现财富聚集，还能够为企业员工或股东创造财富，赢得预期的资本流动性。第四章中提到的蒙牛公司的案例就是通过上市实现了上述目标。

特许经营。通过特许经营可以化解企业在产品可信度、经营管理技能、资本需求、经营经验与市场营销知识、企业运营与结构控制等方面的风险。麦当劳餐厅虽由麦当劳兄弟创立于 1940 年，但却是 1955 年在行政总裁雷·克洛克以经销权开设了首个麦当劳餐厅之后才得以快速发展，并在 1960 年正式更名为大家熟知的 *McDonald's*，在 1961 年雷·克洛克以 270 万美元收购之后，开始为全世界的麦当劳经理提供专门训练，才有了今天遍布全球的麦当劳连锁餐饮。

（二）及时实现从创造资源到管好用好资源的转变

从创造资源到管好用好资源是指企业在开发创造各种生产经营必需资源的同时，采取必要措施，加强对各种资源的管理，并充分利用已开发的资源为企业创造更大价值，实现创造与利用并举。第四章讲到的毕克畏和田家俊的案例，都是很好管理和使用资源的案例。

（三）形成比较固定的企业价值观和文化氛围

作为企业文化精髓的价值观，是企业正确处理企业与员工之间、企业与客户之间、企业与市场之间等一系列关系问题的准则，主要表现为企业对企业宗旨、企业精神、企业经营理念、员工价值观等方面的价值判断。因此，一个好的领导一定是能够建好制度、定好规则，将员工凝结在一起共同奋斗的领导，一定会充分关注企业价值观和文化氛围的创造，让员工在轻松愉快的氛围中创造价值、收获价值。

（四）注重用成长的方式解决成长过程中出现的问题

用成长的方式解决成长过程中出现的问题，其本质是推动并领导变革。变化为企业带来许多管理上的挑战，企业发展会遇到各种阻碍，创业者应不断克服阻碍企业发展的人力资源和经营管理等压力，变阻碍为动力，实现企业持续发展。

（五）从过分追求速度到突出企业的价值增加

当新企业发展到一定程度时，就要依靠企业经营结构、组织结构、技术结构等方面的更新与完善，依靠企业内部资源配置的变化和核心竞争力培育，使企业从过分追求速度向企业价值增加的方向转移和扩展，以获得长期稳定增长。为此，企业应关注自身品牌的培育与建设，形成自己的核心竞争力。

四、新企业的风险控制和化解

新企业在生存与成长过程中，将面临着因企业外部环境突变和内部决策不当等而导致的各种风险，这些风险将直接影响新企业的成功与失败。创业者要在创业初期就意识到创业风险贯穿于创建企业的全过程，尤其在创业初期，要了解新企业成长和发展过程中可能遇到的创业风险，提高自身风险控制与化解的能力，为成长中的新企业保驾护航。

主题游戏——投掷游戏

（一）游戏准备

1. 在地上放两个干净的垃圾筐（目标物），准备 3～4 个直径大约 3～4 寸的软塑料球备用。

2. 把垃圾筐放到教室前面或室外的空地上，确定最远投掷位和目标物之间有 3 米的距离。然后，在最远投掷位和目标物之间分 10 个等距离，每个等距离为 1 个投掷位，共 10 个投掷位，用粉笔或者白板笔在地面上画横线表示每个投掷位，或者用白板笔在白纸上标明 1～10 不同的数字，将纸按照从大到小的顺序，依次粘贴在距目标物从远到近的投掷位上。距投掷位最近地方粘贴的白纸上的数字为 1，最远的白纸上的数字为 10。如图 6-2 所示。

3. 活动开始前可以根据学生人数，将全体学生分成 3～4 个小组（10 人左右为 1 小组），要求每个小组选出 3～4 人参与投掷，讲清投掷的规则：参与者站位基本与地面垂直，不能过度前倾，除脚之外身体的其他部位不能接触地面，以保证科学的投掷距离。给学生 5～10 分钟的准备时间，准备时间小组成员可以试投。

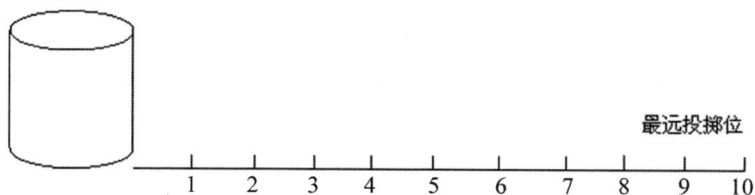

最远投掷位

1　2　3　4　5　6　7　8　9　10

图 6-2　投掷游戏布局

4. 教师确定好奖励物(钱或其他东西)及奖励办法。

(二)投掷开始

共投掷 3～4 个轮次(每个小组有几名学生参加,就投掷几个轮次,但一般不要超过 4 个轮次,以利于课堂控制),每个学生共可以投掷 3 次,并在一个轮次中一次完成。

投掷过程中,学生可自行选择距离目标物的远近,可以调整站位。但是,每轮次每个小组只可以有一位学生参加,而且每个学生只能参加一次;在三个轮次的投掷过程中需要调整小组的出场顺序。比如第一个轮次第一小组先出场,第一小组的一名同学投掷 3 次后,换第二小组的一名同学,然后是第三及第四小组的一名同学进行投掷;第二个轮次,可以从第二小组开始,然后第三小组、第四小组、第一小组;第三个轮次则从第三小组开始,然后是第四小组、第一小组、第二小组,依此类推。通过变换各小组出场顺序,强调游戏的公平性。

投掷过程中教师需要对每位学生、每个小组的得分情况进行记录,站在几的位置投,投进记几分,投不进记 0 分,投进后又弹出的可以记一半分值(若有小数位则向下取整,如 7 的一半记 3 分),并加计每位同学的总得分及小组的总得分,得分最高的小组胜出。

下面以每组 4 人参加投掷,投掷 4 轮为例,给出计分表,如表 6-2 所示。

表 6-2　风险投掷游戏得分及汇总表

	站位	得分	合计		站位	得分	合计		站位	得分	合计		站位	得分	合计	总计
1				2				3				4				
1				2				3				4				
1				2				3				4				
1				2				3				4				

（三）游戏总结

游戏结束之后，教师需要至少从以下几个方面进行点评：

1. 游戏的目的：**企业经营过程中会有各种不同的风险，信息搜集风险、决策风险、人员管理风险、市场选择风险等。企业需要提前做好应对规划，以降低风险，提高收益。**

2. 对各团队的表现进行总结分析。

（1）得分高的参与者和团队是如何做到的？在他们开始游戏之前搜集了哪些信息？投掷过程中做了哪些调整？各个团队成员之间是什么样的关系？距自己设定的目标有无距离？若有，最大的障碍在什么地方？

（2）得分低的参与者或团队问题出在什么地方？

（3）得分居中的团队在参加过程中做了哪些决策？如果再来一次要做什么样的调整？

如果时间允许，可以在点评之后再来一次，看整体成绩有无改进，继而分析决策的影响因素及优化过程。

点评的时候，教师应将游戏中出现的情况和创业企业的生产经营相联系，分析企业初创及成长期可能面临的风险，如缺乏流动资金的风险（轮到成员上场时，投掷球没有拿到，耽误时间、影响情绪），日常管理的风险（各个成员投掷位的站立由自己决定还是团队决定），支持系统不完善的风险（有无观察其他团队的站位及得分情况，获取相应信息）以及消费市场不确定（事先有无进行试投，如何确定参加投掷的团队成员）等，因此，创业初期应加强企业的人事管理（选择合适的人做合适的事情，选对上场的成员），财务管理（加强现金流管理，保证现金不断流），防范市场风险（加大事前调查力度，尤其是对竞争对手的调查）并适时调整经营内容（根据其他团队的站位及得分，调整自己的策略）；并且应该在企业成长过程中学会授权，建立完善的管理机制，让团队成员根据自己的优势决策，而不是处处受制于可能不专业的高层领导；要建立风险责任机制，监督决策过程，避免集中决策可能导致的失误；要完善财务监控机制，规避由于资金断流导致破产清算的风险；最后，要确立企业发展战略，创造优势。选择最适合团队的目标，不是所有的企业都要得第一，在合适的目标指导下，企业员工才能在轻松愉快的气氛中工作，既提高员工的积极性，也有利于企业效率和效益的提高。

课前主题游戏

自然地将双手十指握在一起，进行动作统计。

习惯右手大拇指在上的人请举手，共××人。祝贺你们！因为你们都非常擅长感性思维，性格相对柔和，脾气好，替他人考虑居多，情商相对较高。

习惯左手大拇指在上的人请举手，共××人。也祝贺你们！因为你们都擅长理性思维，做事爱动脑筋，逻辑性强，创造力强；而且记忆力好，反应快，智商相对较高。

如果以右手代表收入，左手代表成本，则右手大拇指在上意味着盈利，左手大拇指在上意味着亏损。创业企业的经营可能盈利，也可能亏损，但创业者应尽可能在管理风险的基础上，让企业更好地生存，并不断发展壮大。

▸ 课程测试

总结测试，和学生一起回顾本次课程的内容，让学生回答以下问题。

1. 企业选址的两个基本问题是什么？

选择一个独特的地区，在该地区内选择一个独特的地点。

2. 新企业自觉履行社会责任的意义？

新企业自觉履行社会责任，对于提升企业形象和竞争力，实现可持续发展意义重大。

3. 新企业成长的驱动因素包括哪四个方面？

创业者、创业团队、市场和组织资源。

4. 新企业在初创期会面临哪些风险？应如何应对这些风险？

新企业面临的风险有：缺乏流动资金的风险，日常管理的风险，支持系统不完善的风险，消费市场不确定的风险。

应对措施有：加强企业的人事管理、财务管理，积极防范市场风险，适时调整经营内容。

5. 新企业应如何管理成长阶段的风险？

要学会授权，建立完善的管理机制，建立风险责任机制、监督决策过程，完善财务监控机制，确立企业发展战略、创造优势。

·· 本章祝愿

愿大家尽早创办企业，成功经营企业，收获创业价值！

·· 本章推荐书目

[美]埃里克·莱斯：《精益创业》，吴彤译，北京，中信出版社，2012。

[美]史蒂夫·布兰克、鲍勃·多夫：《创业者手册》，新华都商学院译，北京，机械工业出版社，2013。

吴晓波：《大败局》，杭州，浙江人民出版社，2011。

教师教学服务说明

由教育部高等教育司组编、李家华教授主编、普通本科学校创业教育示范教材——《创业基础》，相关教学 ppt 课件，请在"北师大出版社高等教育网"（http：//gaojiao. bnup. com/）注册并下载。

如您需要帮助，请随时与我们联络：

北京师范大学出版社高等教育分社

联系人：周老师 010-58802786　　　　010-58808079